U0904664

张居正评传

雅瑟　萌萌◎编著

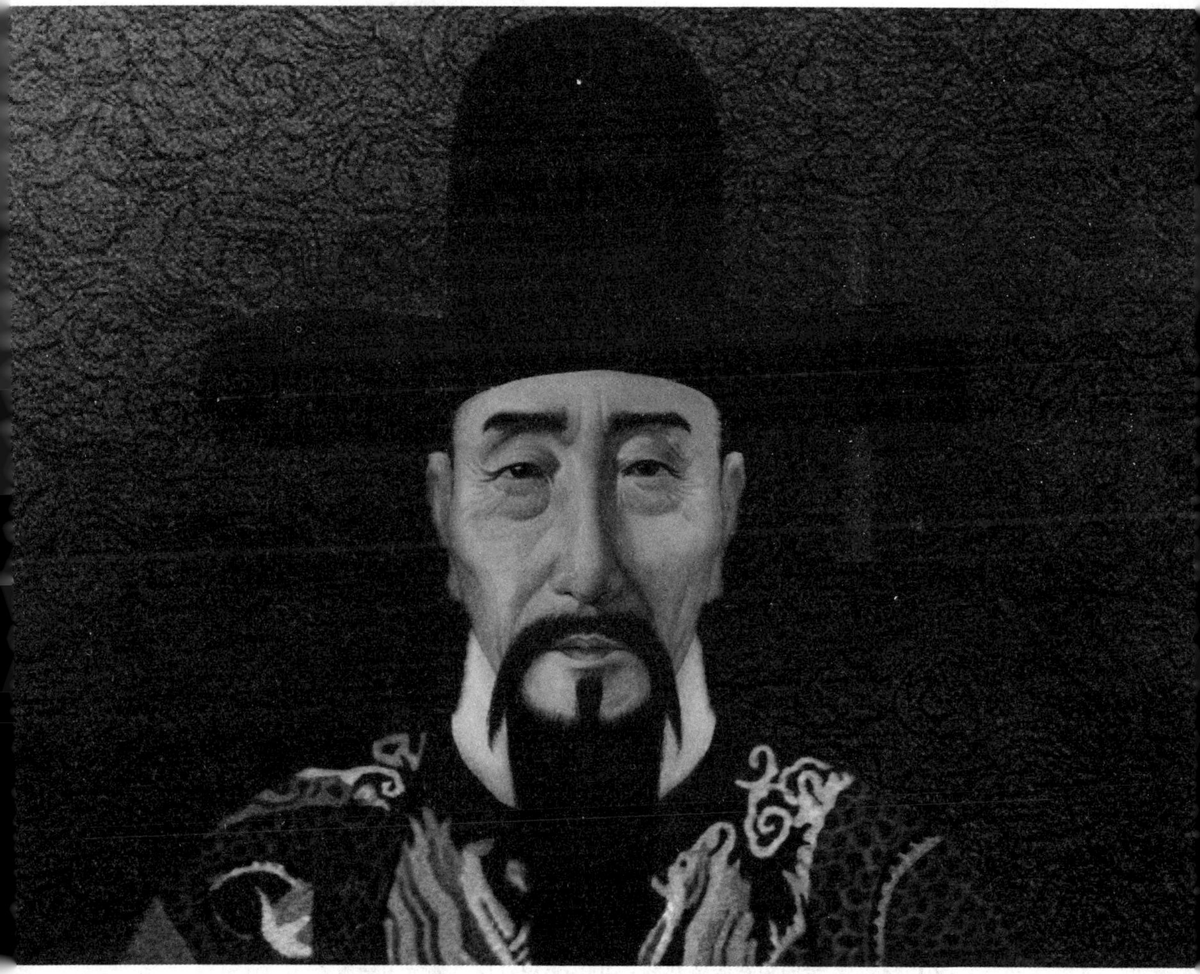

華中科技大學出版社
http://www.hustp.com
中国·武汉

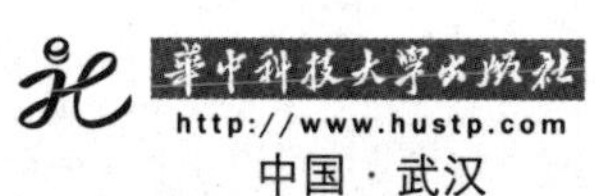

图书在版编目（CIP）数据

张居正评传 / 雅瑟，萌萌编著. —武汉：华中科技大学出版社，2011.3
ISBN 978-7-5609-6990-9

Ⅰ. ①张… Ⅱ. ①雅… ②萌… Ⅲ. ①张居正（1525～1582）—评传 Ⅳ. ①K827=48

中国版本图书馆CIP数据核字（2011）第035531号

张居正评传
Zhang Juzheng Pingzhuan 雅瑟 萌萌 编著

责任编辑：娄一锞
封面设计：李爱雪
责任校对：张 嵘
责任监制：熊庆玉
出版发行：华中科技大学出版社（中国·武汉） 电话：（027）81321913
武汉市东湖新技术开发区华工科技园 邮编：430223
印 刷：北京柯蓝博泰印务有限公司
开 本：710mm × 960mm 1/16
印 张：21
字 数：250千字
版 次：2020年6月第1版第3次印刷
定 价：49.00元

前言

漫长的中国历史，绝大多数时间处于人治状态，历代王朝都是人治天下。人治社会最典型的特点就是人与人之间的勾心斗角，要想在这样的社会中脱颖而出并有所成就，高超的为人处世技巧就成了必备的技能。张居正凭借高超的处世技巧，在危机四伏的朝廷里始终能做到保全其身并不断获得升迁，最终从一介平民子弟成长为留名青史的救世宰相，成为人们争相学习的榜样。

在一系列风云人物当中，所有成功的能臣志士都有一个共同的特征，那就是他们都善于勾心斗角，个个都是为人处世的高手。在无数的古代能臣志士当中，能被今人津津乐道、经常提起的已经为数不多，张居正无疑是他们当中比较幸运的一位。虽然人们对他的评价褒贬不一，但每到关键时候，人们总会重新解读他，以他为切入点，对整个中国古代历史进行探讨和追寻，以获得对现代人的激励和启示。

在抗日战争最艰难的烽火岁月，朱东润老先生奋笔疾书，用短短几个月的时间，在颠沛流离中写出了皇皇巨著《张居正大传》。这本书不仅激起了当时人们的救国热情，而且随着历史的沉淀，已经成为传记文学作品中的经典读本。后来，又有熊召政近几年推出的长篇小说《张居正》，该书不仅获得茅盾文学奖，而且被改编成电视剧。

近年来，电视、网络以及传统的纸质媒体又有众多关于张居正的作品相继问世，掀起了一股“张居正热”。张居正到底有什么能耐，为什么人们对他有那么大的兴趣？

从一介平民子弟到一代救世宰相，张居正没有王安石的出众文采，也没有王莽的外戚地位，但他却比前两位更出色地完成了任务——在中国封建社会的历代改革中，第一次获得成功。梁启超说，中国历史上只有一位臣子，那就是张居正。这足以说明张居正在整个古代历史中的重要影响。

他推行的一条鞭法在中国历史上第一次将税赋折成银钱征收，并将众税合一，取消了人头税，完全按地亩征税。这极大地解放了被土地束缚的农民，扩大了人们的自由，促进了商业的繁荣。

他主持边防，巩固了北京的防卫，开通了与北边的鞑靼封贡互市的和平边疆局势。既不用和亲，也不用称臣，而是用平等的姿态，以互市贸易的方式解决边疆争端，在中国历史上第一次实践了平等互利的外交原则。

他强调务实，反对空谈，四处封闭书院。这使中国古代历史悠久的书院文化受到巨大的摧残，给中国文化的现代化进程带来巨大的阻力，这是他最大的污点，也是他最大的无奈。

处在一个承前启后的时代，张居正却并没有发挥承前启后的作用，致使大明王朝在人类历史进入最关键的工业革命时代时衰落，被清朝取而代之并延续了封建统治，让中国历史的车轮放缓了将近200年。

但是，面对旧有的延续了几千年的封建人治社会及其体制，张居正又是一个悲情的替罪羊，是和众多有才干的人一样的牺牲品。这正是在历史上人们对他褒贬不一的原因。在平稳的时候人们丑化他，在危机的时候人们又去崇拜他。

面对遥不可及的权力，张居正是怎样一步步走向内阁首辅地位，并逐步操纵朝政大权，进行自己的改革的？官场上的张居正又是怎样明哲保身、左右逢源，一步步获得权臣的信任，并不断获得提拔的？他有哪些官场处世技巧？他是如何隐忍不发的？他有哪些值得我们学习的优点？他的为人处世技巧在现代生活中有哪些具体的事例？本书将为您娓娓道来，一一解答。

本书一改普通传记类作品的同质化风格，抛弃了对资料的陈列堆积的古板模式，也没有做过多的“戏化”，以细腻的文笔和现代人的视角，在尊重史实的基础上增强了实用性和可读性，为您展现了一个全新的人物形象。

本书分为上下两篇，上篇共七章，以叙述为主，详尽生动地讲述了主人公的成长经历和主要事迹；下篇共二十二章，在主人公的具体事例的基础上进行了延伸，着重分析和描述了一些经典的为人处世技巧，引入了现代生活、工作中的实际事例，与主人公的事迹形成了对照和呼应。这不仅有助于读者更深刻地了解主人公，而且还可以在感叹历史、品味历史人物之后获得比较实用的启示。

相信本书会给您带来一次愉快而又收获颇丰的阅读体验，不仅让您对张居正有一个更全面、更深刻的认识，同时也能学到一些极为实用的为人处世技巧。

编 者

2019年10月

张居正

目录

上 篇 | 救世宰相是怎样炼成的

第一章 荆州的神童少年 / 002

平民之家出神童 / 002
声名鹊起成为王府座上宾 / 010
初试不第缘自善意的关怀 / 016

第二章 初涉官场隐忍不发 / 023

二甲进士入翰林 / 023
《论时政疏》初显远见卓识 / 028
避于山林韬光养晦 / 032
重返政坛再次碰壁 / 038
严嵩倒台，七品升至六品 / 042

第三章 在对外防御中初显身手 / 049

高拱还朝，执掌边防大权 / 049
军事改革，为武将争来独立权 / 056
筑城固边以防为主 / 061
策反鞑靼实现封贡通市 / 063

第四章　风云变幻中走上首辅之位　/　070

徐、高互斗，静观其变　/　070
飞扬跋扈，高拱赶走赵贞吉　/　075
三十年生死之交相恶　/　082
高拱仓皇出京，占据首辅之位　/　087
王大臣之案发，救下高拱一家　/　093

第五章　内外铁三角推行新政　/　100

铁三角联手，推行新政　/　100
尊祖制，重典治国　/　104
以信为先修法度　/　108
强化监督整吏治　/　121
抑制兼并，施惠于民　/　135
一条鞭法促进商业兴起　/　145
合流法治理黄河　/　154

第六章　便民为本，铁腕治国　/　160

“变”字当头，近民为要　/　160
实用为本整学风　/　165
父亲去世，“夺情”之礼惹争议　/　170
甘受诟骂，铁腕治国　/　175

第七章　人亡政息的人治悲剧　/　180

因病去世，神宗变卦　/　180
冯保遭弹劾，铁三角三去其二　/　190
反攻倒算，家破政息　/　196

下　篇 | 第一首辅处世技巧

第八章　位闲人不闲，为成功时刻做准备　/　202

第九章　藏智存身，必要时远离是非　/　208

第十章　别让激情睡着，找机会露一小手　/　214

第十一章　夹缝中生存，太极手是第一妙招　/　219

第十二章　善于借力，让盟友除掉眼前的障碍　/　224

第十三章　不同时做不同事儿，价值才是升迁的砝码　/　230

第十四章　没有永远的朋友和敌人　/　236

第十五章　把握时机，该出手时就出手　/　242

第十六章　适可而止，别把失势的对手逼到死角　/　246

第十七章　内外相通才能稳把朝纲　/　251

第十八章　一个篱笆三个桩，自己的团队很重要　/　256

第十九章　疑人不用，用人不疑　/　262

第二十章　改革创新，新酒还须老瓶装　/　268

第二十一章　千条万条，实用才是第一条　/　274

第二十二章　见成效时，要探探上司的口风　/　279

第二十三章　尊敬有加，学会和小上司相处　/　286

第二十四章　做一个细心的明智者　/　292

第二十五章　成大事需要一颗坚强的心　/　298

第二十六章　锦上添花，不如雪中送炭　/　304

第二十七章　隐忍不发，韬光养晦　/　310

第二十八章　伟大的管理是管理自己　/　315

第二十九章　有圆无方则不立，有方无圆则拘泥　/　320

后　记　/　326

上篇

张居正

救世宰相是怎样炼成的

第一章　荆州的神童少年

平民之家出神童

荆楚大地自古人才辈出，早在春秋战国时期，从这里就走出了著名的浪漫主义文学大家屈原，还有传奇的英雄人物伍子胥。在明代，这片土地依然人杰地灵，有名的嘉靖皇帝就是出生在这片土地上的兴献王之子。因为他的堂兄武宗朱厚照皇帝没有儿子，只有他是最合适的王位继承人，最后从楚国古都钟祥进入皇城北京，继位称嘉靖皇帝。他不仅把楚地好巫尚灵的气氛带到皇宫，整天烧香斋醮沉迷于长生不老之术，而且也因为念及乡土情意，对楚地俊才备加关照，使得在他左右的南方大臣居多。而且他也十分信任他们，一些重要事务全权放手，这也使得这些人有机会拉帮结派，形成了一个固定的权臣体系。在这些楚地俊才当中，有一位凭真才实学脱颖而出，不仅在嘉靖时代就进入仕途，而且在以后的两代皇帝当朝时也成为独当一面的权臣，并完成了著名的万历新政改革，挽救了濒临覆灭的大明王朝，使它又延续了几十年的统治。这个著名的楚地俊才就是中国古代最成功的改革家张居正。

张居正，字叔大，号太岳，湖广江陵（今湖北荆州）人，生于嘉靖四年（1525年）农历五月初三，卒于万历十年（1582年）。

出生在一个平民家庭的张居正从小就在父辈的熏陶下学会了吟诗作赋，在本地乡间很有名气，号称神童。之后，他又搭着科举取士的快车，一路顺风，年纪轻轻就进了翰林院，做了翰林学士。经过几年的打拼，他又进了内阁，最终在万历年间登上内阁首辅的宝座，开始了长达十年的万历新政改革。他圆满完成了中国古代历史上最成功的一次改革，使内忧外患的大明王朝又延续了几十年的统治。张居正个人也因此获得“一代救世能臣”的美名，得到后人的推崇。

他曾这样感慨历史人物的成长：“采灵菌于粪壤，拔姬姜于憔悴。王谢子弟或杂在庸流，而韦布闾巷之士，化为望族。”就像他说的那样，在明朝后期，政务衰颓，朝野上下没有一个敢说真话、愿做实事的人。他凭着强大的使命感，从一个“韦布闾巷之士”，最终“化为望族”，成为一代治世能臣。

早在朱元璋起兵反对元朝统治的时候，张居正的先祖就投在朱元璋的帐下。等到后来天下平定，他又随军籍落户在湖广。军籍后代往往对国家兴亡比较关注，比一般老百姓有着更高的社会责任感。这种责任感具体体现在对科举制度的热衷和对儒家思想里“治国、平天下”的最高境界的向往。

张居正的先祖，到了他爷爷这一辈仍然是一心效忠朝廷的一个落魄的军籍后代。他爷爷张镇，一心想取得个科举功名。但由于为人耿介，又有太强烈的个性思想，肯定不能在生搬硬套的科举考试中脱颖而出，结果屡试不中。但他又不甘心做一个普通的老百姓，最后在离家较近的辽王府谋了个护卫的差事，整天和那些王公贵族的公子哥们混迹在一起。和那些纨绔子弟不一样的是，他治国安邦的宏图大志始终没有泯灭。自己不行，他就把所有的希望都寄托在自己的儿子张文明身上，希望他能考取功名，做一个治国安邦的能臣。

张居正的父亲张文明，字治卿，别号观澜。早年在父亲的安排下，曾经醉心于求取功名。但和父亲一样，他的科举之途很不顺利。他二十岁才补上府学生，以后又参加了七次乡试，仍然未中。无奈之下，他对自己的科举之路也灰心了。他将手中的书本扔在一边，准备从此放弃这条追求了很久也付出过很多的道路。到底是曾经为此付出过很多的事情，他也有一丝无奈，只是长叹一声说：“我自幼也算是饱读诗书了，寒窗苦读了几十年，自己总认为没有什么比别人差的，但始终困顿而不能实现壮志，这大概就是天意吧！”

虽然在科举之路上屡战屡败，但张镇和张文明父子二人依然不停地寻找出人头地的机会。自己不行，就把希望寄托在后代身上。他们想用心为张家培养一个能让张家出人头地的后代。

可是，虽然已经成亲多年，当时张文明的妻子依然没有身孕，这无疑使张氏父子更加忧伤，求子心切的他们不得不祈求神灵的佑助。为了让张文明的妻子生个孩子，他们到处上香问签。

或许是父子二人的求子心切确实感动了上苍，张文明的妻子终于怀孕了，大家都在期待着。按日子推算，孩子在阳春三月就该出世了。但如今已是溽热的五月了，张文明的妻子依然挺着个大肚子。全家人也被这个快要到来的小生命揪得心神不宁。

终于有一天，张镇被一个梦惊醒了。“这水是哪儿来的？”他大喊了一声，不知道外面已是大雨倾盆，积水在院子里翻滚。“水就是从张家地里流出来的啊！”一旁的仆人有点奇怪他为什么这样问。其实，张镇问的不是眼前的情景，而是他梦里的情景。他梦见发了大水，大地茫茫一片，所有人都被淹没在水中。谁知他的梦境和眼前的情景相差无几，仆人们以为他在明知故问，也没有在意。但精神恍惚的张镇感觉不对，一定有什么大事即将发生。

他赶忙往自己的父亲也就是张居正的曾祖父张诚的屋子里跑去，他想请饱经世故的父亲解一下这个梦。“治卿啊，为何如此慌张？”张诚看到儿子竟然如此慌张，还以为发生了什么大事呢。“是不是南边的屋子被雨水冲塌了啊？”他急切地问。

“没有，父亲，是……”他激动得几乎难以开口，“我做了个梦，梦见发了大水，大地茫茫一片，所有人都被淹没在水中。人们都在问这水是从哪儿出来的，我也跟着问，于是就醒了……”

“哈哈，真是苍天有眼，我们张家可能要出人头地啦。”张诚微笑着捋了一下白白的胡须，“是不是送命天神把一个高贵的灵魂安放到我们家了啊，我刚刚也做了一个梦。”还没等张镇把自己的疑惑说出来，张诚就向儿子说起自己的梦来了。

古人认为梦是来自上天的启示，所以都信以为真，而且谈论起来也特别严肃。还有专门的解梦书籍，对不同的梦境做了相应的解释。规定了哪些是吉梦，哪些是噩梦，并且规定如何区分对待。如果梦到噩梦，那是天地间的妖灵鬼怪在扰乱人心，这样的梦不必信以为真，也不需要告诉别人。被噩梦惊醒后，向右唾两口，并念“祈求上天保佑，不要被这些妖灵鬼怪打扰”的祷词。如果梦到好梦，那是来自上天的启示，一定要认真对待，可以马上与人分享，也可以只记在自己的心里。要是把梦说给了别人，第一个听到这个梦的人作出的解释或是无意说出的话就是这个梦的注解。

因此，张镇才不顾一切地往父亲的房里跑去，他希望这个梦的解释来自父亲。其实，随口应答他的仆人已经为他解了这个梦。至于张诚，他当然愿意儿子是自己梦境的最佳解释者，但张镇的行为已经把他的这个梦解了。他们都梦到了，这肯定是一个真梦，一个来自上天的启示。

张诚又一次沉浸在自己的梦境中：“所有的星星都在天上晃动，天地漆黑一片，那些星星就像放上去的一样。接着月亮出来了，大地上的一切都显现出轮廓，星星变得黯淡了许多。接着月亮突然掉下来了，就掉在咱家西北屋角下的那个水瓮里，月光把整个水瓮照得通明发亮。接着我看见一只白色的龟随着月光的晃动从水里浮出来了……”

“生了，生了……”刚才与张镇对话的那个仆人慌慌张张地跑进来大喊着，“少奶奶生了，是个男孩……”

按照古人的说法，梦到龟是吉梦。因此，张诚就根据这个梦给刚出生的张居正起了个名字。“实乃天意啊，治卿，老夫就替你们做主了，这孩子就叫白圭吧。龟者圭也，治国之利器。早先大禹治水，于昆仑山请教王母，王母执圭而赠……”

于是，荆楚大地的乡间小道上多了一个名叫张白圭的孩子，因为这名字来历奇特，人们总是对他另眼相看，张家也把所有希望都寄托在他的身上。所有的叔叔婶婶都把这孩子当作掌上明珠，张白圭从小就是在大人们的怀里长大的，人们不愿意让他自己在地上走。当别的孩子都在对着花花草草自言自语的时候，张白圭却在充满诗书气息的书房里听大人们谈经论道。当然，他是什么也听不懂的，但大人们有意这样做，让他从小在书房里耳濡目染。

当张白圭长到两岁的时候，有一天，他的乳母抱着他在书房里溜达。他的堂叔龙湫正在读《孟子》，见他们家族的掌上明珠进来了，便停下来把张白圭抱在自己的怀里，并笑着逗他：“你可是我们张家的希望啊，白圭，治国之利器。你得赶紧学着认得‘王曰’才好啊。那样才能有治国的气概啊，就像孟子对齐桓公一样，将来你也要对你的君主直谏劝导啊，哈哈哈……哦……哦……”龙湫把张白圭举在手里向空中抛了几下，逗得小家伙呵呵笑个不停，他也哈哈大笑起来。

有一次，乳母又把张白圭抱到书房里来了，见到龙湫在那里，他就咿咿呀呀地叫个不停。龙湫又接过他放在腿上，指着桌上打开的《孟子》，正好是“王曰”二字：“这是什么？白圭，念一个给龙叔听听！”

“他才刚会叫娘，连爹都不会叫呢，你让他认字，他怎么能认得啊！”乳母笑着对龙湫说着，又准备把张白圭抱回去，“你龙叔都读书读傻了，你长大后可千万别学他啊！”

“哪里，我家白圭和别家孩子不一样，他有上天赐予的灵性，怎么能不知道他将来做什么呢？”龙湫又拉着张白圭的小指头指着刚才的字，“她一个妇道人家懂什么，念一个给她听听，看我家白圭会不会念。”

“王曰……”只听小小的张白圭冒出了这两个字音，然后把手从那两个字上移开，转向乳母，示意要回到她的怀里。

“听到了没？”龙湫不屑一顾地看着乳母，把张白圭送到了她的怀里，“还说我家白圭不认得字，他怎么能读出这两个字？”

“好好好，听你龙叔的，你真会读‘王曰’啊！”乳母笑着用自己的额头点了一下张白圭的鼻尖，“你到底要什么啊？”她对着张白圭问，又转过头来对着龙湫，“我怎么听着他在说‘我要……’，估计是想睡觉了。走了，不打扰了。我们走了哦，让你龙叔读他的‘王曰’去吧。”说着，她把张白圭抱出了书房。

从此，龙湫见人就说张白圭会读“王曰”。乡间巷闾很快传开了，人们都说：“张家出了个神童，还不会叫爹就能认得‘王曰’二字，这个孩子肯定是治国之才，张家这下有望出人头地啦……”

乡间的名声使得张家人既得意又无奈，干脆将计就计，是神童就得按神童对待。张居正从小就被人们以神童的标准要求着，同伴的眼中也因此对他多了一丝羡慕之情。这其中有辽王府中的小王子朱宪㸅，还有其他一些孩子，包括辽王的外甥女，也就是朱宪㸅的表妹。

因为张白圭的祖父供职于辽王府，虽然只是个小小的护卫，但因为有一个神童孙子，便祖因孙贵了，常常带着张白圭在辽王府自由出入。辽王也经常让张白圭伴在这里，希望通过他来督促并影响自己的儿子。张家请不起好老师，正好借此机会让张白圭接受更好的教育。所以，小时候的张白圭基本是在辽王府里长大的。

张白圭五岁就开始读《论语》《孟子》等儒家经典，十岁通晓六经大义，十二岁便赴荆州府投考秀才。

嘉靖十五年（1536年）的一天，荆州知府李士翱忙了一天，正准备为明天的考试做考官，很早就睡了。酣睡不久后，他就做了个梦，梦到天神给他了一个玉印，并让他把这个玉印转给一个孩子。他疑惑不解，但像所有对梦都很重视的古人一样，他等待着这个梦境的再现。

果然第二天，荆州府乡试的时候，从各地前来的应试童子们都翘首以待，在荆州城里的文庙院内等待主考官的到来。当听到有人说主考官知府大人驾到时，所有的应试者哗啦一下南北排成两行，把中间让出一条通道。但这时的张白圭正在门外的小桥上散步，见主考官来了，他也没有在意，只是继续若有所思地走着。坐在轿子里的主考官李士翱一眼就看到了张白圭，他还从来没有见过如此胆大的考生。其实，从小在辽王府里长大的张白圭对这样的场面见得多了，比知府大人更大的官他也见过，所以没有什么稀奇的了。

等到点名的时候，第一个孩子就是十二岁的张白圭。李士翱喊他过来，仔细看了一下，不错，正是他昨天梦中的那个孩子。看了一下他的打扮着装，忽然才记起来，刚才那个对自己毫不在意的孩子正是这个张白圭。

“你这个胆大妄为的小毛孩，也敢在这里来应考？如果你能答上我出的对子，就让你进考场。如果答不上，那你就回家去吧！”李士翱笑着对周围的人说，“你们说怎么样？”

“好！”张白圭和着其他人的应和声，“别说对对子了，就是赋诗我也不怕。”

李士翱指着书院里的两棵参天大树，说出了上联：“大文庙，两棵树，顶天立地。”

“小顽童，一支笔，治国安邦。”张白圭就像在和自己的龙叔对对子一样，轻松自如地对出了下联。

李士翱深为张白圭敏锐的才思所折服，这时他也记起了自己昨天的梦，于是心里一喜，觉得眼前的这个毛头小孩或许就是梦中的那个救世之才。

“你叫什么名字啊？”李士翱笑着问，“不知出自哪门望族高府啊？”

“在下名叫张白圭，不是什么名门之后。祖上也并非地方望族。先祖是从应天府来的军籍，一介平民而已。”

“哦，白圭！你说你祖上不是什么名门望族，但一定是个书香世家啊！这名字起得好，圭者治国之利器也，昔日大禹治水，去昆仑山请教王母，王母以圭相赠……”

“李大人，你怎么知道的？不过我听家父说过，是因为曾祖父梦到有月亮掉下来……”

“哈哈，好名字，好名字，而且在战国时代就有一个叫白圭的治世能臣，你曾祖父可能也是因为这个缘故才给你取这个名字的，或许他想让你像历史上的白圭一样，成为一个治世能臣。看你这才华，他的一番心血也算没有白费啊。不过，依我之见，在当代一片混乱的朝廷上下，你若像古代的白圭那样刚直不阿是没有多大发展前途的。”

古代的白圭本是魏国人，他因为帮助魏国治理黄河而名声大噪，诸侯竞相请他前去做官。但他看到天下诸侯朝野上下腐化之极，便不愿做官，弃政从商，归结出了“人弃我取，人取我与”的经营理念。他把经商理论概括为四个字，即智、勇、仁、强。他说，经商发财致富，就要像伊尹、吕尚那样筹划谋略，像孙子、吴起那样用兵打仗，像商鞅推行法令那样果断。如果智不能权变，勇不足以决断，仁不善于取舍，强不会守业，就没资格去谈论经商之术了。白圭的这些经商理论，为后世商人效法和借鉴。中国古代商人把他奉为祖师爷。宋景德四年，真宗封其为“商圣”。在明朝，商贸还不发达的情形下，有才之士的成功之道只有入仕从政一条。而从政就必须克服刚愎自用的习气，必须学会适应官场潜规则。像这个张白圭刚才那种目中无人的态度，在以后的官场上肯定是吃不开的，即使他有多少才华也是白费。

李士翱低头思考了一会儿：“不如这样吧，我给你起个新名字，就叫张居正吧，居正，你只要做到这一点就可以了。哈哈……要记着不管做什么，都要秉公居正，这样才能实现你的治国安邦的梦想。”

就这样张白圭改名了，从一个在街头巷尾的人们心目中的神童，成为被本地知府寄予厚望的年轻秀才。

荆州府的考试刚完，湖广学政田顼下来视察工作，李士翱极力推荐张居正。他希望把张居正推荐到省城武昌的官学里就读，这样他就可以方便地参加乡试，过关后他就会成为举人。然后，再参加在北京举行的会试，如果能够过关就可以成为进士。

听闻有个神童秀才，一向爱才的田顼便也想召见一下。听说如果过了学政大人的面试就可以进入官学学习，张居正很是高兴，马上前来应试。

“你的事我都听李知府说过了，对子对得很好。试卷我也看过了，文章也写得不错。就是不知道写诗怎么样，愿不愿意为我们露两手？”

“当然好啊，那我就赋诗一首。暂题作《南郡奇童赋》吧……”

一篇长赋使田顼对张居正刮目相看：“全才啊，难得。”惊讶之余，他想问问李士翱的看法，“你认为这个孩子和贾谊比起来怎么样？”

“贾谊赶不上他。”李士翱毫不犹豫地回答。贾谊作为西汉著名的政治家，十八岁时就有博学能文的美誉，二十岁时被任为“博士”，不仅深受当朝皇帝的器重，也备受后代文人的推崇。但他未能善始善终，最终没有处理好与朝臣的关系，被诬陷弹劾。在皇帝更替之后，他作为政治斗争的牺牲品被发配长沙。往往一个人的才华与处事能力不能兼具一身，大多数有才华的人都是因为不谙官场之道，最后遭嫉被陷，以至于未完成建功立业的夙愿。田顼既然说张居正是全才，又在此提起贾谊，其实是为他能否深谙官场之道表示担忧，他希望这个颇有才华的青年人不要像以往的那些人一样，要么是个只会读书的书呆子，要么被诬陷以至于下场凄惨……再结合自己的身世，田顼不禁黯然神伤。他因为得罪朝臣，被发配到湖广做了个学政的闲差，一腔报国热情和当初的治国安邦的志向已经无处施展……

此时，田顼正好得到别人送的一部唐朝北海太守李邕的《南岳碑》的摹本，虽然自己还没读完，但面对这个后起之秀，他觉得自己该送点东西做个纪念，以示鼓励，于是就转手送给张居正。

这一次考试的结果，张居正可谓是旗开得胜。既中了秀才，又入了官学。这样一来，通往仕途的大门已经向这位意气风发的翩翩少年开启了。

声名鹊起成为王府座上宾

张居正初次走上科举之路就大获全胜，使得左邻右舍无不羡慕至极，连他平日常去的辽王府也邀请他去做客。

中国封建时代中央与地方、皇权与藩王的拉锯争夺一直伴随着所有王朝的兴衰，强调分封以巩固一家天下的大明王朝更是如此。早在朱元璋之后的第二代，朱棣就以靖难勤王的名义把他侄子赶下台，从一个藩王摇身一变成为皇帝。后来，因为武宗朱厚照没有子嗣，兴王朱厚熜从钟祥来到北京做了皇帝，又一次上演了由藩王变成皇帝的传奇。因此，明朝的各个藩王之间以及藩王与皇帝之间都既互相芥蒂，又互相依赖。这种不离不弃的关系使得地方藩王虽然身为皇亲国戚，但每天却过着提心吊胆的日子。他们不得不讨好巴结一些当朝的权贵大臣，生怕这些人在皇帝面前告他们的黑状。另外，他们在地方上也不愿意落后于一般地方望族，总希望王府后继有人，多出些知书达理的贤德之士，不要尽出些纨绔子弟，进而门庭败落。

张居正祖父供职的辽王府到了朱宪㸅的父亲朱致格这一代已是第六代辽王了，能够在明朝不断削藩的浪潮中始终保持存在实属不易。这与他们历来强调对后代的教育以及强调加强与南方科举地方大员和朝廷要官的联系不无关系。

明朝实行皇帝专政，取消了宰相，仅设有替皇帝出谋划策的内阁，而且起初还不固定，并非一个独立的行政机构。随着宫廷斗争的加剧以及皇室与民间的隔阂加大，本来是作为平民在权力格局中的代表的皇室忙于宫廷之争，不仅无法完全代表民意，而且也渐渐忘记了祖先起家的资本。历代封建帝国就这样一次次地轮回兴亡，明朝也不例外。

明朝开国皇帝朱元璋为了避免这一点，特别强调内阁人员必须是从科举中选拔出来的民间人才。在明朝中央渐渐形成了非进士不入翰林，非翰林不得入阁的潜规则。随着前几代有为皇帝的相继过世，明朝后代的皇帝一个比一个昏庸无能，不仅对朝政没多大兴趣，而且都比较短命，王位更替极其频繁。这时的内阁渐渐凸现，内阁首辅一般掌控朝政大权。

同时，因为地域习惯和人们的喜好不一，大多数从科举之路进入仕途的士子都是南方人。即使朱棣规定在科举取士中保持南六北四的比例，以确保朝廷要员中必须有一部分北方人，但效果仍不明显。历代辽王深谙在复杂的权力斗争中的自保之道，他们想要在皇帝那里保住藩王的地位，就必须讨好更多的朝廷要员。但大多数朝廷要员都是南方人，本来被封在辽宁的辽王不愿在北方待。再加上正好朱棣由边陲藩王变为皇帝，要把都城搬到北京，他不仅想更好地抵御蒙古旧部，而且对边疆藩王也很不放心。辽王为了减少朱棣的疑心，更是不想在那里久待。在封地还没待多久，他就渡过黄海回到北京。新上任的皇帝朱棣只能顺水推舟，把他的这个排行第十六的兄弟重新分封，最终给他的辽王封号未变，封地由辽宁广宁变更到湖广荆州。

辽王这一支藩王队伍小心翼翼地在荆楚大地上更替了六代，到第六代朱宪㸅的父亲朱致格，已经和大明王朝一样是强弩之末，开始衰微了。虽然府第奢华，但人脉不旺，已经单传了三代。朱致格更是体弱多病，府中一切大小事宜都由他的夫人毛氏主持。毛氏为典型的大家闺秀，不愿意辽王府在她的手中衰微。但毛氏自己一直没有生子，直到有一个侧室为这个辽王朱致格生了一个儿子，也就是和张居正同岁的朱宪㸅。这使得辽王府上下都对他特别重视，毛妃更是把他看作自己的孩子一样，特别注意对朱宪㸅的教育。而且他铁定是未来的辽王继承人，他的成败决定着辽王府的存亡。

因此，从小就被誉为神童的张居正就借着他祖父是辽王府的护卫而被邀请进辽王府和朱宪㸅一起学习。这也是毛妃的特意安排，一来她想让平民子弟的神童张居正来督促鼓励朱宪㸅的学业，二来她希望万一将来这个荆楚大地的神童通过科举成为朝廷要员，他能够念及旧情多照顾辽王府一点，这也算是个长远的政治投资。而且毛妃还把自己的娘家侄女也接进辽王府来学习，这使得这些孩子之间从小都情同手足。

“表妹，看表兄给你带什么来了？”朱宪㸅拿着一束清香扑鼻的栀子花递给他的表妹。

“不，花太娇气了，我可不愿做个被人玩赏的鲜花。”芳心初动的女孩子其实并不愿意接受很直白的赞扬，不管这种赞扬多么甜美，她们更愿意沉溺于幻想，而且是无比高雅的那种幻想，这使得她往往显得意气风发，像个男孩子似的。朱宪㸅的小表妹面对这个和她并无血缘关系，而又如此多情的表哥也是如此。与表哥的儿女情长相比，她更喜欢张居正的清高孤傲。“表哥，你都多大的人了，也不想想功名，虽然贵为王子，你也得想办法出人头地啊，怎能整天沉迷于草色花香呢。你看人家叔大兄，前几天我读到过他的一首咏竹诗，是这么写的，我背给你听听啊，也向人家学学。‘绿遍潇湘外，疏林玉露寒。凤毛丛劲节，直上劲头竿。’……”

小时候，朱宪㸅常常消除不了张居正在他喜欢的表妹心目中的印象。而张居正也好像找到知音一样，很是沉醉在朱宪㸅表妹的夸赞与羡慕中。他多么希望自己以后能娶这个美丽漂亮、通情达理、知晓诗情画意的大家闺秀为妻子啊。但越是这样想，他就越觉得自己在自我折磨。因为人家是大家闺秀，自己只是一个寒门子弟，纵使神童也罢，这都抵不上富家子弟的阔绰和名门望族的得意。还好，还有个科举的道路可以改变自己的处境和命运，减少自己在这位红颜知己面前的自卑。

于是，张居正更加用功学习，毛妃就更以张居正为榜样让其他孩子向他学习。后来，张居正果然中了秀才，当即将起程到武昌官学读书时，按礼他要到曾经学习过的辽王府道个谢、作个别。但还没等张家人想到这一点，毛妃就派人到张家送了请帖，说要给中了秀才的张居正祝贺一下。张居正也算是从辽王府里走出去的学子，而且前途无量，换了谁都会去主动拉关系的，何况是长久以来就善于左右逢源的辽王府。如今，体弱多病的辽王朱致格卧床不起，估计离大限也不远了。将来小辽王继位，如果在朝廷里没有个能帮着说话的人，那说不准哪天就被皇帝随便找个借口给废了。这么一想，善于为长远打算的毛妃就觉得张居正更加重要了。

宴席准备好了，没有别人，只有毛妃、朱宪㸅，还有被朱宪㸅强烈邀请来的表妹，再就是这次宴会的主人公张居正了。毛妃甘当“服务生”，自己坐在南边下位，让朱宪㸅坐在手左西边，侄女坐在手右东边，最后把张居正扶到留下的正北主位。这使得从来没有受过如此款待的张居正一时有点难以消受，他怎么也不肯就位。

“谢谢毛妃好意，在下实在不敢冒犯。我虽然常以上宾自由出入王府贵地，而且能和王子姑娘们一起学习，能有今日之成就全仗毛妃关爱，实在感激不尽。但毕竟祖父为王府护卫，主仆有别，我不管在这里受到多大的恩惠，也不应忘记自己的身份。”张居正绕过来，走到毛妃的座位旁，“还是请毛妃上座，能得辽王府宴请，算我张叔大三生有幸，所以不敢推辞。这主客易位，让一个家奴的孙子坐在上位，我实在有点消受不起，而且也不符合孔圣人的教导……”

再三推辞后，毛妃最终扳不过能说会道的张居正，只好让朱宪㸅坐到正北上位，让张居正坐到朱宪㸅的位子上，自己仍居下位。

“表妹，你不是说我作诗不如叔大吗？最近，我可是狠下了一番功夫，什么魏晋南北、大唐宋元，历代的名诗名句我已经背得滚瓜烂熟了。而且我还特意为你作了一首诗，就叫……”刚刚坐稳的朱宪㸅就按捺不住，使劲讨好自己的表妹。

“宪㸅，”毛妃打断朱宪㸅的话，把刚夹起的一块肉放到张居正的碗里，无奈地说，“你这样不上进，终有一天要给叔大牵着鼻子走啊！”

朱宪㸅顿时脸色通红，不得不把自己准备在手的诗稿收起来，端端坐稳，顺便向小表妹翻个白眼，抿嘴瞠目，感到很丢面子，估计下次表妹又会说他没有张居正稳重……

嘉靖十六年（1537年），辽王去世，朱宪㸅守孝在家。张居正也因为在武昌的乡试中落第，不可一世的神童备受打击，在家发奋用功。从此，两人就暂时隔离了一段时间，但彼此的恩怨始终没有了结，而且还越来越大。毛妃本想激将一下朱宪㸅，没想到却使他觉得自己在这个身为下人的平民子弟面前很失尊严。而且因为心爱的表妹总是对张居正念念不忘，这使得朱宪㸅对张居正痛恨不已，总想找个机会狠狠地出一口恶气。

三年之后，嘉靖十九年（1540年），朱宪爀的守孝期已满，顺利继位成为新的辽王。而张居正也在乡试中考中举人，两人都感到很是风光自在。不过，张家这次没怎么张扬，只是若无其事，让张居正好好用功，准备参加会试。辽王府这边可不一样了，朱宪爀借着庆祝自己继承王位，要和自己的小表妹成亲了，四处宾朋都邀请了，当然少不了张家。

张居正的祖父应邀出席辽王府的宴会，他当然知道自己的孙子多么喜欢这位将要和辽王成亲的小姑娘，但迫于家道地位的差距，他不得不长叹一声，把这个奢望忘记，也为自己的孙子感到委屈。于是，在宾朋满座的席间，张镇一个人坐在那里喝着闷酒。这时，朱宪爀看到了他，他便赶过来招呼。

“哦，张护卫啊，您老最近可好？怎么就您一人啊，叔大没跟您来吗？”朱宪爀说着，便坐到张镇的旁边，拿起酒杯斟满，“来，我陪您喝几杯。”

“哦，多谢王子……哦不，王爷关照。老朽近来还好，就是今日稍有不适，王府有喜事不得不来啊，所以就赶过来了。叔大说要复习功课，顺便让我向王爷表示祝贺——”话还没说完，张镇就咳得说不出话来。

“您小心点，”朱宪爀一边拍着张镇的背，一边扶他坐下，“多谢赏脸，今日不醉不归，来来……”几杯烈酒下去，年老体弱的张镇已经醉得昏迷不醒，趴在桌子上动弹不得。

宴会结束，各路宾朋相继散去，有的留下来正在闹洞房，辽王府弥漫着酒香，清风缕缕，灯火辉煌。几个仆人在后院打扫宴席残迹，忽然发现后院墙角的桌子上趴着一个人。

“张护卫……张护卫……”一个和张镇共事多年的老伙计大声喊着，把手搭在他的鼻子上一试，发现他早已经没气了，甚至连尸体也已经冰凉……

辽王府的下人们怕冲了王府的喜庆气氛，没有上报朱宪爀，径直往张家跑去，通知过来抬人。就这样，张居正的祖父陪着自己的孙子结束了寄居辽王府的学习时光，并在其中了举人不久之后，便在辽王的庆功宴，也是新辽王的婚礼上醉死在辽王府的后院里了。

张居正强忍着痛苦，从来没有在这件事上对朱宪㸅说过什么。朱宪㸅也若无其事，直到很久之后才知道此事。他对在张居正面前被毛妃斥责而感到很不舒服，而张居正因为他娶了自己心爱的女孩而感到很是屈辱，再加上自己的祖父不明不白地死在辽王府里，而且是在辽王庆功成亲的宴会上，一想到这些，他气得牙齿发抖。于是，两个人从同窗好友变成不可和解的世仇。不过，在表面上依然互相和和气气，彼此诗书唱和，经常走访。

后来，张居正进京做官，孤独寂寞的辽王无所事事，竟然迷上了道教。这事被同样喜好道教的嘉靖皇帝知道了，对这个藩王很是喜爱，不仅为他打消了曾经怕被废掉的顾虑，而且册封他为“清微忠教真人”，给他可以自由往来于名山大川的特权，这使得朱宪㸅很是自在得意。按明朝法律，各地藩王只能在自己的封地上活动，不得离境一步，好多藩王都小心翼翼，生怕出点小差错，被皇上一纸令下废掉。所以，明朝的藩王都过得很郁闷，大多有特别的嗜好，有的喜欢写诗，有的喜欢搜集民间风物，但都只为打发寂寞而已，谁也没想到朱宪㸅沉迷道教却正迎合了当朝皇帝的嗜好，居然因此受宠。

而此时的张居正，虽然已经中了进士，成为一个翰林庶吉士，但这只是个闲职，并不参与政事，同在此职的好多人都无所事事。张居正也感到前途一片渺茫，远不如朱宪㸅过得逍遥自在。

初试不第缘自善意的关怀

告别了长期学习、生活的辽王府，把自己与朱宪㸅一切恩怨抛在脑后，张居正一心做着他的庶吉士，开始了自己的仕途之旅。不过，一切并非像人们期望的那样顺利，但最终张居正还是挺过来了，从一个目中无人的毛头小孩，成长为一个深谙谋略、擅长隐忍的官场常胜将军。

在这里，不得不提及一个对张居正的成长起过重要作用的人物，他就是张居正乡试期间的湖广巡抚顾璘。顾璘又名顾东桥，是金陵有名的才子，与同乡陈沂、王韦合称“金陵三俊”，在江南是个名人。他先为应天府的巡抚，后又专任湖广巡抚。

早在顾璘还在南京应天府充任巡抚的时候，有一次，他读到一位荆州来客携带的诗册，其中有一首诗令他赞赏不已，惊叹其作者是“异人也，吾不可不物色之”。在得知写这首诗的人是一个叫张白圭的荆州小神童后，顾璘就把他记在心上了。等后来他调任湖广巡抚，刚一上任，就跑到荆州学校查询：“谁为张白圭者？”这边的教书先生回答，这里没有这个人，此时的张居正还是一个顽童，还没有进入正规官学，只是在辽王府里读书。恰巧有一个学生知道这个张白圭，告诉顾东桥说他要找的这个张白圭只是一个十几岁的少年。顾璘大为震惊，立即召来张白圭，当场出了一个对句进行测试。

在荆州的文庙院里，顾璘坐在树下的石桌前：“听说你很会写诗啊，本大人两年前就对你略有耳闻。今日刚刚上任湖广巡抚，特意前来见你一面。我还有琐事烦身，不能和你深谈。不如这样，我们对两句对子怎么样？”本来想多待一会儿，顾璘一看天色突变，估计要下雨了，便出了上联：“玉帝行师，雷鼓旗云作队，雨箭风刀。”

“嫦娥织锦，星经宿纬为梭，天机地轴。”张居正脱口而出，气宇轩昂，文辞精巧。

坐在一边的顾璘听了，大喜过望，很是赞叹，赶忙站起来，连呼：“小友，小友！”当即解下自己的腰带递给张居正，“你是首辅之才，将来要佩戴玉带，我这犀带配不上你，只不过聊表初次相见的一点心意而已。”

古人喜好见面互相送礼，但刚见面就把显示身份与地位的腰带相赠的还真不多见，况且是送给一个小孩子呢。因此，这一事件就很快成为湖广朝野上下的一则新闻，一时传为美谈。人们在赞叹完荆州神童之余，不免要对顾巡抚爱才如命的举动大加赞赏。刚一上任就能得到这样的好名声，对顾璘来说当然是求之不得的，这也是所有朝廷要员从京官进入地方文官视野并得到尊重的一个惯用策略。

不过，与其他人不一样的是，顾璘相中的张居正确实有过人之才，而顾璘也确实不是一般的附庸风雅之士，他做的一切不只是一个礼节性的仪式，不全为了让自己得个爱才之名，他对张居正的喜欢是发自内心的。

不久之后，回到武昌的顾璘又写了一首诗，也算是信，托人带给张居正。那诗叫作《赠寄张童子》：“……今看十岁能长赋，何用从前咤陆机。麟子凤雏难可见，碧蹄州喙定堪夸……”

在张居正中了秀才来到武昌官学就学的时候，顾璘还特意把张居正请到自己家里，一起来的还有同在湖广任职的几位同僚。他们议论着张居正的才华。

“张叔大真乃国器，将相之才也。想当年，唐宰相张说在自己的任上发现了七岁的神童李泌。如今我等若能提携张叔大，也算和他差不多了，至少尽到了自己的一份责任，大明王朝后继有人啊！呵呵……”顾璘自言自语似地说着，并叫仆人喊来自己的儿子顾峻唤。有点醉意的顾璘对着儿子训示道：“啾，记着了没，这是荆州的张秀才，将来是一定会到朝廷掌权的。到时候，你可以去找他，他会念及是故人之子，对你有所照顾的。”

张居正真是受宠若惊，在推辞之余不免有点自得。这时，众人的拥护已使他觉得有点高高在上，飘飘然了起来。在官学的日子，其他的秀才们都很用功，而张居正常常偷偷跑出去，站在长江边上感受孔子“逝者如斯夫”的感慨，感叹时光如梭，自己已经从一个小顽童成长为小有名气的少年秀才了。眼前浩浩江水，烟波茫茫，偶尔一两点白帆，几只飞鸟，此景中张居正每每凝神遐想“故人已乘黄鹤去，此地空余黄鹤楼……”张居正更喜欢读老庄，喜欢神游四海。但没办法，他必须参加科举考试。一想到这里，他又不免想起荆州辽王府的小姑娘……

一年的学习中不仅有念家之苦，还有相思之痛。一向意气风发的张居正显得稍微有一丝颓废，但毕竟自己还是有一些本事的，况且又有这么多贵人相助，相信自己会前途无量的。这么一想，张居正便又重新振作起来了。他比其他人更自信地等待乡试的举行，渴望马上走完科举的过程，赶紧参与朝政，实现自己治国安邦的理想。

在张居正考中秀才的第二年，正逢三年一次的乡试在武昌举行。一向胸怀治国安邦大志的张居正准备应试，但由于初入仕途的顺境，使他忘了克制自己，多少有些春风得意。他觉得以自己的才华，中个举人应该是小菜一碟。但万万没有想到，初次参加大的考试，洋洋得意的张居正居然落第了。

嘉靖十六年（1537年）的农历八月，武昌城溽热难熬，各地前来参加乡试的年轻文人刚刚赶到，就迫不及待地前往长江边上的黄鹤楼。一则黄鹤楼所在的蛇山绿树成荫，是避暑的好去处，二来所有的应考士子都想参观一下这座江南名楼，赋诗填词，抒情述志。

远远地，一艘客船在黄鹤楼前的平湖湾靠岸了，风尘仆仆的湖广巡抚顾璘从老家南京赶来，为的是主持明天将要举行的会试。另一边，从北京赶来监考的冯远章冯御史也刚刚赶到，他的渡船也正好从汉口过来，刚到蛇山脚下。在小东门前的胭脂路上，两个人碰了个正着。

“顾巡抚……”“冯御史……”两个人寒暄一阵之后，就这次湖广乡试交换了一下意见。

“东桥兄，远章对湖广人才不大了解，还望顾兄指教。”“哪里哪里，我也是初来乍到，刚到任还不及一年。不过，对湖广的人才还是稍有一点了解，毕竟同饮一江水啊。早在我还在应天府任上的时候，就得知荆州有个神童，刚来我就去会了一下，果然不出所料，是一个难得的栋梁之才。去年他中了秀才，正在武昌官学就读。估计今年在乡试中又会脱颖而出。如若大人垂青，让他早些中举未尝不好，只不过他年纪太小，毕竟只有13岁。如果让他再推迟几年中举，恐怕会更好一点……”

等到考试结果下来，张居正的试卷果然备受青睐。湖广按查佥事陈束向冯御史极力推荐要让张居正取得湖广乡试的第一名。但因为念及顾璘的叮嘱，别说第一名了，就连名次冯远章都不愿给张居正。一向直来直去的陈束为此极为恼火，他不怕得罪京官，冒着丢掉乌纱帽的危险，直接当着众多官员的面，斥责冯远章徇私舞弊。争论越来越大，以至于连张居正本人对此事都略有耳闻。不得已，冯远章又把顾璘曾经嘱托过的话告诉了陈束，这才平息了一场纷争。最后的结果是，不可一世的神童秀才张居正，不仅没有好的名次，而且连举人都没中，就相当于高考落榜一样。这对一个初出茅庐、心强气盛的少年该是多大的打击。

人生的第一次挫折，使这个13岁的孩子倍感苦涩，他也渐渐觉得不论如何都不能锋芒毕露，要懂得收敛一点，不能为别人的夸耀而活，更不能因为别人的器重而飘飘然。否则，即使有所作为居于高位，也会被对手捧杀，下场将是凄惨无比的。小小年纪就要经受如此的教训，使得他一夜之间变得老成了许多。不久之后，他又写了一首关于竹子的诗，不过此时已不再是“绿遍潇湘外，疏林玉露寒。凤毛丛劲节，直上劲头竿”，而是“野竹凌风劲，山花破腊开。草枯霜隼奋，林暗暮鸦来”。

考试失落的打击远远小于因为光环的散去而遭受人们冷眼时的痛苦，张居正深深地感受到了什么叫人情冷暖。一次考试的失败使得他失去了曾经拥有的一切，人们不再向他投来羡慕的目光，他也不再是街头巷尾的人们让自己孩子竞相学习的神童，他成了被人们偷偷议论的“仲永”。

面对众人的流言蜚语，曾经对张居正寄予厚望的曾祖父也因为玄孙的落榜而一病不起，不久就去世了。虽然他走了，但他的那个梦依然还流传在亲戚乡邻中间。虽然张白圭已经改名张居正了，但他依然是不可一世的神童，是赋诗作文样样精通的才子，是一块等待磨砺的大璞玉，是将来挽救大明王朝的救世宰相。此时的张居正没有就此心灰意冷，他继续在家苦读。三年之后，张居正又赶往武昌参加了三年一次的乡试，并如愿以偿一举中第，成为当时最年轻的举人。

16岁就中举，虽然经历了大起大落，但毕竟还很年轻，也算是少年得志。只不过和一般的少年俊才相比，张居正多了一些老练，比那些夸夸其谈的才子更有谋略，也更懂得知恩图报。虽然在自己初次参加乡试时顾璘的一个叮嘱就使他晚了三年才中举人，但毕竟有知遇之恩。想当年顾璘对自己是多么器重，他的安排一定别有一番苦心。所以，张居正一中举，就去找顾璘，一则报恩，一则诉怨。

当时，嘉靖皇帝是从兴王府里以一个藩王的身份继承皇位做了皇帝的，他认为一个皇帝的出生对威望有很大影响，极力要把自己的父亲追为“献皇帝”，把上一任皇帝称为先皇帝，这样就显得自己的皇位比较正统一点。但他的父亲已经去世多年葬在钟祥了。为了提升先父陵墓的帝王气势，他决定把被他追为“献皇帝”的父亲的陵墓重修一下。

在湖广巡抚任上的顾璘就理所当然地承接了这个差事，在钟祥督建献皇帝的陵园。张居正从武昌出发，坐船沿汉江北上，来到曾经的楚国古都，也就是明朝兴王封地钟祥，在这里见到了对自己有知遇之恩，但又让他平白无故地多受了三年煎熬的顾璘。

“古人都说大器晚成，那是指中才而言的，你不是中才，我竟耽误了你三年，真心地希望你立志做伊尹、颜回那样的臣子，千万不要以少年秀才自负！”顾璘深沉地嘱托着，好像在为一个人诉说冤屈似的。此时的张居正也恍然大悟，顾大人的干预只不过想除去自己身上的浮华气息，希望自己能真正有所作为。幸好自己没有以小人之心度君子之腹，不然将会留下千古遗憾，冤枉自己的恩师一辈子。这样一来，张居正就更加感激顾璘对自己的栽培了，始终念念不忘。

他深刻牢记恩师顾璘的教诲，不再那么飞扬跋扈不可一世。中举之后，张家上下也表现得很低调，没有声张也没有庆贺。不久之后，张居正祖父就在辽王府的宴会上醉酒而死，张家也没对张镇的死因做过多的追究，一切都很平常，没有出现喜极生悲的闹剧。

第二年，张居正成亲了。在一般的社会应酬之余，他把所有的时间都放在攻读各类古书上。嘉靖二十三年（1544年），20岁的张居正进京参加会试。令他想不到的是，这次他又落榜了。因为有上次落榜的经历，这次张居正显得十分泰然，没有过多的失落，真正做到了不以物喜不以己悲，只是始终抱着自己治国安邦的理想不放。

回家之后，张居正于读书写字之余，经常深入民间了解社会现状，对当时的一些时政积弊和下层人民反映强烈的一些问题有了初步了解。这为他以后进入政界进行改革积累了实际的生活经验和广泛的民意基础。

又过了三年，嘉靖二十六年（1547年），23岁的张居正再次入京会试，会试通过后又经殿试，结果中二甲进士，被选为庶吉士，供职翰林院。从此，他就开始了参政掌权、坎坷而又辉煌的从政之旅。

第二章　初涉官场隐忍不发

二甲进士入翰林

嘉靖二十六年（1547年），23岁的张居正赴京参加会试。他寒窗苦读多年，经过发奋努力终于金榜题名，不仅成功通过殿试，而且中了二甲进士，被选入翰林院为庶吉士。

虽说庶吉士在当时顶多算是个九品官，没有什么实际权力，但经过三年的培训，就可能被点为翰林。按明代的官制，翰林院官员品级从七品到五品不等，但其政治上的特殊性和重要性，绝非其他同级部门所能比。明代翰林院是朝廷考议制度、详正文书、咨议政事的职官机构，翰林官员的主要活动多为朝廷日常性工作，如从事诰敕起草、史书纂修、经筵侍讲等。而这些工作经历对翰林官员积累政治经验、增广知识、扩大视野有着重要的作用，更是为入阁辅弼积累一定的政治素养，是入阁之前的必经之路。所以说，进入翰林院就意味着光明的仕途与前景。明代中期以来，内阁基本上都来自于翰林官员，以至当时有“非进士不入翰林，非翰林不入内阁”的说法。《明史·选举志》就曾这样写道：“成祖初年，内阁七人，非翰林者居其半。翰林纂修，亦诸色参用。自天顺二年，李贤奏定纂修专选进士。由是非进士不入翰林，非翰林不入内阁，南、北礼部尚书、侍郎及吏部右侍郎，非翰林不任。而庶吉士始进之时，已群目为储相。通计明一代宰辅一百七十余人，由翰林者十九。盖科举视前代为盛，翰林之盛则前代所绝无也。”

年轻的张居正从此踏上了自己的仕途，一方面，他觉得总算有实现自己远大政治抱负的机会了，一片光明的前途使他感到十分兴奋。另一方面，因为深知官场的种种险恶，张居正一直保持着高度的警惕性，从来不敢有丝毫的松懈，做事总是小心谨慎，待人也都个个尊敬有加，对谁都和和气气。虽然是血气方刚的年轻人，但为了明哲保身，面对官场的风起云涌，他还是选择了静观其变。

和其他的利益场一样，明代末期官场的政治斗争极其残酷。张居正刚刚步入翰林院，就遇到夏言和严嵩的斗争。当时，夏言是内阁首辅，严嵩是次辅。

明代的内阁自成祖朱棣以后，就逐渐演变为政治枢纽。整个内阁表面上只是皇帝的秘书厅，内阁的大学士不过就是皇帝的秘书，内阁的首辅顶多算是个秘书厅主任，但由于皇帝的一切诏谕都经内阁，内阁权日重，首辅位极人臣，可谓是一人之下，万人之上，次辅觊觎首辅的地位是很自然的。

说到内阁，说到政治，说到竞争，就不得不提当时的最高统治者嘉靖皇帝。正德皇帝没有子嗣，将来谁继承王位成了一个问题。所有大臣在各地王府考察了一番，认定湖北钟祥的兴献王世子朱厚熜是最佳的皇位继承者。于是，这兴献王世子就捡了个大便宜，离开了他的兴王府，来到了北京，半路接班成了皇帝。当了皇帝后，嘉靖为了光耀门楣，想要给予自己早已去世的父亲一个比较合适的称号，想把自己的父亲兴献王称为皇考。可大臣们都觉得这不符合朝廷的礼法，拒绝了这个要求。这就是明代的“大礼议之争”。嘉靖自排廷议定“大礼”，开始重视礼文事，夏言在祭祀典礼一事上得到了嘉靖的青睐，顺利地得到了重用。之后，他在仕途上一直平步青云，最后当上了内阁首辅。

夏言担任内阁首辅后，工作也算是尽职尽责。可是，他有个致命的毛病，就是傲气十足。夏言在官场中的傲气不仅得罪了本来就很强势的嘉靖，也得罪了不少同僚。而严嵩恰恰相反，他是个毫无傲气，也无骨气的人，整个就是一副奴才相。而他的“好脾气”还真的为他带来了“好运气”。嘉靖喜欢道教，喜欢青词，严嵩就投其所好，博得皇帝的赏识。严嵩一天到晚就是研究青词的写作，写得一手漂亮的青词，并因此爬了上来，成为内阁次辅。

像夏言如此傲气的人当然看不起严嵩，根本没把他放在眼里。可在严嵩看来，夏言可是一个不得不除去的眼中钉，不仅因为夏言曾经在政坛上三起三落，每一次官复原职后都在严嵩之上，而且平时在工作中也总是“直陵嵩，出其上。凡所批答，略不顾嵩”，非常鄙视严嵩，根本不考虑他的想法。但是，严嵩是个明白人，虽然很想扳倒夏言，但还是表现得很低调。

严嵩利用同乡关系，想方设法讨好夏言。他对夏言毕恭毕敬，察言观色，处处迎合他的意思。有一次，严嵩准备了酒宴，亲自去请夏言。夏言根本没把这个同乡放在眼里，找了个借口推掉了。严嵩却极为谦恭，他跪在堂前一遍又一遍高声朗读自己带去的请柬。

表面上，严嵩对夏言还是言听计从，但背地里早已开始了“反攻之计”。他知道，想要整垮夏言，必须先从皇帝下手，所以，他就开始离间夏言和嘉靖之间的关系。

嘉靖皇帝迷信道教，有一次，他命人制作了五顶香叶冠，赐给几位宠臣。第二天，严嵩就把香叶冠戴在头上来上朝了，外面还郑重地罩上轻纱，以示尊重。

嘉靖看了很高兴，就问夏言：“爱卿，你的呢？”

夏言一向反对迷信，不肯接受，就直接回答：“堂堂的内阁大臣怎么能在朝廷之上戴那种东西，成何体统！也就只有像严大人那种人才会喜欢戴吧！”

嘉靖心里虽然很不满意，但当着那么多大臣的面，也就没有说什么。可是，“细心”的严嵩怎么会放过这么好的一个机会。在下朝后，他就单独找皇帝“哭诉”，说夏言平时总是盛气凌人，根本就不把他们这些下属放在眼里，今天在朝上嘲笑他戴这个“荷叶绿帽子”已经算是给自己面子了。嘉靖听后，心里更不是滋味，对夏言也愈加不满。

又有一次，夏言随皇帝出巡，没有按时值班，惹得皇帝大怒。按规定，大臣值班都必须乘马车，而夏言却不守规定，很不给嘉靖面子。严嵩一看时机成熟，一改往日的谦卑，勾结皇帝宠幸的一个道士，在皇帝面前添油加醋地说了夏言很多坏话。嘉靖一怒之下，罢免了夏言的官职，令严嵩取而代之。

后来，内阁中只剩下严嵩一人，皇帝也觉察到严嵩专权。于是，再度起用夏言，而且位在严嵩之上。夏言复职后，把严嵩撇在一边，什么事都自己做主。严嵩表面上不动声色，从不提意见，暗地里却收买皇帝身边的太监，让他不时地在皇帝面前揭夏言的短处，同时也不露痕迹地说严嵩的好话。

终于，严嵩抓住一个机会。嘉靖二十五年（1546年），北方鞑靼部落侵入河套地区，不断扰乱北方边关。次年，被夏言一手提拔上来的陕西总督曾铣上疏力主收复河套，得到皇帝赞赏。但明朝自英宗以来已经被蒙古人打怕了，嘉靖觉得没有把握，始终犹豫不定。夏言对皇帝的反复无常不知如何是好，干脆上表请皇帝自己裁决，把难题甩给皇帝，使嘉靖很生气。而严嵩则通过太监里的内应了解到嘉靖不敢下收复河套的决心，极力宣扬河套不可收复，并乘机攻击夏言专权，使皇帝大为愤怒。严嵩可不愿放过这个机会，他必须“斩草除根”。他到处散布流言，说夏言离朝时心怀不满，又造谣说夏言收了曾铣的贿赂，要借收复河套谋取私利，从而陷国家于危机之中。流言说得有鼻子有眼，不由皇帝不信。

到了嘉靖二十七年（1548年），曾铣因误国、通敌、贪污等罪名被抓，当夏言得到这个消息时，终于意识到问题的严重性，也意识到自己中了严嵩的奸计，可一切都太晚了。夏言先是被嘉靖免除了所有职务，后来又以误国罪给处死了。

从此，严嵩稳坐首辅之座达15年之久，再也没有人能和他分庭抗礼。这场政治斗争对刚刚进入官场的张居正是个不小的震撼。可是，他一个小小的庶吉士，根本没有发言的权利。他渴望有一天自己也能坐在首辅的位置上，拥有说话的权利，实现自己的政治目标，但那是一条很长很长的路。

按照明朝的常规，只要是考中了二甲进士，就可以担任编修的职务。因此，经过三年的庶吉士的“实习”生活，张居正被任命为正七品的翰林院编修。他的仕途开始了第一个转折，虽然这个职位距离自己的梦想还有很长的距离。

编修是个清闲的职位，但张居正并没有像其他的同僚为仕途奔竞趋谒，更没有沉醉在歌台舞榭和吟风弄月中，他从进入翰林院的第一天，就开始不断学习、不断积累、不断思考。在官场的纷争中，张居正依然是冷眼观察，他闭门谢客，除了编著史书，便整日攻读历朝典章制度，默默潜求救国兴邦之道。他深为大盗为群、贪风不止、民怨日深的局势感到忧愁，更为当朝的世宗皇帝不务政事，听凭误国害民的首辅严嵩胡作非为感到无奈。

虽然对严嵩没什么好感，但碍于是自己的顶头上司，为了仕途的发展，张居正对严嵩还是相当尊重。这也不能责怪张居正，作为新进官场的年轻官员，和上司搞好关系是自然而且是必须的。张居正靠着一支笔、一手漂亮的文章，赢得了严嵩的欣赏，虽然没有得到重用，但严嵩对他还是很友好的。在张居正的《张太岳集》中就有不少为严嵩父子写的赞美诗，有的是为了严嵩的生日庆贺，有的是过节的时候写的庆贺诗文，还有一些是代严嵩写的上奏朝廷的贺表。这些文章拉近了张居正和严嵩的关系，使得他在残酷的官场中可以明哲保身，这不能不说是张居正正确的为官之道。

虽然张居正向严嵩伸出了友好的政治触角，可这并不代表就此加入了严嵩的政治阵营。他虽然不了解严嵩，但从骨子里感觉自己不能跟严嵩靠得太近。可是，身在官场，要想有所作为，就一定不能孤立无援，没有立场。所以，此时的张居正真正开始意识到官场的复杂，但又不得不参与其中。面对严嵩与徐阶两大政治集团，他的选择显得异常艰难，也异常重要。

徐阶，字子升，松江华亭人，在当时担任礼部尚书，因为擅长替嘉靖写青词，很受嘉靖的重视和喜欢，成为朝政中的一匹“黑马”。而且徐阶是张居正名副其实的老师，对他也非常欣赏，最重要的是徐阶为人正直，一心为国。虽然当时徐阶的权势远不及严嵩，但张居正仍然觉得老师那里才是自己的发展方向，于是选择了徐阶作为自己的靠山。

张居正不凡的气度和行动能力以及过人的才华，深深打动了徐阶，并得到徐阶的着力培养。在与严嵩的斗争中，徐阶一直全力保护张居正，不让他正面与严嵩集团直接冲突，以免成为马前卒而很快牺牲。除此之外，徐阶还把自己多年的政治经验尽心地传授给张居正，尤其在扳倒严嵩的过程中，教会了张居正很多东西。

张居正在加入徐阶的政治阵营后，细心学习徐阶的政治智慧，又以一种接触的艺术保持着跟严嵩的关系。他在徐阶和严嵩之间走钢丝，走得是一帆风顺，一方面徐阶把他视为自己的接班人，另一方面严嵩也很器重他，这使得张居正在政坛中迅速凸显出来，成为谁都喜爱的“大红人”。

《论时政疏》初显远见卓识

进入翰林院的张居正，虽然位居闲职，但时刻没有忘记自己的政治理想。作为一个有着远大抱负、心怀天下的年轻人，他渴望能在仕途上有一番作为。但当时他苦于自己只是一个微不足道的新科进士，在政治上没有地位，只能一面心忧天下，一面等待时机报效国家。可是，当时嘉靖皇帝在巩固了自己的政治地位后，就开始醉心于享乐，一心沉迷于道教，张居正对此非常担心。无论是为了国家，还是为了自己，张居正都感到很有必要让皇帝和严嵩看到自己的才华。所以，他决定上疏，提出自己的改革主张。

张居正知道在当时上疏指责朝廷要冒很大的风险，不仅可能丢了刚戴上去的乌纱帽，严重的话可能还会丢了自己的性命。嘉靖王朝著名的“三杨事件”不得不让张居正感到担忧。皇帝迷恋修道炼丹，不上朝已有八九年之久，把一个方士陶仲文封成“神霄保国宣教高士”，捧到监国的位置，整日与之谈玄说道。在这以前，有不少敢言直谏之士多次上疏规劝，却都受到惩治。嘉靖十一年（1532年），翰林院编修杨名上疏称“自古祷词无验”，劝告皇帝迷途知返，结果遭到流放。嘉靖十九年（1540年），世宗听信道士的谗言，打算让太子监国，以便能让自己脱离枯燥的政务，专心修炼长生不老的仙丹。当时，满朝文武都大为震惊，但谁也不敢站出来劝阻。这时候，太仆卿杨最站出来，斗胆上疏反对皇上这个不符礼仪的要求。他说："天子与长生，不可两得。"结果，世宗在盛怒之下，当场就把他处死了。再加上杨爵，因为上疏指责皇帝整日修建斋醮，常年不上朝，被嘉靖帝投进监狱，饱受酷刑折磨。

即使可能遭遇不测，但年轻的张居正还是决定为了国家，为了自己的理想努力一次，他决定向皇帝上疏表示自己的政治改革的主张。不过，为了避免走上前人的悲惨道路，他在奏疏中还是为自己留了一条后路，这也是他的明智之处。

比较张居正与"三杨"的上疏不难发现，张居正确实不愧为天才的政治家，他既有政治家的眼光，也有政治家的谋略和技巧。"三杨"都以斥责皇帝迷信道教、宠信道士为目标，犯了投鼠忌器的大忌。在皇帝看来，这无异于指桑骂槐，又怎能不触怒龙颜？聪明的张居正却避开了对道士的正面攻击，只是从群臣百僚仰望皇帝的清光说起，着重说明了在上下悬隔的状态中，怎样做到清扫壅阏，使君臣上下沟通，且开宗明义地指出"明主不恶危切之言以立名"，意思是明君都以听取谏言而流芳百世，并称颂当今皇帝的功德，上追唐虞，近配列宗，自成祖以后，没有哪一朝能超过嘉靖，把皇帝视为能听取直谏的明主。这一歌功颂德的辞令，用在进谏的开头，首先就赢得了皇帝的欢心。张居正善于揣摩人意，他既能把正话反说，也能把反话正说。明明是俺答来犯、倭寇骚扰、佛郎机侵犯漳州等外患频繁，张居正在奏疏中却说成"四夷未宾"，既满足了皇帝的虚荣心，又使君主不得不正视这一现实。在列举的时弊中，他将"宗室骄恣"放在第一位。明朝是高度集权的王朝，中央对地方有绝对的钳制力量，宗藩并不足以构成对中央王权的威胁。但是，宗藩是最有资格分享王权的皇亲国戚，在中央与地方、集权与分权的矛盾中，宗藩势力的膨胀往往成为当朝君主的心腹之患。

因为他明白，不在高位，纵使才可经天纬地也无济于事，只有等到自己掌握了权力，才可能实现一生的抱负。

通过几年的冷眼观察，他对朝廷的政治腐败和边防废弛有了直观的认识。为此，嘉靖二十八年（1549年），在夏言和严嵩争内阁首辅的时候，他写了一篇著名的文章——《论时政疏》。这篇文章把当时国家政治危机的几个方面分析得头头是道，体现出这个二十多岁的年轻官员敏锐的政治眼光和突出的政治天赋。

《论时政疏》是张居正改革的理论基础：

其大者曰宗室骄恣，曰庶官瘝旷，曰吏治因循，曰边备未修，曰财用大亏，其他为圣明之累者，不可以悉举，而五者乃其尤大较著者也。臣闻今之宗室，古之侯王，其所好尚，皆百姓之观瞻，风俗之移易所系。臣伏睹祖训，观国朝之所以待宗室者，亲礼甚隆，而防范亦密。乃今一二宗藩，不思师法祖训，制节谨度，以承天休，而舍侯王之尊，竞求真人之号，招集方术逋逃之人，惑民耳目。斯皆外求亲媚于主上，以张其势，而内实奸贪淫虐，陵轹有司，朘刻小民，以纵其欲。今河南抚臣又见告矣。不早少创之，使屡得志，臣恐四方守臣无复能行其志，而尾大之势成，臣愚以为非细故也。所谓宗室骄恣者此也。臣闻才者材也，养之贵素，使之贵器。养之素则不乏，使之器则得宜。古者一官必有数人堪此任者，是以代匮承乏，不旷天工。今国家于人材，素未尝留意以蓄养之，而使之又不当其器，一言议及，辄见逐去，及至缺乏，又不得已，轮资逐格而叙进之，所进或颇不逮所去。今朝廷济济，虽不可谓无人，然亦岂无抱异才而隐伏者乎，亦岂无罹微玷而永废者乎？臣愚以为诸非贪婪至无行者，尽可随才任使，效一节之用。况又有卓卓可录者，而皆使之槁项黄馘，以终其身，甚可惜也，吏安得不乏！所谓庶官瘝旷者此也。守令者亲民之吏也，守令之贤否，监司廉之，监司之取舍，铨衡参之，国朝之制，不可谓不周悉矣。迩来考课不严，名实不核，守令之于监司，奔走承顺而已，簿书期会为急务，承望风旨为精敏，监司以是课其贤否，上之铨衡，铨衡又不深察，惟监司之为据，至或举劾参差，毁誉不定，贿多者阶崇，巧宦者秩进。语曰："何以礼义为？才多而光荣；何以谨慎为？勇猛而临官。"以此成风，正直之道塞，势利之俗成，民之利病，俗之污隆，孰有留意于此者乎？所谓吏治因循者此也。夷狄之患，虽自古有之，然守备素具，外侮不能侵也。今“虏”骄日久，迩来尤甚，或当宣大，或入内地，小入则小利，大入则大利。边圉之臣皆务一切，幸而不为大害，则欣然而喜，无复有为万世之利，建难胜之策者。顷者陛下赫然发奋，激厉将士，云中之战，遂大克捷，此振作之效也。然语曰：“无恃其不来，恃吾有以待之。”乘战胜之气，为豫防之图，在此时矣，而迄于无闻。所谓边备未修者此也。天地生财，自有定数，取之有制，用之有节，则裕；取之无制，用之不节，则乏。今国赋所出，仰给东南，然民力有限，应办无穷，而王朝之费，又数十倍于国初之时，大官之供，岁累巨万，中贵征索，溪壑难盈，司农屡屡告乏。夫以天下奉一人之身，虽至过费，何遂空乏乎？则所以耗之者，非一端故也。语曰：“三寸之管而无当，不可满也。”今天下非特三寸而已。所谓财用大匮者此也。五者之弊非一日矣，然臣以为此特臃肿痿痹之病耳，非大患也，如使一身之中，血气升降而流通，则此数者可以一治而愈。夫惟有所壅闭而不通，则虽有针石药物无所用。伏愿陛下览否泰之原，通上下之志，广开献纳之门，亲近辅弼之臣，使群臣百僚皆得一望清光而通其思虑，君臣之际晓然无所关格，然后以此五者分职而责成之，则人人思效其所长，而积弊除矣，何五者之足患乎？

张居正在《论时政疏》中指出“臃肿痿痹”，也就是官员冗杂而无效率这一官场现状，紧接着指出上下不通的朝廷弊病，进而系统阐述了他改革政治的主张。张居正列举了当时政治危机最迫切的五大问题，分别是：宗室问题、人才问题、官僚问题、军备问题与财务问题。针对这些日益激化的矛盾，张居正提出了相应的对策：抑制宗藩、整肃吏治、整修边备、填补财用、上下沟通。

张居正的这篇《论时政疏》所表现出的“政治天赋”的内涵并不局限于治国韬略，这篇短小的文章还透露出张居正这个政治天才的“心机”和性格。张居正在这篇奏文里，表达了自己忧国忧民的心情，并希望世宗能够勤于政务，亲近贤臣，广开言路，以求得君臣同心协力，振兴王朝。张居正后来的改革有一篇纲领性的文章《陈六事疏》，就是在《论时政疏》的基础上发展而来的，因此，这篇文章的分量就可想而知了。

然而，这篇文章却未能引起世宗和严嵩的重视，但由于他的言辞委婉，并没有招来杀身之祸，这也是张居正的幸运。

张居正知道自己说话的时机还没有到，必须耐心等待下去。所以，直到嘉靖末年，前后约17年的时间，除了例行章奏以外，张居正再也没有公开上疏指陈时弊，只是埋头于典章国故，努力从前人那里汲取政治营养和智慧。

虽然张居正的《论时政疏》并没有引起皇帝和严嵩的重视，却受到了另外一个重要人物的欣赏，这个人就是徐阶。他因而更加看重张居正，并着力要把张居正培养成自己的政治接班人。徐阶对张居正的培养不仅为张居正的仕途增加了更多的可能性，而且对他的思想的改变也起到了重要的作用，可以说徐阶是张居正的精神导师。没有徐阶，张居正少说还得多奋斗10年才能实现自己的政治目标。所以说，这篇《论时政疏》是张居正仕途中的一块垫脚石，使得他成功地攀上了徐阶这棵大树。

避于山林韬光养晦

张居正最终能“一人之下，万人之上”，离不开他的隐忍之功和韬晦之术，这是他在官场明哲保身的最大法宝。

严嵩专权时期，张居正大多保持沉默，有时也写些无关痛痒的文章，如各种贺表颂词，过生日贺圣寿，紫极殿修成、紫宸宫完工进贺词，丰收了颂瑞谷，下雪了颂瑞雪，下雨了颂灵雨，元旦到了贺元旦，冬至到了贺冬至，出现白鹿、白兔了，颂瑞鹿、瑞兔，有的一贺再贺，无非是“乾清坤宁”“民康物阜”“帝寿永绵”“欢腾朝野”“四海升平”之类歌功颂德的逢迎之语。所以，在严嵩当权之际，张居正与这位炙手可热的首辅相处还算融洽。值得注意的是，在他小心翼翼地讨好严嵩的同时，他与严嵩的对手——次辅兼礼部尚书徐阶，也保持了良好的关系。一个年轻的进士，在两个互相敌对的势力中，进退有节，应付自如，周旋在两大强手之间，不得不说张居正有着天生的政治头脑，他的精明世故高人一筹。

但他对严嵩表示颂扬，纯粹是官场上的应酬。作为一个志向远大、雄心勃勃的年轻人，张居正始终保持着清醒的头脑。鉴于张居正的是非观念，严嵩并没有重用张居正，这也使得他与严嵩的政治集团保持了一定的距离。所以很长时间，张居正并无多大作为，一直在冷眼观察，积蓄力量。

严嵩当权的时候，世宗已经很多年不上朝过问政事了，他也落个清闲，干脆把所有的政事都交给严嵩去处理。在文武百官中，除了严嵩父子，其他人很难见到皇帝，这更为严嵩独揽朝政大权创造了有利条件。严嵩利用自己的特权去排除异己，巩固自己的地位。朝中所有大权都落到严嵩父子的手里，他们一手遮天，依仗权势收受贿赂。

严嵩的儿子严世蕃比他的父亲更加奸猾狠毒，而且还非常狂妄自大。他没有参加过正规的科举考试，依靠严嵩的权势当上了太常寺卿。为官后的严世蕃更是依仗父势，卖官鬻爵、贪赃枉法。随着年龄的增长，严嵩越来越弄不懂皇帝的心思。这时候，他的儿子就展现出了过人的“能力”。严嵩往往要花很长时间才能揣摩透世宗的心意，而严世蕃只要一看，就可以很快摸透皇帝的意图，办事说话都非常招世宗的喜欢。严嵩看到儿子这么精明能干，不管什么事，都要让严世蕃来出谋划策，所以民间的老百姓都称严嵩父子为“父丞相”和“子丞相”。

严嵩接任首辅后不几年，弹劾不断，都是揭露他卖官鬻爵、公行贿赂、克扣军民、酿成边患的事实。但每一次的上疏都会被无情地打压，因为通政司的右通政赵文华是严嵩的义子，在掌握了弹劾义父的官员的情报后，就及时向义父密报，让严嵩有充足的准备进行报复。嘉靖三十三年（1554年），兵部官员杨继盛上疏痛斥严嵩的十大罪、五大奸，称：“方今在外之贼，惟边境为急；在内之贼，惟严嵩为最。未有内贼不去而可以除外贼者。”他还历数其假借朝廷之名，行一己之私利，谄谀欺君，假冒军功，危害天下，已到了臣僚不知恩谢皇上而先致谢严嵩的地步。可这次还没有等到严嵩的报复，杨继盛就被皇帝惩以一百大板，打得皮开肉绽。这样冒犯严嵩也会激怒皇帝，不仅因为严嵩是嘉靖宠信的重臣，更是因为骂严嵩，难堪的是皇帝，嘉靖皇帝才会为此勃然大怒。当时的老百姓都为杨继盛鸣冤，敢于讲真话的遭受奇冤大辱，讲假话的却青云直上，但又有何用?

当时，朝中诸多官员的升迁贬谪全是凭着给严嵩父子贿赂数目的多少而决定的。

对这些张居正心知肚明，可也只能眼看朝政愈来愈受到严嵩的败坏，却无可奈何。张居正感叹道：空有凌云壮志，又能何为?

嘉靖二十九年（1550年）六月，北部鞑靼首领俺答进犯大明王朝的边关重镇大同。大同总兵仇鸾胆小无能，他的总兵官职是用重贿向严嵩买来的。面对俺答的进攻，他仓皇无策，只好故技重演，用重金收买俺答，乞求俺答不要进攻自己的防区。俺答接受重礼后，遂引兵东去，攻古北口，陷蓟州，直逼通州，京师告急。世宗遂下诏勤王。仇鸾在以重金贿求俺答不攻大同后，他知道俺答会深入内地，危及京师。为了乘机邀功并博得世宗欢心，主动上疏请求入援。世宗欣赏仇鸾“忠勇”，命他为平虏大将军，节制诸路勤王兵马。俺答兵直逼北京城下，大掠村落居民，焚烧庐舍，大火冲天。但各路援兵却怯懦不敢出战，只是坐观俺答烧杀抢掠。仇鸾的大同兵甚至趁火打劫，比俺答还凶狠。兵部尚书丁汝夔惶急无策，问计于严嵩。严嵩说：“在边塞打了败仗还可瞒住皇上，在京郊就难以隐瞒了。俺答掳掠饱了，就会自己离去。”丁汝夔听信严嵩的话，传令诸将，不许轻易出战。兵部郎中王尚学屡次劝丁汝夔出战，丁汝夔不敢违背严嵩的旨意，一味等待。俺答掳掠中饱后，引兵西去。平虏大将军仇鸾杀了数十个百姓的头，冒功请赏。世宗加封仇鸾为太保，并赐金币。嘉靖二十九年（1550年），按中国干支纪年，是庚戌年。历史上称这次事件为“庚戌之变”。

“庚戌之变”时，张居正正在北京，他目睹政治的黑暗和严嵩的误国卖友等行为，深感权奸当国，自己的政治抱负难以实现。于是，在风高浪急的嘉靖三十三年（1554年），张居正选择了急流勇退。他窥测时机，应势而进，适时而退，不勉为其难。他借口请假养病，离开京师来到故乡江陵，休假三年。

告病还乡，这对于一个年轻人来说是一个重要的决定，更是一个无奈的决定。当时，张居正自述这是“以病谢归”，其实他虽体弱多病，但从现有史料中看并没有什么大病亟须回乡养病和治疗的记载。所以说，“以病谢归”可能只是一种托词。

在即将离开时，张居正给自己的恩师徐阶写了一封信函，其中流露出自己归隐的真正动机。信中这样写道：荣进之路，险于榛棘，恶直丑正，实繁有徒。意思是他厌倦官场布满荆棘、黑白不分，但对时局还抱有希望，因为在他看来，还有“身重于泰山，言信于蓍龟”的徐阶在朝廷中，希望他有朝一日能带头扫除阴霾。在这封信中，张居正陈述自己对严嵩的不满，他愤慨于时局的败坏，痛恨嫉害正直忠良之臣的奸人，高度称颂徐阶在士林中的威望，盼望他担起天下之重任。但又认为徐阶的顾忌太多：“相公内抱不群，外欲浑迹，将以俟时，不亦难乎？”“盍若披腹心，见情愫，伸独断之明计，捐流俗之顾虑，慨然一决其平生。”劝他不如以真情行事，起而抗争，不要像嘉靖初年的礼部尚书欧阳德那样抓住对方把柄而又操刀不割，错过时机，壮志未酬就已陨落，留下终身的遗憾。这封信主要表达了张居正对官场已经心灰意冷，因此萌生不如归去、悠游田园的想法。虽然如此，但他仍然殷殷期盼徐阶有朝一日能改变局面，因而许诺徐阶“假令相公兴周、召之业”“知己之恩，每怀国士之报”。

除了官场上的失意，情感上张居正也遭受了沉重的打击。在他28岁的盛年之时，与他相濡以沫的爱妻顾氏溘然逝世，令他陷入无限的悲凉中。一年后，他偶读唐代诗人韦应物的《伤内诗》，不禁百感丛生，写下：“悲哉难具陈，泪下如迸澜。”续弦后，新婚燕尔的张居正也没有忘却亡妻之痛，在《朱凤吟》一诗中，表现了他刻骨铭心的思念：“朱凤失其群，十年不得双。早栖汉宫树，独啄瑶草芳……穷览周八极，遨游仰三光。仙游诚足娱，故雌安可忘。”从这些深情眷恋的诗中，可以看出顾氏的去世对张居正感情上的重创。这是他一生中情绪最低落的时期。

回乡之初，张居正寻得风光甚佳的湖畔修建了一间茅屋，终日闭门不出。他时而读书吟诗，时而怡神静养，经过一番调养，神气日渐清明。待身体恢复后，他就忙于攻读经史子集，博览群书。张居正这样修身养性，闭门读书大约有三年之久。

毕竟是没有公务之劳的休假，闲云野鹤般的生活也使他流连忘返，向往世外桃源，并留下不少韵味深长的诗篇。但众多的诗作表现出他复杂的感情，时而悠闲，时而彷徨，又时而奋起。可见他虽远离朝野，但仍不忘国事，心系朝政。身在山林，却心在朝廷，与山石林泉相伴，虽可怡情悦志，但这不是他的初衷，操心国事才是他的真实想法。其中，值得玩味的是《山居》：“林深车马不闻喧，寒雨潇潇独掩门。秋草欲迷元亮径，清溪长绕仲长园。苍松偃仰云团盖，白鸟翻飞雪满村。莫漫逢人语幽胜，恐惊樵客问桃源。”诗中的心境与他的心境何其相似，但纵有终焉之意、烟霞之想，又怎能就此沉沦？

在《谒晦翁南轩祠示诸同志》中，张居正借游览衡山，祭拜朱熹和张南轩的二贤祠之机，终于道出“欲骋万里途，中道安可留”的心声，并以“示诸同志”告之以世人，表示他再度出山的决心。在张居正高卧山林之时，北方俺答大举侵犯宣府、大同要塞，威逼京师。他闻讯勃然而起，作《闻警》抒发自己的忧愤：“初闻铁骑近神州，杀气遥传蓟北秋……抱火寝薪非一日，病夫空切杞人忧。”诗中弥漫着对国事的关切和对时弊积重难返的焦虑。最能反映张居正忧心忡忡而有志难伸心情的是《七贤吟》，这是他对魏晋名士阮籍、嵇康、山涛、刘伶、王戎、向秀、阮咸的咏叹诗，这七人才华横溢，卓尔不群，是乱世中的怪杰。他们行为怪诞，说话玄妙，面对各种抨击和讥讽，谈笑自若，我行我素，逃避世俗，遁迹官场，与当局采取不合作的态度，并以放荡不羁的个性，挣脱礼教和功名的约束，倡导真性情和人的自然本能。由他们开创的“越名教而任自然”的玄学，是中国思想史上的一大流派。但他们的主张终为世道所不容，或被囚，或处死，后世对他们惊世骇俗的行为也多有苛责。但张居正非常理解这七君子“心有所惬”不满现实而又无可奈何，不得不“游方之外”的处境，认为世人有关他们有损名教、贻祸晋室的种种指责，不过是以小人之心度君子之腹，无损于他们的人品和气节。这种超群出众的见解，正是张居正心情的写照。这些诗歌交织着超逸与忧思、出世与入世、愤世与经世的矛盾和冲撞，经过反思和自砺，张居正终于走出了情绪的低谷。

回到故乡，作为休假的官员，张居正本可不必下田劳作的。但他出自平民家庭，与农民有着天然的亲切感。他倡导学农，并身体力行，在家乡亲自下田，种竹植树，与老农切磋农艺，同悲共欢。张居正亲身接触农民，在乡间体会到了人民的辛劳、饥寒和痛苦。在《学农园记》中，他就记述了他对农民的观察：“每观其被风露，炙熇日，终岁仆仆，仅免于饥。岁小不登，即妇子不相眄，而官吏催科，急于救燎，寡嫠夜泣，逋寇宵行，未尝不恻然以悲，惕然以恐也。”这些都深深震撼着张居正，农民终岁劳碌，仅免于饥饿，官吏的催征急如救火，逼得农民抛妻别子，逃亡他乡，这使他“恻然以悲，惕然以恐”。这悲，是对农民的满腔同情；这恐，却是对政局安危的忧虑。这一切不禁使他恻然心动，责任感迫使他重返政坛。张居正虽然身在山林，但念念不忘的依然是官员的职责和治国安民之道。即使不再操政，也有这样自发的操守，充分反映出他对社稷和民生的忧思。

这几年的乡间生活，在张居正五十八年的生命旅程中只是一段小插曲，但这段时间的成长却对他将来的仕途有着不可估量的作用。其间的低沉、彷徨和奋起，还有忧国忧民的困惑和焦虑，都是他潜龙之志的体现。经过休整、反思和对农民疾苦的考察，张居正对解除社会弊端已有深思熟虑，在他的心中重新燃起了一股报效朝廷的热情。除了自身对政治梦想的追求，其父张文明同样是迫不及待，敦促他及早赴任。要知道他父亲孜孜以求功名，一生未就，终身的遗憾全都指望着儿子来弥补，眼看儿子业已进入“储相”的行列，岂能长久在家逗留！

国运的召唤，父命的嘱托，肩负着兴国、兴家的双重使命，张居正不得不重返政坛。这年张居正已经三十三岁，正值壮年，在回京途中信口吟出的“割股割股，儿心何急”最能表现他急切的心情。“我愿移此心，事君如事亲，临危忧困不爱死，忠孝万古多芳声。”这首以割股命题的《割股行》引用了《庄子·盗跖》中的一则典故，说的是春秋时期晋国的介子推随晋文公逃亡落难，途中晋文公饥饿难忍，介子推毅然割下自己的臀肉，供晋文公疗饥。张居正从封建社会最高的伦理准则——忠孝两全出发，以割股的献身精神，表达了他的耿耿忠心，这是他对自己又一次步入残酷的官场的激励，更是对他重回政坛的宣言！

重返政坛再次碰壁

张居正，这个天生的政治家，终于从潭中跃起。嘉靖三十六年（1557年）秋，怀着“摘奸剔弊”的浩然之志，张居正重回官场。然而，一切似乎都未有变化。

重回朝廷的张居正只得到一个到汝宁册封崇端王袭封的差使。这是一个无足轻重的闲差，但汝宁靠近江陵，张居正又回到家乡。虽然张居正抱着远大的志向回到朝廷，但天不遂人愿，现实依然没有给他提供施展抱负的机会。

嘉靖皇帝一如既往，久居西苑，不愿回到乾清宫。嘉靖不上朝其实还因为他有一块心病。其虽然致志修炼，却又暴虐成性，动辄鞭打宫女，由此伤命的达两百多人。因此，宫女们对他恨之入骨。时日一久，积怨终于爆发了。

嘉靖二十一年（1542年），嘉靖帝服过了仙丹，想在人间也找一找神仙的乐趣，就跑到万安宫去逍遥了。到半夜，一个名叫杨金英的宫女因为平时经常受到嘉靖的残暴责罚，心怀怨恨，趁皇帝醉酒之际，串通了16名宫女和有同样遭遇的王宁嫔企图用绳勒死皇帝。可惜事机不密，其中有一个宫女临阵脱逃，跑去向方皇后告密。方皇后急忙带人来到万安宫，才救了嘉靖一条命。当时，所有的涉案人员都被当场拿下，第二天通通被处死，这就是震惊天下的“宫婢之变”。

嘉靖虽然侥幸未死，但却被勒得昏厥，口鼻出血，受伤不轻，精神打击相当沉重。本来他专心修坛炼丹，企求长生不老，已是怕死之徒，如今再遭受这一生死大难，受惊之大可想而知。自此他噩梦不断，睡不安宁，再也不敢回到乾清宫。而乾清宫是皇帝临朝议政的场所，不在乾清宫居住，也就不能临朝。皇帝不上朝，但对权力仍是紧抓不放，只不过都由严嵩秉承皇帝的意向处置，这给贪官提供了更多的渎职枉法的机会，严嵩的擅权便愈来愈肆无忌惮。

在朝中一手遮天的严嵩父子，依然依仗权势中饱私囊。除了卖官纳贿，严嵩父子还克扣户部拨给边防的银两，没等银子出京，就缩了大半的水，造成边防亏空，连买兵器的钱都捉襟见肘。

严嵩父子穷奢极欲，夜夜笙箫，污蔑纲常，把现世当作末日，带领整个朝廷搞“贪污”，士风败坏，贿赂公行。在这种风气下，大明王朝早已是千疮百孔——国库紧张，入不敷出，军备废弛，民力不堪重负。

朝臣对严嵩的不满由来已久，这一点嘉靖并不是不知道。不过，他当时正在用人之际，需要一个严嵩这样的统治工具，仍然像对待宠物一样护着严嵩。可一旦“不如朕意”，最高统治者的变脸也将不期而至。身为次辅的徐阶深知个中三昧，他一如既往地不与首辅严嵩硬抗，依然是少言寡语，虚与委蛇，默默等待时机。

机会终于来了，嘉靖四十年（1561年）冬，皇帝在西苑永寿宫放烟火，引发大火，烧毁了宫殿。寝宫给烧了，嘉靖只好暂住玉熙殿。可玉熙殿那个地方又小又潮，皇帝当然不愿意在那里住了。于是，召集大臣们商量，大臣们建议皇帝搬回乾清宫去住。可是，被吓坏了的嘉靖怎么可能重回噩梦中呢?

一时皇帝连住的地方都没有，大家都拿不出合适的办法。这时候，严嵩和徐阶开始为嘉靖出谋划策。一直想住回原来的永寿宫的嘉靖想修复烧毁的宫殿，可严嵩却以费用巨大为由“劝”皇帝不如迁住南城离宫。估计严嵩是老糊涂了，这“南内”是过去英宗当了瓦剌部落的俘虏，放回来后被幽禁的地方。这在政治上很敏感，对嘉靖也是一大忌讳。

此时的徐阶行事是十二分的小心，加上正在和严嵩暗斗，头脑清醒得很。徐阶了解到皇帝的心意，就提议在原址上再造一座新的宫殿，并且出其不意地拿出一套方案——不用花钱，只需用宫中修三大殿所剩余的材料，就可完成修复工程。嘉靖听后，大为高兴，立即任命徐阶的儿子徐璠担任建设部的主管。得到准许后，不过数月就大功告成，皇帝亲自更名为“万寿宫”。

嘉靖皇帝龙颜大悦，重赏了徐阶。不久，徐阶加“少师”衔，位列“三公三孤”里的“三孤”之一，可谓“位极人臣”。连带着他儿子徐璠也跃升为太常寺少卿，位居正四品。嘉靖对严嵩却是日渐疏远，凡有军国大事，都是问徐阶，只有求仙问道的时候才会想起严嵩。自此，徐、严两家的力量对比发生了根本性的变化。

徐阶就是这样一个善于谋算之人，由于他对宫中日用物资和建筑费用的留心了解，才谋划出这一花费不多而又能如期完成的工程计划，并因此得到皇帝的欢心。

在张居正第二次回乡之际，徐阶与严嵩的争斗更加严酷。但从家乡回到京城的张居正，却对严嵩十分恭顺，为严嵩父子写了不少“歌功颂德”的文章。这是因为现在的张居正终于懂得了——隐忍是最强大的一种力量。对贪污成性的严嵩，他可以这样“赞扬”道：“惟我元翁，小心翼翼，谟议帷幄，基命宥密，忠贞作干，始终惟一，夙夜在公，不遑退食。”意思就是“夸奖”严嵩工作小心翼翼，为国家苦思冥想，堪为忠贞的栋梁，昼夜不停地在办公，连吃饭都顾不上了。除了“赞美”严嵩，对严嵩的儿子严世蕃，张居正也是奉上了溢美之词：“笃生哲嗣，异才天挺，济美象贤，笃其忠荩，出勤公家，入奉晨省，义方之训，日夕惟谨。”大概表达的是严世蕃，天生奇才，崇高品质堪比先贤，为公无私奉献，但又不忘孝敬，严于律己，从不懈怠。

但这只是他的一种政治手段，因为早在严嵩罢相以前，徐阶就在积聚力量，而张居正是首位人选。嘉靖三十八年（1559年）五月，徐阶兼任吏部尚书，第二年成为太子少师。同年，张居正还朝，经徐阶推荐，从七品编修耀升为六品右春坊右中允，主管国子监司业，相当于国立大学副校长，官品虽不算高，却是参与朝廷决策、主导社会舆论和士大夫的要职，这给张居正提供了进一步施展才能的机会。

就在徐阶的实力不断增强的同时，严嵩的地位也越来越不安稳，尤其是皇帝产生了罢黜严嵩的想法。这当然是徐阶的作为，毕竟徐阶也隐忍十年了。

徐阶与道士蓝道行联手，开始了对严嵩的反攻。徐阶与蓝道行有着盘根错节的关系，因为蓝道行长于装神弄鬼，徐阶就把他推荐给喜欢道教的嘉靖皇帝。这个蓝道行进了西苑后，因为预言祸福，无一不中，很得嘉靖的欣赏。有一次，嘉靖问蓝道行："为什么天下还不太平？"蓝道行回答道："因为贤臣放不开手脚，有奸臣挡道。"嘉靖又问："贤臣是谁？奸臣是谁？"蓝道行在徐阶的"教导"下，答道："贤如辅臣徐阶、尚书杨博，奸臣就是严嵩！"嘉靖忙问："既然严嵩是奸臣，那上天为什么不惩罚他呢？"蓝道行回答得也很巧妙："如果上天真的要惩罚他，那重用他的人罪过就大了，所以上天现在还没有处置他。可是，如果不知悔改，后果就不堪设想。"这一番谈话，让嘉靖下了罢黜严嵩的决心。可是，严嵩一个堂堂的内阁首辅，又不能无缘无故地罢了。

大明的官员中，有这么一类人，也许他们没有一件正事可以干得干净利索，甚至连几句官场的客套话也说不清楚，但对于人事变动却具备超级的敏感。所以，皇帝的这一想法很快被许多官员所获悉，尤其是反对严嵩的官员们更是抓住这个千载难逢的机会。接踵而至的弹劾奏疏，不断地被送到朝廷。监察御史邹应龙一向就是一个秉公执法的好干部，对于严嵩父子早就恨之入骨，就连夜疾书奏疏，列举严嵩父子卖官鬻爵的种种不法行为，证据确凿，义正词严："刑部主事项治元用一万三千两银子就能得到吏部稽勋司主事的肥缺；贡生潘鸿业以二千二百两买到临清州知州……如此买官的有百余人之多。现在，天下水旱频繁，灾害连连，南北多警，边防不安，可严氏父子只知道搜刮民脂民膏。严嵩父子贪婪成性，连边关的守军也不放过。"民间盛传这样的歌谣："臊子在门前，宰相还要钱。”尤为骇人听闻的是，严世蕃在丧母期间，整日“恒舞酣歌”。

当时的百姓都狠狠地诅咒严嵩父子：“此时父子两阁老，他日一家尽狱囚。”可见严嵩父子的贪婪行径已激起全民共愤。而邹应龙的上疏也给了嘉靖一个机会，此时嘉靖也不再袒护严嵩。对他而言，严嵩已经没有利用的价值了。于是，在嘉靖四十一年（1562年），嘉靖下旨：勒令严嵩退休，严世蕃下天牢待审。诏旨一下，举国欢腾。

严嵩这个当政二十多年，权倾一时的两朝元老，终于被撤了职，儿子被杀、家产抄没。抄出的财产，仅皮衣就有一万七千余件，帐幔、被褥两万两千四百余件，金窖十多个，每窖藏银一百万两，珍玩财宝不计其数。如此巨额的财产，足以说明严嵩父子的腐败程度。

徐阶与严嵩的争斗也超越了一般的权力倾轧，具有清扫官场积弊的意义。当然更重要的是，徐阶取而代之，顺理成章地成为内阁首辅。张居正依靠徐阶的权势走过了碰壁的仕途时光，从此开始了自己辉煌的官场之路。

严嵩倒台，七品升至六品

嘉靖四十一年（1562年）五月，严嵩在各种势力的攻击下终于倒台了，徐阶成为内阁首辅。此时的张居正欣喜若狂、笑逐颜开，因为他知道徐阶当政，就代表自己的出头之日就要来了。

前文已经介绍过，徐阶是一个极善谋略的政治家，对张居正颇为赏识。当年张居正选为庶吉士在翰林院学习时，正巧徐阶是那一届的教习，师生相处没多久，便深相期许，引以为志同道合者。张居正给徐阶留下了深刻的印象，他当时评价张居正“勇敢任事，豪杰自许，然沉深有城府，莫能测也”。依徐阶的看法，张居正日后的发展不可限量，将会成为国家的栋梁之才。他看准了这是一个难得的济世之才，便用心良苦地尽力栽培。

除了培养像张居正这样的栋梁，徐阶在执政方面也有着过人的能力。在他当政以后，政局一步步地好转。他带头平反了一些冤假错案，使嘉靖一朝的戾气有所缓和，人们为了国事也敢于讲话了。

其间大名鼎鼎的海瑞，就站出来批评皇帝。海瑞是海南琼山人，为人刚正不阿，一身硬骨头，可谓是中国古代忠臣的代表。

嘉靖四十四年（1565年），海瑞被调到北京任职，再次表现了直言的胆略。他抬着棺材去见皇帝，罗列了一系列弊政，痛斥皇帝昏庸，甚至说："嘉靖者，言家家皆净，而无财用也！"皇帝大惊，气急败坏，连忙叫人把海瑞抓住，千万别让他跑了。但下边人禀报说，皇上他不跑，他连棺材都抬来了。嘉靖无奈，只是说："他可真是个比干啊，但我可不愿做商纣王啊！"在群臣的劝解下，皇帝最终没有将海瑞处死，而是将他发配到专门关押贪官污吏等政治犯的诏狱。这就是震惊古今的"海瑞上疏"。当时，海瑞已经升任户部主事，官阶为正六品，这是一个接近于中级官员的职位。

当时的北京并没有出现什么令人振奋的气象。相反的，南北两方都连连告警，急待增加收入以备军需。然而，政府别无新的途径筹款，可行的办法还是挪借和增加附加税。前者并不增加收入，也没有紧缩支出，而仅仅是此款彼用；后者则使税收制度更加复杂和实际执行更加困难。户部是国家的财政机关，但主事一类的官儿却无事可做。大政方针出自堂官尚书侍郎，技术上的细节则为吏员所操纵。像海瑞这样的主事，根本不必每日到部办公，不过是日渐一日积累做官的资历而已。当时的嘉靖皇帝还是一如既往地不理朝政，依旧喜欢求仙问道，且愈演愈烈，越来越离谱，整日研究什么"祥瑞"。这些都让"死脑筋"的海瑞难以接受。

嘉靖四十五年（1566年），海瑞经过慎重的考虑，向嘉靖递上了一份著名的奏疏——《治安疏》。海瑞这篇古今奇文，写得实在是太振奋人心了。

户部云南清吏司主事海瑞在这里上奏："为了匡正君道，明确臣下的职责，求得万世治安，我要直陈天下第一事。

“国君是天下臣民万物的主人，正是因为是天下臣民万物之主，所以责任重大。如果民生措置失当，就是君主没有负起责任。所以，臣子就应当尽量为君主服务，忠于职守，畅所欲言。臣子尽到了自己的责任，君主的责任也才算尽到了。以前那种专图讨好，曲意逢迎，不让君主听到实际情况的人，现在用不着说他们了。

“危言耸听的人或许会说：君子总是想法多，即使遇到贤明的君主，政治清明的时代，也常常居安思危，忧虑重重，只怕反而让人思维混乱，搞不清方向。这种说法不符合现在的情况！

“臣蒙受国恩，宁可直言得罪也不想说假话，好的就是好的，坏的就是坏的，一丝一毫都不敢隐瞒。我不为讨上面的欢心，也不计较得失，今天披沥肝胆，掏出真心，对陛下您说几句实话。

“汉代名臣贾谊曾和文帝这样说：‘下面进言的人总是说天下已经大治，臣独以为还没有。那些说天下已安已治的人，不是愚昧无知，就是阿谀逢迎。’文帝算是汉代的贤君了，贾谊也不是对文帝要求过高。汉文帝的品质作风是好的，他有爱民的美德，为人也慈和俭朴，从容谦逊，但缺点在于游于玄老，不专事于政务，有许多政事都被耽误了，没有办好。假使臣下看不到这些弊病，一味认为天下已安已治，这就是愚昧无知。假使臣下看不到文帝的才能有限，一味用已安已治的话来歌颂他，这就是阿谀奉承。

“陛下自视和汉文帝比较起来怎么样呢？陛下天资英断，睿识绝人，具有成为尧、舜、禹、汤、文、武这样的君王的潜力。陛下像汉宣帝一样做事努力认真，像光武帝一样为人大度，像唐太宗一样英武无敌，像唐宪宗一样能够削平各地藩镇叛乱，陛下还有宋仁宗的仁恕之德。总之，像这些可取的优点，无论哪一项，您都是具有的。您即位初年，铲除积弊，明白宣示，同全国老百姓一道革新政事。举其大概：您作过一篇《敬一箴》，提倡规诫；改定了一些冠服制度，下令废除孔子庙里的塑像，只用木主；削弱了宦官的内外之权；将元世祖从历代帝王庙所祭牌位中剔除；在孔子庙兼祭孔子的父母。那时候，天下人都很期待，认为您一定大有作为。有见识的人都认为：只要有好的臣子帮助，不需多久，天下就可太平，您一定比汉文帝要强得多。然而，文帝能发扬仁恕之性，节约恭俭，体恤爱民，宋朝的吕祖谦说他善于用人，能尽人之才力。一时天下虽说不上已经大治，但国库充盈，连串钱的绳子都朽烂了，百姓安乐，财物丰足。大家公认他是夏、商、周三代以后的一位贤君。

“陛下您立志要有作为，可是没过多久，就被杂乱的念头导引到别的地方去了。您把自己的刚强英明用到错误的地方，以为人真的能够长生不老，而一味地玄修。陛下富有四海，却不念及那都是民之脂膏，常常大兴土木，大修宫殿庙宇。陛下二十余年不上朝处理政务，导致纲纪松懈败坏。朝廷卖官买官，援用这种章程越来越滥，美其名曰推广事例，导致豪强四起，名爵泛滥。您专门和方士在一起炼丹，不与自己的儿子们相见，人们都以为您缺少父子之情。您常以猜疑诽谤戮辱臣下，人们都以为缺少君臣之礼。您整天待在西苑不回宫，人们都以为缺少夫妇之情。天下官吏贪污成风，军队弱小，水灾旱灾无时不有，民不聊生，导致流民暴乱像火烧一样，越来越盛。自陛下登基以来，前几年就这样，但还不严重。但如今赋税徭役越来越重，各级官吏都效法朝廷，盘剥百姓无度。陛下花很多钱崇奉道教，十余年来已经做到极致了。因此，陛下改元号之时，天下人都猜想：嘉靖者，言家家皆净，而无财用也！

“近来，严嵩罢相，严世蕃被处以极刑，勉强可以令人满意，一时人称天下清明。然而，严嵩罢相以后的政事，不过和他做宰相以前差不多，也并不见得清明多少。陛下比汉文帝差远了。天下之人对您不满已经很久了，这内外臣工都知道。《诗经》上说：‘衮职有阙，惟仲山甫补之。’意思是说宣王不能完全尽职，仲山甫能从旁补救。今日以辅助、匡正来补救、纠正错误并使一切走入正轨，正是诸位臣下的职责所在。圣人也不能不犯错误，否则古代设官，只要他做官办事就够了，不必要求他们进言劝谏，也不必设谏官，更不必说木绳金砺这类的话了。陛下修宫殿，设坛祈祷，就让群臣竞相进献香物和仙桃、仙药，叫臣子进表言贺。陛下要兴建宫室，工部就极力经营；陛下要取香觅宝，户部就派人到处索取。陛下举动有误，诸臣顺从的也没道理，竟没有一个人为陛下正言。那种公开讨论对错、贡献良言、防止邪恶的做法，长久没有听到了，献媚的风气太甚。然而，人们不敢直言，内心却不能不惭愧，气也不壮了，当面不敢说，却在背后议论是非，人们表面上顺从陛下，却把真心藏起来，这样为陛下歌功颂德，是多么大的欺君之罪！”

奏疏中指出，嘉靖是一个虚荣、残忍、自私、多疑和愚蠢的君主，举凡官吏贪污、役重税多、宫廷的无限浪费和各地的盗匪滋炽，皇帝本人都应该直接负责。皇帝天天和方士混在一起，但上天毕竟不会说话，长生也不可求致，这些迷信统统不过是“系风捕影”。然而，奏疏中最具有刺激性的一句话，还是“盖天下之人不直陛下久矣”，就是说普天下的官员百姓很久以来就认为皇上是不正确的了。

这一奏疏的措辞虽然极端尖辣，但又谨守着人臣的本分。海瑞所要求于皇帝的不过是改变自己的作为，只要嘉靖能够真正振作，选择合宜的道路，下定决心，他还是有机会成为尧舜之君的。

这样的奏疏确乎是史无前例的。往常臣下向皇帝作诤谏，只是批评一种或几种政策或措施，这种指斥皇帝的性格和否定他所做的一切，等于说他这几十年的天子生涯完全是尸位素餐，而且连为人夫、为人父的责任也没有尽到，其唐突之处真的是古今罕有。

所以，嘉靖皇帝读罢这篇奏疏，其震怒的情状自然可想而知。据说，他当时把奏折往地上一摔，嘴里喊叫：“抓住这个人，不要让他跑了！”旁边一个宦官为了平息皇帝的怒气，就不慌不忙地跪奏：“万岁不必动怒。这个人向来就有痴名，听说他已自知必死无疑，所以他在递上奏本以前就买好一口棺材，召集家人诀别，仆从已经吓得统统逃散。这个人是不会逃跑的。”皇帝听了默默无言，过了一会又读海瑞上疏，说道：“这个人可和比干相比，但朕不是商纣王！”

在逮捕海瑞关进诏狱后，嘉靖又下令追究主使的人。狱词送上后，嘉靖却留在宫中不发布，整日叹息，因为他不能忘记这一奏疏，其中有那么多的事实无可回避，可从来没有人敢在他面前哪怕是提到其中的一丁点！皇帝的情绪显得很矛盾。

正遇上皇帝的健康欠佳，心情郁闷，便召来阁臣徐阶议论禅让帝位的事，便说："海瑞所说的都对。朕现在病了很长时间，怎能临朝听政。"又说："朕确实不自谨，导致现在身体多病。如果朕能够在偏殿议政，岂能遭受这个人的责备辱骂呢？"

徐阶连忙予以缓冲，说："海瑞这个人，说话一贯愚憨，但其心还是可以原谅的，请陛下对他法外开恩。"

过了两个月，嘉靖皇帝死，明穆宗继位，海瑞被释放出狱。这一年是1566年。

终于摆平了海瑞的事情，徐阶又开始忙于内阁的人事调整，这可是关系到他将来能否顺利、体面地退休的大事，所以慎之又慎。这时候，张居正的机会也就来了。

徐阶对张居正的器重，是始终如一的。他有意保护张居正不卷入任何正面的政治斗争中，只留在幕后。张居正自然明白老师的苦心，也决心有朝一日大干一场。

他对张居正的栽培，处处都有心机。当年，他提拔张居正担任国子监司业，使张居正在众多监生中有了威望，这是在为张居正积蓄做大事的资本。明代由监生入仕而担任各级干部的，有一定的比例。在他们中间，酝酿出一种"谁人不识张江陵"的气氛来，对日后的发展必会有用。

嘉靖三十六年（1557年），张居正仍回翰林院供职。这时的他在苦闷思索中思想渐已成熟，在政治的风浪中，他模仿老师徐阶"内抱不群，外欲浑迹"，相机而动。

嘉靖四十二年（1563年），也就是严嵩罢相的第二年，徐阶又把张居正的位置挪了一挪，推荐他去参与重校《永乐大典》，又让他担任修撰《兴都志》的副总裁，实际上就是主持全盘工作。这是一次精心的安排，目的是让张居正给嘉靖皇帝留下一个深刻的印象。《兴都志》不是一般的地方志，嘉靖是从外藩入嗣，出生在湖广兴都（即安陆），这是他父亲兴献王的封藩之地，也是他的故乡。在他继位后，兴都即更名为承天。所以，《兴都志》又称为《承天大志》，这是国史也是皇帝的家史，能够参与编著这部不一般的志，也算是很有面子的差事了。

嘉靖四十三年（1564年），张居正进宫右春坊右谕德兼国子监司业，深谋远虑的徐阶荐张居正为裕王朱载垕的侍讲侍读。谕德只是个虚衔，但由于裕王很可能继承皇位，因而在裕王府里做讲读就不是等闲之职了。在裕王府期间，“王甚货之，邸中中宫亦无不善居正者”。而国子监司业则掌握了很多将来可能进入官场的人。在这期间，张居正也结识并交好了内廷太监李芳等人，打开了人脉。而且张居正凭着自己过人的才华，成功赢得了未来皇帝的欣赏。据说，他讲课的时候，“必引经执义，广譬曲谕，词极剀切”，讲得非常到位，裕王往往目不转睛地盯着张居正，以表示崇高的敬意。

虽然这是一个很好的晋升机会，但对张居正来说，也是一个富有挑战性的职位。当时，国子监的祭酒高拱是张居正的顶头上司。高拱曾是裕王的老师，与其关系密切，继严嵩之后，他成为徐阶的主要对手。张居正身为高拱的副手，又是徐阶的知己，再一次置身于两大“高手”之间，这无异于在风口浪尖上斡旋。徐阶老谋深算，平厚阴柔，与张居正是在失意时结下的知交，又是举荐张居正的恩人，相处自然融洽；高拱精明强干，直拙傲慢，不易相处，可他们在诸多问题上的见解甚为相投，共事友好。在两强之间左右逢源，可见张居正为人处事之能耐。

嘉靖四十五年（1566年），世宗逝世后，徐阶和张居正又以世宗遗诏的名义，革除弊政，平反冤狱，颇得人心。一切好感都集中到徐阶身上。隆庆元年（1567年）二月，张居正晋升为吏部左侍郎兼东阁大学士，入阁参与机要政务。自此在内阁中形成徐阶、高拱、张居正三股势力，展开了新一轮的政治角逐。

徐阶所做的一切，为张居正在政治上的上升打开了通道。没有徐阶，张居正的出头之日不知还要等上多少年。

第三章　在对外防御中初显身手

高拱还朝，执掌边防大权

徐阶在扳倒严嵩之后，立即重新整合了一下官场，选拔了许多自己信得过的人。他先让自己的同乡胡应嘉做了吏科给事中，又让与自己有相同爱好，都喜欢程朱理学的欧阳一敬做了兵科给事中。明朝实行六部六科并行的制度，六科牵制六部，直接对皇帝负责，而各科的给事中虽然只是七品小官，但因为要直接向皇帝负责，他们的每一句话都成为皇帝的重要决策依据。尤其是用人及官员考核这一方面，给事中能起很大作用。

另外，徐阶先后调了几人入阁，但那几位都称病婉辞。不得已，徐阶又将裕王府里的高拱和张居正调进了内阁。而这两个人都是嘉靖皇帝的儿子裕王的老师，曾经做了长时间的同事，已经培养了很深的感情，这是徐阶万万没想到，也不愿看到的。

严嵩之所以猖狂，就是因为仗着嘉靖皇帝的宠爱。而此时的嘉靖皇帝已经奄奄一息，他不仅不问政事，而且从来不许提立储的事情，这使得朝廷上下对嘉靖之后皇位到底花落谁家都举棋不定。对严嵩的弹劾也是朝廷内部对嘉靖的一次投石问路，在新旧交替之际，一朝天子一朝臣的历史循环又要重新开始。虽然嘉靖还在，但他的宠臣已经被弹劾下去了。不光是因为人们被压抑得太久，找到了一丝发泄的机会，更因为一件事情使得朝廷大臣们对未来的把握更加准确。在嘉靖还没有驾崩时，他仅有的两个儿子之一景王就于嘉靖四十五年（1566年）去世，景王也没有儿子，这一支就算断了线，与争夺王位已毫无牵连了。下一任皇帝非裕王莫属，一向门庭冷落的裕王府顿时热闹起来了。而做过裕王老师的高拱和张居正一下变成朝臣争相拉拢的香饽饽，一向善于察言观色的徐阶正好借着自己首辅的位置，做个顺水推舟的人情，把高、张二人提前提进内阁，也是顺理成章的事了。

张居正刚入内阁不久，嘉靖皇帝就去世了。徐阶为了牢牢掌控政权，正好想借皇帝去世大做文章。他把自己一手提拔起来的张居正请进皇宫，两人秘密拟定了皇帝遗诏，全文如下：

朕以宗人入继大统，获奉宗庙四十五载。深惟享国久长，累朝未有。乃兹弗起，夫复何憾！但念朕远奉列圣之家法，近承皇考之身教，一念惓惓，本惟敬天勤民是务，只缘多病，过求长生，遂致奸人乘机诳惑，祷祠日举，土木岁兴，郊庙之祀不亲，朝讲之仪久废，既违成宪，亦负初心。迩者天启朕衷，方图改辙，而据婴灾疾，补过无由，每思惟增愧恨。

盖愆成美端，仗后贤皇子裕王仁孝天植，睿智夙成。宜上遵祖训，下顺群情，即皇帝位。勉修令德，勿过毁伤。丧礼依旧制，以日易月，二十七日释服，祭用素馐，毋禁民间音乐嫁娶。宗室亲郡王，藩屏为重，不可辄离封域。各处总督镇巡三司官，地方攸系，不可擅去职守，闻丧之日，各止于本处朝夕哭临三日，进香差官代行。卫所府州县并土官俱免进香。郊社等礼及朕祔葬祀享，各稽祖宗旧典，斟酌改正。

自即位至今，建言得罪诸臣，存者召用，殁者恤录，见监者即先释放复职。方士人等，查照情罪，各正刑章，斋醮工作采买等项不经劳民之事悉皆停止。于戏！子以继志述事并善为孝，臣以将顺匡救两尽为忠。尚体至怀，用钦末命，诏告天下，咸使闻之。

其实，这里面的内容全是徐阶和张居正为了自己的需要而写进去的，嘉靖皇帝怎么会突然临死时醒悟呢？但广大老百姓信以为真，都拍手称快，有的地方甚至放鞭炮以示庆贺。不久，裕王朱载垕继位称帝，史称明穆宗，年号隆庆。但这位短命的隆庆帝在位仅六年就去世了，当时才三十六岁。他短暂的继替不仅加剧了朝廷内部斗争的势头，而且也引起北部鞑靼乘机加紧勒索大明朝廷。内忧外患一时齐聚，张居正避开了斗争复杂的宫廷，转向处理边疆事务。在此期间，他提用好多武将，在文人当政把权的大明朝廷开辟了一个新的阵地，并随着边疆事务的吃紧，使自己成为真正的实力派。

为了表示拉拢也顺便向人们展示一下自己取贤用能的形象，徐阶在把自己的门生张居正收进内阁时，也把沉寂多年的高拱请进了内阁。但对这个老资格的新任皇帝的老师，他多少有些不放心。而高拱自己也不是一般的教书先生，他也有干一番大事的想法，对权力的渴望是不言而喻的。从甘愿在裕王府里煎熬等待就可以看出他的耐力和眼光都是不一般的。面对徐阶私自立遗诏，同是内阁成员，只请张居正，却把自己晾在一边的做法，高拱的内心很是不爽，他此时已经给徐阶暗记了一笔。

老谋深算的徐阶还没等到高拱坐稳，就想先下手为强，找个机会把他踢出内阁。但他又不愿意直接出面，便把自己提拔的一些下属推到前台。一时间，本来是新皇帝上任的整顿吏治，变成了徐阶和高拱的党同伐异之争。徐高二人虽然同在一朝皇帝身边做官，但性格嗜好各方面差异极大，政见也颇不相同。高拱比较传统，自称儒官，抱着四书五经的教条死不放手，对于明朝的朝政，他的看法是法令不行祖制被变所致，所以强烈要求加大严刑苛法，主张复古。而徐阶则学历较浅，不愿深究典故，只注重解决现实问题，对程朱理学尤其是刚刚兴起的王氏心学情有独钟，以他为代表的大部分官员都侧重随时应变，主张从改革吏治开始革新变法。由于政见不一，而眼前问题又日渐深重，北方骚扰不断，南方倭寇常来，不管是谁都想马上独揽大权快速执行决策，这就进一步加剧了徐高二人争斗的激烈程度。

首先向高拱发难的是徐阶的老乡吏科给事中胡应嘉，声称高拱不贤不孝，嘉靖皇帝病危期间，他不顾皇帝安危自己忙着搬家。高拱无话可说，难以辩驳。他树大根深，胡应嘉的弹劾丝毫撼动不了他的位置。但这也使他加强了警惕，马上着手拉拢自己一边的人对徐阶进行反攻。平时深居裕王府远离朝政的高拱，远没有早就做了礼部尚书、在官场混了很久的徐阶的人脉多。为了增强自己的支持力量，他精心设计抛出了一个南北之争的口号，声称徐阶是南方人，号召北方的官员站在他这一边。

终于，机会来了，六年一次的京察马上开始了。高拱乘机联合主持京察的吏部尚书杨博，降黜了很多偏向徐阶一边的御史和给事中，而且这些人大多是南方人，自己的同乡没有一个被贬黜的。这使得其他御史和给事中都很不满，此时胡应嘉又一次站出来，上疏弹劾杨博，说他包庇乡里，办事不公。

京察是明朝考核官员的一种制度，考察对象是五品以下的官员，主要由吏部会同都察院及各堂上掌印官共同考察。这个考察结果是要进入史书的，喜好名誉的官员们很重视这个。谁要是受到察典被记人“黑名单”，那将是终身的耻辱。而五品及以上的官员全都由本人自己述职，由皇帝决定去留。同时，各科给事中可以提出对这些官员的举报，称“京察遗拾”。也就是在考察下品官员的时候也注意找一些上品官员的把柄，并把它们交给皇帝作为考核这些官员的参考。和一般的大臣之间的弹劾不一样，“京察遗拾”并不负余外的责任，也就是所述并非事实时皇帝并不追究责任。但如果并非属实或皇帝没有采纳，总之一旦言官们的“京察遗拾”没有发挥作用，他们可就得罪那些五品以上的大官了，自己的日子也不会好过。所以，这一招一般的各科给事中都是不会轻易使用的。党同伐异之风特别严重的明朝官场使用最多的手段还是弹劾，但为了防止过度争执，明朝法律规定如果弹劾无效，提出弹劾者就要接受廷杖处罚。就是同意大家互相告状，但如果谁诬告了对方就要当庭被打屁股。这种惩罚措施是用于对名誉极度重视的群体的，只有在古代特别讲究名声面子的官场才能发挥效应。

杨博是吏部尚书，吏部受吏科的牵制是既定的规矩，也是吏科的职责，胡应嘉有权干涉并向皇帝禀报杨博的任何行为。但是，既然杨博早有包庇乡里的嫌疑，作为监督他的人，你为何早不向皇帝禀报呢？为何等着奖罚措施已经出来了才说杨博办事不公？到底是另有图谋还是你自己的失职？胡应嘉万万没想到自己的这一弹劾不仅没给杨博及高拱的党羽造成什么损失，倒把自己给套到里面，进退维谷。这也引起了刚刚主政的明穆宗的警觉，他亲自参与此事并授权让内阁处理这个问题。

这次高拱紧抓时机，暗中鼓动他的同乡郭朴对胡应嘉进行弹劾，声称胡应嘉身为吏科给事中，却不守规矩，没起到监视的作用，还想利用自己的权力党同伐异，这根本就是对皇上的不忠，应当革职查办。而以胡应嘉为代表的各科给事中，在明朝的官制中虽然没有实权，但却起着主导舆论的作用，号称言官，一言可以更替兴废。平时的京察从来不会贬黜言官，而杨博这次却打破了这个潜规则。他帮了高拱，惹了胡应嘉，给了他们一个下马威，也就等于招惹了这一群人。

徐阶乘势策动其他的御史和给事中，对高拱进行反击。于是，兵部给事中欧阳一敬首先上疏弹劾高拱，说他是一个奸险之徒，不能容人。这件弹劾案无疑与胡应嘉弹劾杨博一样，让一心想掌管朝政大权的穆宗很是恼火。他让徐阶负责处理此事。为表明自己并没有拉帮结派，徐阶马上将自己的门生胡应嘉调离北京，发配到地方上去任职。

这样一来，不仅胡应嘉没有被革职，高拱还要面对欧阳一敬等一伙人的继续弹劾。高拱也很是恼火，又使劲反驳。徐阶此时左右为难，弄不好自己不仅赶不走高拱，反倒有可能被想自己主导政权的穆宗给发配回家。他赶忙一边安抚高拱，同时斥责言官希望他们适可而止。但高拱却不满意，他坚决要求把诬告自己的言官进行廷杖。老谋深算的徐阶知道言官们的厉害，他当然不愿为了高拱的面子而得罪言官，于是坚决拒绝将弹劾高拱的言官进行廷杖。这使得作为皇帝老师的高拱觉得很没面子，而且穆宗也感觉很不是滋味，自己做皇帝，却要看着自己的老师被言官们弹劾诬告。高拱正是看着有皇帝撑腰，于是又发动自己手下的御史齐康上疏弹劾徐阶。这引起了被徐阶护佑的那些言官的愤怒，他们又一起出动，痛斥高拱借着资格，要独断专权把皇帝架空。

为了避免朋党嫌疑，北京的言官不好直接告高拱的黑状。他们借着平时的文友诗社关系，拉出了南京的言官，联名给高拱来了个“京察遗拾”的处分。因为明朝实行南北两都的制度，在南京也有同样的一套朝廷班子，这边的人一般是些闲职，对北京官员起监察作用，并且大多是被贬职但因资历老，不能贬得太低就放到南京来了。所以，他们从来不怕得罪人。只要需要，他们对谁都可以提出“京察遗拾”。

迫不得已，高拱只好称病辞官，回家休整。但他并没有忘记和徐阶的恩怨。在回家之后，他注重与南京的官员来往，正好发现海瑞在应天府的任上，而应天府管辖徐阶的老家松江。徐阶虽然做官清明，但他的儿子在民间为非作歹，而且徐阶自身也囤积了大量土地。因此，高拱搜罗了好多证据后，又准备让海瑞弹劾徐阶。

没过多久，还没等到高拱弹劾，徐阶就被皇帝贬官回家了。年轻的穆宗想自己主导朝政，当然不想让一个呼风唤雨的臣子活跃在自己的眼前。加上徐阶主张革新变法的政见，不管合不合用都是强调宗古的皇帝不愿听的，他的辞官是必然的。但史书没有作出具体记载，这就更说明了与皇帝本人的意愿有关。

面对内忧外患，在深宫被“冷落”太久的朱载垕一当上皇帝就开始进行弥补性的物欲享受，他一即位就要增选民女进宫。这时宫中已有宫女数千，但他认为还不够多。于是，颁发圣旨到民间搜罗美女。民间有一出叫《拉郎配》的戏曲，几百年盛演不衰，说的就是隆庆二年（1568年）朝廷在江南选宫女的风波。据当时的史料记载，隆庆元年（1567年），江南一带民间盛传宫中要派人到江南选秀女，十名秀女由一名寡妇陪送。明代纪实小说《崔鸣吾纪事》写道：“隆庆戊辰春正月，民间相传，上遣内官某选浙直美女入御，无问官吏军民之家，敢有隐匿不赴选者，罪！邻里知而不举首者，同罪。于是有女者急于求售，年资，长幼，家世，贵贱皆所不论。自京口至苏、松、嘉、湖诸郡，旬日间，无分妍媸，婚配殆尽。”凡是九岁以上的女性，不论贫富美丑，都是候选的对象，其搜罗范围之广，囊括了所有未婚嫁的女性。一些家庭害怕女儿被选，进入深宫被冷落一生，生死难卜，都抢着要把女儿赶紧嫁出去。连寡妇也害怕陪着宫女被送入宫中，也都争相再醮。一时找不到夫家的，走到街上见到男性就抢。传说有一个富翁雇了一个锡工在家打造锡器，一天夜里，这名锡工突然被叫起来说：“急起！急起！可成亲也。”这锡工在睡眼蒙胧中，被拉到大堂上披红戴花，与富翁的女儿成了亲……这大多是后来人们杜撰的，但仅仅在位六年的穆宗朱载垕能在民间有这么一段戏剧性的插曲，足以证明这个皇帝是多么荒唐。他的荒唐成就了想象丰富的戏剧家，也成就了想一心干大事的政治家，他的老师张居正能有如此的皇帝学生也算是很幸运了。

对于朝政，朱载垕只知道独揽大权，但具体的操作却一概不知，只能请教自己的老师张居正。在徐阶隐退之后，内阁只剩陈学勤、李春芳和张居正。其余两人都没有多大谋略，也不愿有所作为，只是无所事事，张居正正好想利用这个机会独揽内阁大权。但没过多久，为了体现自己的仁政，穆宗把因为得罪严嵩而被发配到广西荔波的赵贞吉请进了内阁。因为赵贞吉的资格最老，当仁不让地做了内阁首辅，张居正又一次与权力中心擦肩而过。面对如此个性的皇帝学生，他也是如坐针毡，既想赶紧主政，又怕干预过多遭到像高拱和徐阶一样的下场。

而与此同时，一群侠客活动在张居正、高拱和徐阶之间。有一个叫吕光的，因为看到徐阶的儿子被正法，要发配充军，而自己又曾经得到过徐阶的帮助，于是想借此机会还个人情，特地赶来找张居正，让他看在徐阶曾提拔栽培自己的分上，站出来说句话，帮徐阶一把。但此时的张居正既不好推辞，又怕自己帮了徐阶又会得罪高拱。于是，他顺手把这人推给了高拱，让他去找高拱求情。他顺便捎话希望高拱能复出，他希望利用资格更老、谋略更胜一筹的高拱为他赶走赵贞吉。

另外还有一个叫邵方的侠客，他的几个方士朋友曾经给嘉靖皇帝炼丹，这些丹药不仅使皇帝沉迷于道教，而且送了他的命。徐阶一上台就马上把这些方士抓了起来，准备正法。但由于其他事务繁忙，还没来得及处理，那些人还关在大牢里。他们的伙伴邵大侠四处走访，希望能拉拢关系保他们一命。正好这个邵大侠和吕光曾经都是白莲教的成员，互相认识，他们走到一起一合计，觉得应该去找高拱。他们答应高拱，利用他们在皇帝身边一个叫李芳的太监给高拱说说好话，让他重新返回北京，希望高拱回到内阁后，在皇帝那里吹吹风，把他们的兄弟放出来留条生路。另外，吕光又说希望他做了首辅后，能给徐阶的儿子留条活路。一心想复出的高拱满口答应，吕光也把高拱愿意复出的事情告诉了张居正。

没过多久，在张居正和另外几个内阁成员的一致建议下，皇帝果然下诏重新请高拱入阁，而且是做首辅。一心想马上投入整顿荒废的政务的高拱在回家隐居两年后再次入京，而张居正也以促成高拱再次入阁的功臣自居。虽然高拱对此并不买账，但他对张居正的做事为人是极其欣赏的。

为了防止徐阶卷土重来，高拱忙于再次“整顿吏治”，调整官员。与此同时边防吃紧，倭寇刚被戚继光肃清，北部鞑靼又进犯边境。高拱只好任命他信任的张居正全权负责处理边防事务。

自己的恩师徐阶把严嵩赶下台，又把高拱逼退后，自己却被贬下台仍然无法到达权力的中心。在吸取徐阶的教训的同时，张居正看着更有谋略、更有手腕的高拱还朝，再次出任首辅重任，而自己也抛去了被皇帝怀疑为专权的后顾之忧，在高拱的授权下，执掌了边防大权。由此开始了进入仕途以后的第一次实务操作，为以后的变法积累了经验，也聚集了人脉。

军事改革，为武将争来独立权

元末各地农民起义此起彼伏，明朝的缔造者朱元璋乘机崛起，以勤王的名义攻打各路义军，最终重新稳定了局面。最后，一纸书信让元朝最后一位皇帝退位。这位皇帝很识时务地退到漠北去了，史称元顺帝。他的退位不仅成就了朱元璋的统治，也为蒙古保存了实力，使得蒙古并没有像党项人那样落得个国亡族灭的悲惨下场。就这样，在元朝灭亡后蒙古残部退到塞外，但后来明军穷追不舍，一直杀到贝加尔湖，著名的开国大将常遇春就战死在冰天雪地的西伯利亚，成了继苏武之后又一个葬身北国的传奇人物。同时，面对明军的强大攻势，蒙古遗部意见一时难以统一，出现了内讧，最终分裂为鞑靼、瓦剌和兀良哈三部。至此，明军才觉得蒙古部落再也没有东山再起的可能了，就此罢兵。

朱元璋统一全国建立大明朝后，采纳刘基的建议，立军卫法，在全国建立卫所，控扼要害。中央设大都督府，统领和牵制各个卫所。洪武十三年（1380年）改为五军（即中、左、右、前、后军）都督府，为最高军事机关，掌管全国卫所军籍。但征讨、镇戍、训练等与实际用兵有关的事情，则听命于兵部。遇有战事，兵部奉皇帝旨意调军，任命领兵官，发给印信，率领从卫所调发的军队出征。战争结束，领兵官缴印于朝，官军各回卫所。这种统军权与调军权分离和将不专军、军不私将的制度，旨在保证皇帝对全国军队的控制。在地方，设都指挥使司（简称都司），置指挥使，为地方统兵长官。都司之下，在重要地区的府（含直辖州）、县（州）置卫或设所。一般卫由卫指挥使率领，辖5个千户所，共5 600人；千户所由千户率领，辖10个百户所，共1 120人；百户所由百户带领，辖两个总旗，共112人；总旗辖5个小旗，共50人；小旗10人。洪武二十六年（1393年），进行了重新调整，确定了全国的都司、卫所，共设都司17个、留守司1个、内外卫329个、守御千户所65个。张居正的上祖张少保就是一个千户长，也算个中级军官吧。

在这样的军制牵制下，任何一个都督府及其中的任何一个都督，连率领本部军兵的权力也是没有的。因为明王朝还规定：兵部有出兵之令而无统兵之权，五军都督府有统军之权而无出兵之令。有军事行动时，兵部奏请委派某一都督府某一都督率兵出战，而分调其他各都司、卫、所的兵丁归其指挥。军事行动结束，将帅即归回原都督府，兵丁归回原工所建制。这种体制虽然在王朝初期起到了防范军权旁落，巩固政权稳定的作用，但同时使得军队效率低下，反应迟钝，不能迅速调动。这就大大地削弱了明朝对蒙古遗部和东南倭寇的军事威慑力，使得对方有机可乘，更加肆无忌惮。

明朝中后期，也就是张居正时代，国家面临的内忧外患比较严重，南有倭寇的不断侵袭，北有蒙古遗部的不断骚扰。振兴朝政最迫切的当属加强军备，抵抗外辱。在高拱做了内阁首辅之后，把处理军务和边防的大权给了张居正。张居正利用自己的权力，很快做出了相应的改革，提拔在抗击倭寇中成长起来的一代名将戚继光，让他主持北方边防，取得积极的效果。为了提高办事效率，让武将不再过多受到文臣的牵制，张居正对大明王朝的军事制度也做了适时的改革。

在军事方面，明朝一改元朝的军事制度，创立了独具特色的卫所制：皇帝独揽军事大权，在全国各个军事要地设立卫所，军丁世代相继，给养仰赖屯田。这种制度在维护明朝君主专制主义中央集权的统治中发挥了巨大的作用。但到后来，随着朝政的衰颓，法令不行，权臣当政，皇帝很难直接统领军队。这使得明朝的军队受文臣牵制较大，反应迟钝，效率低下。

作为一个先祖为军籍的士子，张居正对其中的弊端早就有深刻的体会。他决定从实际需求出发在体制上不做变动，但在事实上改变这种状况。首先，从伸张将权启动他的军事改革。这样做，既满足了应急需求，也避免了因为改革祖制而遭到的阻力。

由于各种原因，蒙古各部长期与明朝为敌，不断骚扰边境。新兴的明王朝依仗强盛的国力，以攻为守，多次击败来犯者，巩固了边防。然而，时过八十余年，从宣德以后，朝政败坏，边防废弛，逐渐强大的瓦剌威胁到明朝边境的安全，正统十四年（1449年），英宗御驾亲征，在土木堡被虏，京师告急，举国震惊，幸得兵部左侍郎于谦成功地组织了反击，才转危为安，但却充分暴露了明朝政治的腐败和军事的脆弱。

从此以后，明朝的边患日益严重。嘉靖初年，鞑靼部首领俺答占领河套，坐镇一方，聚集力量，发兵南侵，人称“套贼”。从嘉靖二十一年（1542年）到二十二年（1543年），连连侵犯大同、太原、平阳等38个州县，烧杀抢掠，明朝军队反击不力，从此年年为患。首辅夏言任用曾铣总督陕西军务，奋起反抗，并取得初步的胜利。河套自被俺答占领后成为南侵的重要据点，曾铣主张收复河套，并得到夏言的积极支持，但由于内阁意见不一，迟迟不能行动，结果在这期间俺答骚扰不断，一度到达居庸关，京师告危。严嵩以此为由，诬陷夏言、曾铣轻举妄动收复河套，招致俺答的报复，并将他们处死，造成千古奇冤。嘉靖二十九年（1550年），俺答又到顺义、通州掠夺，再逼京师，总兵仇鸾竟斩杀老百姓的首级以冒功请赏。如此黑白颠倒，忠奸不分，更助长了俺答的气焰，防务的虚弱已成为明王朝的心腹之患。张居正为此痛心疾首地指出：“声容盛而武备衰，议论多而成功少，宋之所以不竞也。不图今日复见此事。”强调文臣牵制武将的明朝制度与宋朝如出一辙，带来的结果也使得大明王朝可能会重蹈南宋的亡国之祸。此时，高瞻远瞩的张居正已经看到，出自内阁的对立和矛盾，已成为政治败坏、边防衰弱的主要原因。为此，他坚决远离内阁中的权力之争，专心于处理边防事务。

然而，严重的边患，已不容他坐观国势的衰颓。土木堡事件以来，军事积弊愈加深重，要想“一起而振之”，必须从源头上加以改变。明代从成祖以来实行以文官统率武官的政策，主管军事的统帅都是进士出身，边防将领对部下没有独立的指挥权和调配权。指挥和实战的脱节，严重地压抑了将领的积极性。隆庆初年，谭纶出任蓟辽总督，他本是台州知府，长期在东南沿海任职，有丰富的反击倭寇的经验。像他这样通晓战争的文官，在明代官僚体制中，是非常少见的。如今，他以文官的身份为武将请命，要求练兵和作战摆脱地方官的牵制，减少地方官干涉军务的权力，这是对一百五十多年来以文制武传统的挑战。地方巡抚刘应节、巡关御史孙代等都激烈反对，但都不是张居正的对手。在首辅徐阶的支持下，张居正为谭纶争得独立的指挥权，开创了有明一代提高地方将领权力和社会地位的先例。

为了加强边防的实力，张居正又调用谭纶的老搭档、抗倭名将戚继光总理蓟州、昌平、保定三镇的练兵事务，各路总兵统由其统辖，这在军队是一个创举。戚继光被任命为总理，这就在三镇总兵以外，又增设一职，与原有体制不合，加上戚继光是南方军人，以水战见长，舆论认为水军不习陆战，纷纷加以抵制，这一职务被总兵们认为是“缀疣”。但种种议论都不能动摇张居正调用戚继光的决心。在他看来，这是“弊在人心不一，论议烦多，将令不行，士气难作”，断然以特旨的名义任命戚继光为蓟州镇总理练兵事务兼镇守，这既保留了戚继光总理练兵事务的头衔和节制三镇总兵的大权，又让他拥有了直接管辖蓟州军务的权力。张居正还把工作做到细处。为了平息舆论，他请出素有威望的凌云翼说服众将领。正是因为张居正的决心和斡旋，才使得戚继光在北方再展雄风。张居正力排众议，打破常规地任用谭纶与戚继光，从此改变了明王朝以文制武的传统军制。

为了激励将领兵士的积极性，张居正大刀阔斧地改变赏不当功，罪不当罚的积弊，重奖有军功的将士。宣府总兵马芳在隆庆元年（1567年），转战宣大、威宁、黑山，战功卓著，获得荫子千户及银币的赏赐；陕西延绥总兵赵岢曾经防御失利，后戴罪立功，在塞外大战中杀敌三百余人，夺马一百多匹，官升至大同总兵，荫子正千户。这超常的奖励，遭到文官的抵制，连兵部都不敢做主。张居正愤怒地指出，不给予重赏，谁肯冒死犯难？他执意破格奖赏。

重赏重罚是张居正军事思想的重要组成部分，他主张有功于国家的，即使千金重赏、通侯之印，概不吝予；无功于国家的，一个笑脸、一条破裤子也不轻予。一代名将李成梁是行伍出身，按明制不能担任镇守一方的大将，是张居正论功行赏，破格提拔，使他成为镇守辽东的主将。在这种思想的主导下，隆庆年间，奖励有功将士的记载史不绝书，大大激励了有为之士，效命疆场，创建军功。

通过一系列务实的任命，张居正在形式上依然尊崇大明王朝旧制，但本质上已经改变了过去错综复杂的兵权牵制的制度。他把练兵、用兵的大权通过设立新官职的方式，重新统一到一个将领手中，加强了机动性，有效地抵御了鞑靼的侵扰。

筑城固边以防为主

面对颓废的朝政以及不断吃紧的边防，还有两次京城被攻陷的教训，张居正及时出手，改变了明朝以往的军事战略，这使得明朝朝廷在短时间内很快扭转了京城多次被攻陷的危险局势。

明朝前两任皇帝朱元璋和朱棣都擅长武略，一个横扫各地义军最终重新稳定天下，建立了大明王朝；另一个迁都北京，以前线为京城，一种时刻准备战斗的姿态，有把自身放置在每时每刻都是最危险的时候的勇气。不管是朱元璋设立的卫所，还是朱棣及以后的皇帝设立的九边，都体现了一股豪气逼人，勇于应战的主动气势，这个时期明朝的军事策略基本上是以攻为守。

后来渐渐在战略上放弃了以攻为守的策略。这时，再以北京做首都就显得很危险了。这就使得保护北京的战事有了稳定战略后方和保护前线阵地的双重使命。

明初，为抵御蒙古残部的南侵，从鸭绿江到嘉峪关建立了绵延万里的军事防御线，实行以攻为守的战略，很有成效。明中叶后，由于朝政腐败，边防废弛，这一战略事实上已告终结。对来犯者，明军疲于应付，一朝失利，惊惶失措。皇帝好大喜功，有一点小小的胜利就摸不着高低，马上要穷追不舍，没多久便被对方转败为胜，又灰溜溜地不知所措。是战是防、是守是攻，没有一个明确的战略指向。面对强虏，明军多次失利，防守无力又不敢更改祖训，政治上的腐败与傲慢，事实上的无能与虚弱，致使明朝在国防上处于非常被动的地位。张居正对此有正确的分析，提出“外示羁縻，内修战守”的方针，这是以防御为主，争取主动的正确战略，由此实现了真正的战略转移。

在这样的情况下，以前用来作为进攻的桥头堡的九边重镇就从战略前线转变成了防御的边疆。而在这种强化防守的大方针下，显得最为重要、最为紧迫的当属离北京最近的几个重镇了。而在离北京较近的几个重镇中，又以蓟门最为突出。它是北京的北大门，要想牢牢地守住蓟门，就必须由辽东、宣府、蓟州三州统一行动、加强协调，形成坚固的防线，并借助山势有力地阻击北边敌人的进攻。

为此，戚继光提出建筑敌台的动议，也就是修复长城。其实，大多数明长城正是这个时候建造的。这项工程由于花费太大，遭到许多人的反对，但却得到张居正的鼎力支持。他认为这是设险阻、守要塞的最佳策略，立即予以批复。他还写信给谭纶，一再表明建筑敌台，设防固守，实行以防御为主的战略主张。经过两年多的施工，从山海关西到镇边城的两千里防线上，修筑敌台一千余座，敌台下驻军屯田，遇有敌情，以烽火为号，群起抗击。同时，又对原有的长城进行整修，加高、加厚城墙，沿线植树设险。西自嘉峪关，东至山海关，绵延万里，有效地阻止了蒙古旧部的南下。但最终，清军就是通过这条森严而又充满艰难险阻的防线突然进入北京的。面对如此历史结果，只能说张居正是一个务实的行政高手，但却并不是一个高明的战略家。

张居正深知强兵之道在于训练。鉴于军队的组织紊乱，军纪松懈，他大力支持戚继光展开整军练兵活动，将蓟镇防区分设十二路，根据蓟州的地理环境与作战的特点，建置车营七座，并配以骑兵、步兵进行混合训练，以积累不同兵种协同作战的经验。

但是，张居正作为一个南方大臣又要使用南方的将领，好多北方的士兵有些不满，不好好训练。为了鼓舞士气，激励北方士兵，张居正又派遣杭嘉参将胡守仁调来三千浙江士兵到蓟镇进行示范。这些浙江士兵刚到蓟门，才排好队准备训练，恰好下起了倾盆大雨，他们从早到晚，任凭风吹雨打，“植立不动”，“北军见之大惊失色，无不折服”。北方的士兵这才信服了，开始遵守军纪严格训练。隆庆二年（1568年），明军与蒙古朵颐部初次交手，大败酋长董狐狸，一时军威大振。

与此同时，张居正又在京城整顿军营，训练士兵，纠正骄惰之风。为了进一步鼓舞全军士气，张居正准备策动皇帝举行一次大阅兵。要说动懒惰成性的皇帝举行阅兵典礼已属不易，此举却又遭到南京刑科给事中骆问礼的激烈反对，认为练兵不是当今的急务，不必惊动圣驾，这使得阅兵一事几乎搁浅。张居正并不气馁，再次上疏陈述，认为如今举国上下军备懈怠，如果皇帝不亲自出面，不足以激励将士，扬我军威。经过反复力争，终于得到皇帝的同意，于隆庆三年（1569年）在京师北郊举行了军事大演习，规模之壮阔，军容之威武，为历年所未有的盛况，有力地激励了士气、鼓舞了民心。

凭借敌台天险和提高战斗力的训练，明军在北方边境建立了一条坚固的防线。这是自明中叶以后，百年来中国人孜孜以求的盛事，在隆庆年间初步得到实现。而这一切无不归功于主持这项事务的张居正，没有他力排众议，举荐任用在抗倭战斗中成长起来的戚继光等著名武将，并根据具体形势的转变及时改变战略重心，这些都是不可能的，明朝也就可能会更早地走完其历程。

策反鞑靼实现封贡通市

中国自古中央与边疆的博弈中都少不了传奇女人的参与，或是亲自参战，或是和亲，或是其他。在张居正主政边防事务时，就出现了因为一个女子而引起的一次边疆危机。张居正充分地利用了这次机会，做足了文章，既削弱了鞑靼的实力使得他们祖孙相斗，又惩治了汉奸，还实现了封贡互市，改善了蒙汉关系。

隆庆四年（1570年），与明朝长期为敌的鞑靼发生内乱。原因是老首领俺答抢走了自己的孙子把汉那吉喜欢的女人三娘子，这个“王孙”一气之下带人投奔到他们的敌对方大明朝廷。把汉那吉是俺答的继承人，俺答要求大明朝廷赶快把人送回来。

当时，因为自己的祖父抢去了自己看上的一个女子，这个叫把汉那吉的“王孙”一气之下带着十几个人渡过了黄河，跑到明朝管辖的大同，声称要找大同巡抚方逢时。方逢时不敢私做主张，马上又禀报自己的上司宣大总督王崇古。

王崇古是明朝有名的守边将领之一。他是以治理东南沿海倭寇侵犯而逐渐成名，受到朝廷重视的。当时，倭寇是沿海地区的主要祸患。王崇古在常镇任兵备副使时，曾在夏港大败倭寇。当倭寇逃走时，他率兵一直追至靖江，将其歼灭。以后，他又同俞大猷多次出海，袭击倭寇，立下战功，晋升为陕西按察使，河南右布政使。

嘉靖四十三年（1564年），王崇古任右佥都御史，巡抚宁夏。他喜欢兵法，而且注重研究地形，到宁夏后，对边塞的各险要地势，大多作过调查。平时，他身先士卒，督修战守工事，做好边地防务工作。他还注意侦察敌情，瓦解敌人。一遇有利时机就率领士兵主动出击，袭扰敌人的巢穴。由于王崇古采取了这些措施，敌人多次入侵其他地域，而“宁夏独完”。因镇守宁夏有功，王崇古晋升为左副都御史。

当时，河套一带为吉能所占，这吉能是东蒙古部落鞑靼部落首领吉囊之子。吉囊去世后，他和弟弟俺答共同主政鞑靼部落，一东一西，俺答的领地从河套一直到辽东。为了获得足够的日常用品，也为了壮大各自的力量，争得统治蒙古各部的主导权，他们不断通过河套地区向内地袭扰。总督陈其学既无兵略之才，又无指挥之能，屡战屡败，将士折损严重。为了解除吉能对陕西、宁夏、甘肃的威胁，扭转不利局面，朝廷提拔王崇古为兵部右侍郎兼右佥都御史，总督陕西、延宁、甘肃军务。王崇古一到任，采取一系列措施，重新做了部署。他把权力下放，要求抚臣用军法指挥战争，并绘成地图，拟定作战方案，分别交给赵岢、雷龙诸将。由于加强了防范，准备充分，加上指挥得力，边境局势逐渐好转。着力免袭扰河东一带时，他指挥大将雷龙偷偷出兵兴武，去袭击着力免的营寨，杀死和俘虏很多敌人。当吉能又一次犯边时，他迅速指挥边防部队前去阻击，并移营于白城子，同时令雷龙由花马池、长城关出兵去攻击，结果大胜而返。

后来，吉能去世，俺答乘机接管了他的领地，成为整个鞑靼部落的最高首领，并且称汗。而他的儿子又早就去世了，在他的后辈中只有一个孤儿孙子把汉那吉，他把这个孙子过继给吉能的儿子做养子。他的夫人特别喜爱这个孙子，不愿让他去西边和自己的养父母一起生活。而俺答正好想找个借口削弱自己侄子的影响力，就让把汉那吉的养父母东迁，来到河套地区。这样一举两得，既满足了夫人的要求，又防止了侄子的东山再起。

因为河套地区灌溉便利、土地肥沃，更加利于农耕，俺答做了鞑靼首领后，一改以往鞑靼的措施，他不再游移不定，而是把大本营扎在这块土地上。他仿照汉人的方式修筑宫殿，设立朝廷，招纳汉人做辅佐之臣，其中以赵全、邱富两人比较知名，也为大明朝廷深恶痛绝，将他们列为汉奸。同时，他还找大多数在内地失去土地的汉人进入河套耕种，虽然他们被称作“板升”（是蒙古语音译，意为有房子的人），但被与蒙古人一样同等对待。于是，在内地因为土地兼并等原因大量贫困潦倒的汉人都跑到河套地区归附俺答了。

王崇古升任三边总督后，对这件事情进行了深入的调查，并提出了一些应对方案。他发给士兵银钱，让他们收买一些边民，为自己充当探子，并不断改善边境地区的政策，减轻了课税，以此来吸引更多的“板升”重新返回内地。另一方面，加大“贸易制裁”，不允许私自向河套地区贩运日常用品，使得这些“板升”不得不回到内地在大同等地采购生活必需品。随着来往的渐渐加强，一些叛逃的汉人发现内地的政策有所改变，生活在这边更好一点，于是又纷纷再叛俺答，回到明朝境内，王崇古的策反政策初见成效。但对于逐渐壮大的俺答势力，依然无法下手，不敢冒进，从来没有主动出击过，这也是对朝廷以守为主的战略政策的执行。

但谁也没想到，他们祖孙二人会因为一个女子反目成仇。如何处理把汉那吉的归附这一事件，直接关系到明朝与当时蒙古族中最强大的鞑靼部的关系。而此时俺答已调兵“分道入犯，索把汉（把汉那吉）甚急”。边关战火一触即发。王崇古与方逢时联名上书，他们认为，应接受把汉归附，“宜给之宅舍，授之职衔，易其服用，以悦其心”。

但在王崇古的上书到达皇帝的同时，张居正的一个指示意见也到了王崇古的手中。这让他很是奇怪，这件事情他还没有禀报朝廷，远在北京的张居正怎么就已经提出了解决方案呢？这就与张居正的尽职尽责有关，他虽然身在北京，但时刻关注着边疆的动态。一有什么新动向，他马上就能知悉。

张居正的意见也是让他们赶紧善待把汉那吉，他可是“奇货可居”啊。先扣着他，看看新动向。如果俺答执意要赎回把汉那吉，那我们就要求他拿赵全、邱富等人进行交换。如果俺答置之不理，那我们就给他这个孙子册封一个新号，让他们祖孙二人在内斗中互相消耗。

这些设想的提出，说明张居正处事的精细和谨慎。他提醒王崇古对于各种可能性都要有所准备，以防患于未然。待情况稍有明朗，俺答决定以赵全换回把汉那吉，张居正又及时做出判断，认为这是难得的机遇，一个周密的谋划已经成竹在胸。但一些大臣因为十三年前的桃松寨事件，怕上当受骗，不再相信俺答交换人质的诺言。桃松寨事件发生在嘉靖三十六年（1557年），俺答之子辛爱的小妾桃松寨因与人通奸事发，为逃避惩罚，投降了明朝。辛爱得知后，佯装以赵全、邱富交换，骗取总督杨顺放回桃松寨，桃松寨随即被辛爱所杀，汉奸也未交还明朝。把汉那吉的来降很容易使人联想到桃松寨事件，因担心再次上当受骗，官员们反对接纳把汉那吉。在俺答派出大兵压阵，强行索要把汉那吉之际，朝臣们更是惊恐不安。张居正当机立断，力排众议，认为这不同于桃松寨事件，不仅不必为之担心，反而是可以利用的大好时机。在给王崇古的信中，他做了详细、具体的布置。他认为，俺答兵临城下，索要其孙，这是对我方有利的事，我方可一面扼险守要，严阵以待；一面据理相告要求结盟，并让俺答杀掉赵全。张居正在给王崇古的信中按捺不住自己的兴奋，他说："向者仆固谓：世必有非常之人，然后有非常之事；有非常之事，然后有非常之功。此所谓非常之事，非公孰能了之？"

在这封信中，张居正还提醒王崇古说，把汉那吉的出逃，是其谋士出的主意，此人很有智谋。可派人暗地与他联络，告诉他明军知道一切都是他的谋划，会记住他的功劳，请他促成结盟之事。如果有可能除掉俺答，我们即封把汉那吉为王，遣兵送归故地，从此可长享富贵。

与此同时，张居正又让王崇古借助自己手下收买的探子，给俺答送信，声明希望议和的态度。信中明白指出俺答的肘腋之患正是他的儿孙之乱，并以明朝的军事实力儆诫，又利用俺答祖孙的矛盾，策动把汉那吉的谋士倒戈。阳谋、阴谋双管齐下，这一切又以深明大义的姿态，娓娓道来，在委婉中洋溢着义正词严的气度。果然不出张居正所料，这一席有关俺答切身利害的陈述，终于打动俺答。王崇古又让把汉那吉穿上汉人最尊贵的红袍玉带，与俺答相见，以示明朝的诚意。俺答本以为把汉那吉已被诛杀，却得到这意外的惊喜，从而打开了和解的大门。赵全眼见蒙汉和解的大势已不可阻挡，不得不为自己留了一条后路，投书方逢时表示悔过，愿回归中土。这又岂能为明军所容？于是，方逢时将计就计，随即把这封信转交给俺答。俺答见这汉奸反复无常，又要背叛自己，大为震怒，立即把赵全捆缚，送归明朝。

这就使得一次很紧张的边疆危机，最终化干戈为玉帛，以议和收场。但张居正认为，议和还不能从根本上解决问题。因为随着时间的推移，就像明朝已经改变了最初的军事战略一样，蒙古各部也囿于眼前利益迫于生计，已经不再怀有重新入主中原的野心，这时的战乱抢掠主要是以争夺日用物资为主。而解决这个问题只有靠经济手段才能完成。因此，张居正决定趁热打铁，准备提出封贡通市。

在明朝国境线内外，分别居住的是农耕民族和游牧民族，草原生活的游动性和农业生活的稳定性，形成相互依存和对立的形势，两个民族之间时战时和，结下了数不清的恩怨。但是，北方的马匹、牛羊、狍皮等土特产深受汉人的欢迎，而南边的盐米、机布、瓷器等日用品又为蒙古族人所必需。在和平时期，这些物资大多由官办，以朝贡和优赏的名义，互通有无。除了官办以外，在民间也有自发的交易，即使在战争期间，沿边的走私也难以切断，蒙汉和议（后称隆庆和议）必将带来互市的要求和交易的兴旺。所以，张居正认为，战争的平息只是"制虏安边"的开始，发展贸易才是谋求和平之道。张居正授意王崇古出面，提出"封贡通市"的上疏。

然而，要求实现封贡通市的主张也遭遇到不同意见的阻挠，巡按御史甚至弹劾方逢时通敌，议论汹汹。张居正痛斥这些飞短流长，与首辅高拱积极策划，终于说动皇帝，促成封贡通市的和议。隆庆五年（1571年），参照明成祖加封蒙古和宁、太平、贤义三王的成例，隆庆帝下诏封俺答为顺义王，赏赐大红蟒袍一套，其兄弟和儿子都得到相应的官职，受封的鞑靼头领共有六十多人，遍及各个部落，凡是接受赐封的都表示臣服明朝。双方又约定岁贡的马匹数量和交换的物品，定时定点进行贸易，从此揭开了蒙汉睦邻友好的新篇章。

相互敌对的势力达成和议后，往往还存有戒心，重要的是，能否以信义取信于对方。张居正在得知互市因故有可能延期后，立即予以制止，敦促如期开市。他认为既然结盟友好，凡事就当待之以诚信，并强调在不同时期、不同形势下，施以不同的对策，保证了和议的顺利实施。

在这过程中，张居正赞同王崇古的做法，极力支持他妥善解决这个事件，力排众议，使得王崇古的主张得以实现。后来，王崇古又在《确议封贡事宜疏》中全面提出赐封、通贡、互市的主张，还提出了对俺答等蒙古族各部首领封赐爵位、官职的具体办法：俺答可“赐以王号，颁给镀金印信”。隆庆五年（1571年）三月，明王朝册封俺答为顺义王，从此边关战火平息，“南来烟酒糖布茶，北来牛羊骆驼马”。王崇古还规定交易日期，在开市期间，“令各支虏酋各差一的当首领，统夷兵三百驻扎边外。各镇各令本路副参等官，各统本支精锐官军五百驻扎市场”，以维持秩序，保护互市的正常进行。

明进士郑洛曾赋诗赞曰：“一尊酒尽乾坤大，万里风清气色开。”清代魏源认为，从隆庆和议之后，“不独明塞息五十年之烽燧，且为本朝开二百年之太平”。

就这样，张居正在明朝最重要的边疆问题上，从战略改变到用人以及出谋划策等一系列举动，初次体现了他的治世才能，把他的全才优势充分地展现出来。这不仅得到了皇帝的认可，而且也被所有的同僚所称赞，更增强了他在朝野上下的威望，为他进一步接近权力中心，彻底掌权开展大规模的改革铺就了坚实的道路。即使没有以后的万历新政，就凭在边疆事务中的出色表现，张居正也不愧于一代名臣的称呼，仍然会是留名青史的人物。

第四章　风云变幻中走上首辅之位

徐、高互斗，静观其变

张居正在进入内阁后，在徐阶的提拔下，可谓顺风顺水。嘉靖四十五年（1566年），也就是嘉靖朝的最后一年，张居正虽然是“国立大学”的“副校长”，但论官阶不过是五品翰林院侍读学士。到第二年，也就是隆庆元年（1567年）正月里，徐阶就越级把他提为三品礼部右侍郎。又过了不到一个月，到二月初，在徐阶的力主之下，张居正居然以在职不到一个月的礼部右侍郎的身份突然就进入内阁，成为副宰相了。这不只是连升三级了，这在整个明代都是很少见的。徐阶也说，这是引用了“特进”之例，也就是特别情况特别对待。在徐阶的关照下，四十二岁的张居正一下子成了内阁中最年轻的副宰相。

除了拉拢自己的学生，徐阶同时还看中一个人，那就是高拱。可是，徐阶在拉拢高拱的时候，一定没有想过自己聪明一世，糊涂一时，竟搬起石头砸了自己的脚。

严格来说，高拱并不算徐阶这边的人。但作为嘉靖末年的执政大臣，徐阶已经明显看出隆庆不久即将接嘉靖的班。所以，他早在几年前就把张居正也安排进了裕王府做隆庆的侍读讲师。在隆庆的各位老师里，高拱无疑是第一块牌子，因为在隆庆最无助的日子里，高拱就像父亲一样给了他最大的鼓励和安慰。徐阶很清楚隆庆对高拱的感情，他就想早早地就把高拱拉拢过来，增加自己在内阁中的政治力量。

徐阶本想笼络人心，可完全没意识到，自己失算了。高拱进入内阁后，反而是内阁中最难以控制的阁臣，他经常跟徐阶作对，有时候甚至发生直接冲突。

其实，按道理来说，高拱应该感谢徐阶，但高拱却打心眼里感谢不起来。在高拱看来，凭借自己的资历与水平，就算徐阶不提议，他也会入阁的，徐阶不过是做了个顺水人情，而且徐阶虽然重用自己，但更为重用张居正。

而后踏上内阁红地毯的张居正，面对着这场政治斗争，却真的有点为难了。虽说身在官场，没有永远的朋友，只有永远的利益，但在这个残酷复杂的时代里，我们仍可以看到真、善、美的影子。

张居正是个“沉深有城府，莫能测也”的人，照理说这种人并不喜欢和别人套近乎、打交道，可事实上，张居正很擅长交朋友，他的交友之道是非常含蓄的。如果我们不细细揣摩，还真不容易看出来。但是，仔细一想，不难发现，从嘉靖末年到隆庆朝结束，其中几场著名的政治斗争中，各方的主角，像严嵩、徐阶和高拱，不论人好人坏，不论身处哪一个政治阵营，张居正和他们之间多少都谈得上是有朋友情谊的。

徐阶自然不用说，他是张居正的恩师，更是张居正在仕途上的引路人，他们之间亦师亦友。两个人是铁板一块，没有什么可以动摇。

而张居正和高拱的关系却很复杂，虽然张居正和高拱是对手，在后来两个人更是明争暗斗，但我们仍不能忽视他们彼此之间很深厚但又让人迷惑的交情。

其实，我们可以从一个小故事看出张居正和高拱之间的友情。一个秋高气爽的日子，国子监祭酒高拱突然想到郊外去秋游，抒发一下积压在心中的闷气。高拱虽然年龄大了，但依然豪情万丈，尤其是他向来自视甚高，一直怀揣着自己要“重头收拾旧山河”的雄心壮志，他心里头也消停不下来，让他一个人去欣赏山中美景，他宁肯在家里和当时的裕王朱载垕聊天。可是，既然来了兴致，就琢磨着找个人陪自己去郊外秋游，可是该找谁呢？当时，高拱找的不是别人，正是张居正。要说你请客吃饭，非找个朋友陪，这个人说不定也只是个狐朋狗友；但要说你要春游、秋游，非找个朋友陪，这个人跟你的关系肯定不一般，在高拱心里无疑是把张居正当成了好朋友。

两个人一路登上香山，来到最高处的香炉峰，只见层林尽染，漫山霜红。高拱和张居正都可以算是明代政坛上两位有胆识的英雄，看到如此江山，感慨就来了。

高拱指着远山近林，对张居正说："太岳，你看如此大好江山，却国势衰颓，江河日下，真是让人扼腕叹息啊！"

张居正不像高拱那么多愁善感，只凝重地点了点头。高拱看张居正没说话，转过头对着张居正说："太岳，我看你和我一样，胸中自有沟壑，定非久居人下之人。你说，我们能为这国家做点什么呢？"

张居正年龄比高拱小，反而显得老成持重一些。他沉吟了一下，想起了诸葛亮的一句话，面对群山，手捻长髯，坚定地说："若他日身肩国事，定当鞠躬尽瘁，死而后已。"

高拱听了击掌叫好，说："好一句'鞠躬尽瘁，死而后已'，诸葛武侯虽然当年'出师未捷身先死，长使英雄泪满襟'，但终究也不负此生，应该无憾了。"

哪知道张居正听了这话摇了摇头，语气很坚定地说了句："鞠躬尽瘁，但为国事；死而后已，功业自成。"

高拱听了这话，哈哈大笑，说："太岳，不愧名居正，字叔大，这气吞山河、睥睨古今之势，非我高拱，何人能堪？"

这话说得就更傲了，高拱的意思也就是：能超越诸葛亮，在鞠躬尽瘁之外，还能成就丰功伟绩的，在当今之世，也就我高拱和你张居正了。

于是，两人击掌为誓，他日登阁入相，定当勠力同心，振兴大明王朝。所以，《明史》上说他俩是"相期以相业"，也就是以宰相的事业互相勉励。

即使在经历了你死我活的斗争后，张居正与高拱之间那份志同道合的友情仍没有消失。在高拱去世后，张居正非常难过，他由衷地感叹道："三十年生死之交，一旦遂成永隔，刺心裂肝，痛何可言。”

虽然高拱与张居正后来在政坛上没能共同成就一个中兴的大明王朝，但两个人并没像曹操和刘备一样虚情假意、貌合神离，至少在很长一段时间内，两个人的关系还是像他们在香山上盟誓的那样齐心协力、共进退的。

张居正跟高拱之间，可以说是意气相投、志趣相投。可是，就在香山秋游之后不久，两个人之间就因政治斗争而产生了巨大的嫌隙。

斗争的双方不是别人，正是我们前面所说的——徐阶和高拱。两个人水火不容，而张居正恰恰被夹在其中。这对刚刚入阁不久的他而言，不得不说又是一个挑战。在一边是恩师，一边是朋友的情况下，张居正选择了沉默，也许那才是最合适的选择。

两个人矛盾的激化，来自于徐阶的一个决定。在扳倒严嵩之后，隆庆帝一登基，徐阶立即借隆庆的名义草诏告谕天下，为那些在严嵩手下以及在嘉靖朝蒙冤受屈的官员平反昭雪。那是一件极其得人心、顺民意的事，参与这项工作，不仅是一种荣誉，也暗示了他在中央权力层的核心地位。当时，徐阶只让张居正参与了这项工作，而且是让他参与领导工作。

当然，作为张居正的朋友，高拱并不妒忌张居正，毕竟他自己也入阁了，而且凭他跟张居正的关系，他当然愿意张居正进入内阁跟自己“抱团取暖”。可是，他这个人心眼儿太小，又沉不住气。在徐阶偏袒张居正的情况下，过于情绪化的高拱对徐阶的意见越来越大。

就在平反昭雪工作开展的时候，还有一件小事，让高拱认定了徐阶就是自己的对头。

有一个叫胡应嘉的言官，他闲着没事儿，弹劾了高拱一下。在明代这种言官可以“风闻言事”，就是没根据、没调查研究也可随便议论朝政、弹劾大臣。胡应嘉作为六科给事中的官员，可以专门就官员的作风、生活问题发表议论。高拱那时候因为没有儿子而心急如焚，于是就把家安在靠近皇宫的地方，以方便回家。在世宗病重的时候，高拱常常偷偷地溜回家，这件事被胡应嘉知道了，就郑重地上了一本弹劾高拱，说他不配当内阁大臣。这下高拱鼻子都气歪了，但他确实在值班时间溜回去了，也不好说什么。隆庆当然不会因为这种事处罚他的老师，也就没什么下文。

本来事情都过去了，可小心眼的高拱却觉得很憋屈，本来也没想什么，巧就巧在这个胡应嘉和徐阶是同乡。于是，高拱就一味地认为是徐阶指使他来弹劾自己的。

没过多久，这个胡应嘉刚好也犯了错误，但也不是什么大错误，徐阶就主张从轻处罚。对于有仇必报的高拱而言，怎么会轻易放过这么好的报复机会，他主张从重处罚。结果，徐阶作为首辅就很为难。其实，他跟胡应嘉倒还真没有什么关系，但考虑到作为言官的给事中有很大的势力，他权衡了一下，还是较轻地处罚了。

这一决定，彻底惹毛了高拱，他马上直接把斗争的矛头指向了徐阶，指使一个叫齐康的言官以徐阶子弟和家人在乡里横行不法的事去弹劾徐阶。可是，没想到这一下可捅了马蜂窝了，齐康被其他言官们痛骂不算，言官们又把矛头一齐指向高拱，说他挟私怨报复胡应嘉，又莫须有地指使齐康攻击徐阶。给事中欧阳一敬奏劾尤力，将高拱比作蔡京。高拱非常生气，请徐阶拟旨责杖奏劾者。徐阶当然不愿为了高拱和言官们结怨，因此拒绝了高拱。

高拱哪肯就此罢休，又使出了最后一计——向穆宗请求辞退，穆宗怎么能看着自己尊敬的老师离开呢，所以没有答应。徐阶屈于皇帝的意思，也拟旨慰留，但却对谴责言官只字不提，高拱与徐阶的矛盾越来越激烈。一次，两个人公开在内阁中争吵，高拱气势汹汹地攻击说："公在先帝时导之为斋词以求媚。宫车甫晏驾而一旦即扳之。今又结言路而逐其藩国腹心之臣，何也？"而徐阶徐徐辩答道："夫言路口故多，我安能一一而结之，又安能使之攻公。且我能结之，公独不能结之耶？"他又说，我并非是背叛先帝，以遗诏让先帝自责是为先帝收人心……至于斋词一事，徐阶坦认"因我罪"。但他反问高拱："独不记在礼部时，先帝以密札问我‘拱有疏，愿得效力于斋事，可许否？’此札今尚在！”高拱顿时“颊赤语塞”。

当时，徐阶正因遗诏复起世宗时被谪诸官而受到部院大臣、科道言官的感恩拥戴，权势灼热，所以集体支持徐阶。而极力批评高拱的罪状的，三月之内弹劾高拱的奏疏竟多达三十余份。这下犯了众怒的高拱，虽然有隆庆护着，但也不好意思在京城待了，便提出辞职，回老家了。

在第一回合，身为首辅的徐阶，依靠发动言官赶走了高拱。可是，在高拱离京不久，徐阶也被赶出内阁，其中最主要的原因是得罪了皇帝身边的内监们，而被迫去职。

生性宽厚的穆宗，总是用内监作为自己的耳目，对身边的内臣十分信任。因为不亲理朝政，身边的滕祥、孟冲和陈洪整日引导穆宗四处游玩。而作为臣子的徐阶经常劝阻皇帝，穆宗很是厌烦，对他越来越冷淡。再加上徐阶得罪了皇帝身边的“红人”，他们暗中作祟，在穆宗面前说徐阶的坏话，让穆宗对他更是不满，徐阶的势力也就衰弱了。隆庆二年（1568年），在高拱一派的言官的攻击和内臣的煽风点火下，徐阶选择离开政坛。他觉得自己年纪也大了，跟严嵩斗了十几年也算是看破世事了，况且自己培养的接班人张居正也完全能挑大梁了，所以，他急流勇退，提出辞职，彻底回家养老了。

在这场内阁混战中，张居正基本上保持中立，且与交恶的双方都能保持友好的关系，这使他在频繁的人事更迭中始终能立于不败之地。他的左右逢源，并非是浅薄之举，而是工于心计。在关键时刻显露峥嵘，往往能成就大事。

飞扬跋扈，高拱赶走赵贞吉

只要有权力的欲望，战争就不会结束。内阁的政治斗争并没有因为徐阶的退隐而停息，此起彼伏的混战一次次充斥着这个权力的舞台。

徐阶罢相后，按照资历，李春芳继任首辅。内阁只剩下了三位阁臣，进补一个内阁大臣迫在眉睫，可入阁的不是别人，正是高拱。

隆庆三年（1569年），高拱重归紫禁城，这一事件深深震撼了内阁乃至朝廷。

徐阶的辞职归隐是真，而高拱辞职只不过是一时的隐忍罢了。他离开朝廷不久后，就再次回到内阁，掌握大权。高拱这一次入阁，可以说是得力于滕祥、孟冲、陈洪这一群内监们的力量。穆宗是一位宽厚的人，但因为和大臣们缺乏应有的联系，左右的内监就成了他身边的“红人”，处处影响他的主张。隆庆初年，最得意的内监是滕祥、孟冲、陈洪，而这几个人恰恰是被高拱推荐上去的。当时，高拱入阁以后，司礼掌印太监空缺，高拱就一再推荐陈洪和孟冲，这不得不说高拱的确很有政治头脑。除了内监们的帮助，丹阳“大侠”邵方在高拱入京复职的事情上也起到了一定的作用。

其实，按照常理，一个内阁大臣被弹劾辞职，除非发生很重要的变故，比如更换皇帝，否则一般就宣告其政治生涯的结束。因此，高拱在回乡后还能东山再起，不得不说是个“奇迹”。高拱顺利复职的最重要因素是穆宗的确欣赏高拱，希望依靠高拱的才能帮助自己管理朝政。当年，徐阶和高拱有矛盾，并互相有言官弹劾，穆宗也是迫于无奈才选择了让高拱下台，徐阶留任。因为当时的情况是他还需要徐阶，内阁离不开徐阶，整个朝廷很多的大事需要徐阶去处理。高拱虽然是他喜欢和器重的大臣，但如果两个人在一起不能发挥两个人的作用而互相倾轧，不如让一个人回家。所以，在徐阶退休以后，穆宗把高拱迎回来帮助自己主持内阁，也就是顺理成章的事了。而且当时老成练达的吏部尚书杨博也选择了退隐，所以穆宗迫不及待地需要高拱回来。

高拱归来，朝野震动。众所周知，高拱是个傲慢专横、刚愎褊狭的人，他再次入阁让很多大臣都战战兢兢。外廷数位官员纷纷上疏皇帝辞职，回了老家；太常寺少卿欧阳一敬因为得罪高拱，惧怕受到报复，忧郁而死；吏科给事中胡应嘉因病在家，听说这个消息后，居然病情加重，没几天就死了。

高拱还有极强的报复心理，因为他与徐阶为敌，在他再度入阁后，就把阁内十名徐阶用过的人全部调走，一个不留。当年弹劾徐阶的言官张齐被罢了官，但在高拱的努力下，张齐被平反，官复原职。这虽然伤不到徐阶，但在道义上对徐阶影响很大，张齐的平反意味着当年他弹劾徐阶的内容是对的，高拱这样做就是变相地对徐阶进行批评。而徐阶自己的后院也起火了，他的三个儿子横行乡里，屡有不法之事，当地的官员没有给这位阁老面子，将其三个儿子全部逮捕。高拱听说后，将他们全部治以充军之罪，以此来报复徐阶。

高拱所做的这一系列事情，连他的好友刑部尚书葛守礼都看不过去，劝他对人不能太过分，成大事者要有容人之量。可这些话高拱根本听不进去，仍然一意孤行。

除了报复当年打击过他的人，高拱还利用主管吏部的职权大肆网罗自己的门生，肆意贬斥异己的言官。对于凡是不合己意的阁臣，也是处处刁难，动辄加以训斥。

内阁首辅李春芳为人宽厚温和，没有什么权欲，基本上不会和人产生什么矛盾，这位好好先生八面玲珑，却担当不了大任。陈以勤年迈多病，已不可能有所作为。论资排辈，张居正还得在这两人之后，而且为人老成持重，基本上谁都不得罪。

所以，高拱在内阁更是不可一世。但是，他的所作所为却惹毛了一个人，并由此开始了一段争斗。

这个人就是赵贞吉，此人可非等闲之辈。隆庆三年（1569年），赵贞吉在徐阶去位后进入内阁，因为他是嘉靖十四年的进士，在当时的内阁之中，可以算得上资格最老的前辈了。所以，刚刚步入内阁不久的赵贞吉成为内阁中最具有权威的阁臣。

此人从小喜欢读书，成年后更以博学闻名朝野，经常在朝廷中“议论侃直，进止有仪”，言谈、举止、风度都深得皇帝的欢心。和很多自视清高的读书人一样，他也因此恃才傲物，轻慢大臣，随意直呼其名，对同僚视若小辈，对张居正更是直呼为“张子”，一点都不给别人面子。如果遇到什么疑难政事，往往甩出一句话：“唉，非尔少年所解！”让人下不了台，其傲慢程度可想而知。

赵贞吉和高拱都是目中无人的狂妄之徒，俗话说“一山不容二虎”，两个人同朝为官且又同在内阁，当然少不了争斗。

高拱一入阁就兼任吏部尚书，抓住人事大权，把行政与人事权集于己手的高拱依仗自己的权势无所顾忌地用人。心高气傲的赵贞吉怎么可能善罢甘休，见高拱掌了吏部，权势太大，便也经过活动，兼管都察院。监察专门纠劾百官，本来与人事就是互有牵制的部门，现在又是由两个矛盾重重的大臣分掌，想不发生冲突都难啊。

此时的内阁成了高拱和赵贞吉的战场，充满紧张的气氛。

首先忍受不了的这种局面的人，反倒是高拱的昔日袍泽——陈以勤。他并未卷入政争，但对高拱主持吏部的做法大有异议，不断上疏旁敲侧击。这当然触怒了高拱，不过幸好高拱念及旧谊，并未对他采取什么报复。面对皇帝的不理睬，陈以勤觉得无法作为，便在隆庆四年（1570年），向皇帝连上四道请求辞退归乡的奏疏。隆庆无奈，只好批准了他这位心腹大臣辞职的请求。

随后，隆庆皇帝发出的一道整治科道的命令，令高拱和赵贞吉之间燃起了政治斗争的硝烟。赵贞吉管都察院，是言官领袖，而高拱又很讨厌言官，两个人就立刻撕破脸皮，大打出手。

事情是这样的，本来就有意报复言官的高拱向皇帝提出建议，要整肃言官。穆宗对这个建议深以为然，因为他早已对言官的互相倾轧相当不满。他觉得这些言官不知道做些有建设性的事情，反而每天要他来裁决那些无聊的党派之争。本来自己在内阁部院已经安排了可以信任的有能力的臣子，可以放手让他们去做很多事情而不需要由自己这个皇帝来烦心，但这群言官们非要把他苦心孤诣创造出来的架构给打乱。对穆宗而言，这些言官们除了会给自己找麻烦，对自己的生活也是一味干预，下江南、游塞北、与民同乐都像是天方夜谭。如今，高拱要整治言官，穆宗是一百个愿意！所以，他立即下旨要整肃科道。

这道圣旨一下，最高兴的是高拱，但对于赵贞吉却是个晴天霹雳。作为高官阵营里的头领，赵贞吉感到维护高官的权益义不容辞，便马上上疏，极力反对。

斗争由此拉开序幕。

赵贞吉在奏疏上说道："自陛下上台以来，科道的官员先后有两百多人，中间难道就没有赤心报国、忠直敢言之士吗？我们老祖宗设立科道，就是为了让他们'风闻言事'，听到什么就说，对与不对，还有执政大臣把关，皇上您亲自裁决呢！纵有不当，责罚也仅仅止于说错话的人。哪里听说要将好几百号人通通加以审查，一网打尽，这不是要重蹈汉、唐、宋乱政时的覆辙，不让人说话了吗？"

高拱见赵贞吉如此维护言官，不禁大为恼火，立即上疏说："既然皇帝您发话了，那就得执行。除三品以上的都察院首长可以自纠自查外，其余监察人员都要查一遍。到底有没有徇私舞弊的，不仅现在查，将来还要随时查。"

不过，争论是争论，考察还是如期开始了。

考察一开始，两人立刻进入短兵相接的局面。两个内阁大学士为此问题每天都在内阁里面拍桌子对骂，有时为一个人的去留，在文渊阁从早上吵到中午，吵得口干舌燥，完全失去了理智。

高拱甚至提出了一份惩治名单，要把赵贞吉在科道的亲信一概罢黜。赵贞吉立刻反制，也提出一份名单，要把高拱的狐群狗党通通摘掉乌纱帽。

这不成了"自杀式"袭击了吗？于是，在张居正的"调停"下，两个人拿出了一份名单上交给皇帝。

高拱在第一回合占据了优势，一口气贬斥了二十七个科道官员。还有一批以前弹劾过高拱，如今自知不免，不等"考察"就自动辞职了。

打完第一回合，还不解恨的高拱开始了第二回合的挑战。高拱命令自己的门生、吏科都给事中韩楫，直接向皇帝上疏弹劾赵贞吉。

奏疏上写道："赵贞吉在考察中营私，分明是'庸横辅臣'，无能而又专横。所以，恳请皇上速速将他罢斥，以清政本，以明法典！"

赵贞吉对高拱更是恨得心里发痒，他立即上疏自辩："皇上，你看韩楫不是在胡说八道吗？我要是真的无能，就不可能专横，更不能掌管都察院。我之所以坐在今天的位置上，是因为您对我的信任，我怎么敢不尽职呢？我认为，高拱本来就是内阁近臣，参与中枢机密，如果同时在外又掌握了官员的人事权，这权力未免也太大了。皇上您委任我管监察系统，不就是要我节制他的权力吗？这十个月以来，他歪曲考察本意，放纵大恶之人，昭然在人耳目。如果我还不出来说话，那可就真是庸臣了。如果您真的同意韩楫罢免我，那就请皇上在放归我之后，让高拱这家伙回到内阁来，千万不要给他这么大的权力，省得让他到处结纳狐群狗党！这是老臣唯一的心愿了！"

高拱见状，寸步不让，也立即上疏做了答辩："韩楫参劾赵阁老，是他的个人行为，绝非受我指使，而且我也没有放纵大恶。既然赵阁老这么看不惯我，那就请皇上将我罢免以谢赵老。"

隆庆看到两位大臣以辞职来相威胁，选择了快刀斩乱麻。诏书很快下来了，其中没提赵贞吉有什么错，只是对高拱表示：你忠诚辅佐，办事公正，是我的左右手，怎么能引咎辞职呢？好好干吧，辞职不予批准。穆宗虽然懒，但并不是不识大局。他知道他要用的人是高拱，其他的人他很希望能辅助高拱。但是，如果他们之间产生不和了，那一定是高拱留任，其他人走人。他不能让内阁乱，赵贞吉仅仅在一道乞休疏之后就被允准辞职了。

赵贞吉似乎感到很是意外，但他是个明白人，知道自己这回是彻底输了。

这次争斗不仅让高拱再次证明了自己的权势，对张居正而言更是一次机会。虽然张居正并没有参与其中，但赵贞吉的失败却是在张居正的意料之中。因为赵贞吉的狂妄不仅威胁着高拱的权势，也威胁着张居正将来在内阁的发展。赵贞吉在内阁的时候，就让张居正备感忧虑，这个瞧不起自己的人，却受到皇帝的青眯，这不是他一个人的力量所能对付的事。于是，他推出高拱来抵制赵贞吉，鹬蚌相争，渔翁得利，这就是张居正的谋略。高拱本是隆庆皇帝的老师，与其关系密切，又与张居正有私交，对时局的看法也是英雄所见略同。所以，在高拱刚刚复职时，张居正在给一个地方官的信中说："喜高老起用，素在同心，世事尚可为也。"即使高拱是虎，也暂时威胁不到他，因为在隆庆一朝，高拱根本不屑于向张居正下手。所以，只要张居正"安分守己"，他就会很安全。

高拱在这次政治斗争中大获全胜，此后在内阁中更是目中无人，但我们不能因为他的狂妄而忽视他的能力。高拱任吏部尚书后，吩咐吏部司官，把一切官员的姓名籍贯编造成册，同时在下边注明贤否，便于对当时的人才了然于心，随时调用。

作为内阁辅臣，高拱也将筹边视为己任。嘉靖后期，徐阶曾对严嵩秉权时造成的边防溃败有所匡补，选用了一批骁勇善战的将才赴边御敌，又饬厉地方有司加强守备，与将校通力合作，但积重难返，一时边防人力财力不足。高拱治宿弊，便首先把眼光放在边防用将用人方面。兵部历来只设侍郎二员，协理部事，由于公务繁忙，他们平时很少巡阅边务。但一遇边防总督缺员，他们倒要前去顶补。若抽身不出，还得请移其他官员。去者都不谙边务，常使事倍而功半。于是，高拱提议在兵部添设侍郎二员，主要巡阅边务，了解下情，做到对边防险隘、虏情缓急、将领贤否、士马强弱都非常熟悉。这样边务有人专管，总督员缺，也可即刻往补。高拱认为"兵乃专门之学"，但现在兵部系统用员往往"不择其人"，优秀官员将才又常常迁为他官，为此特请准兵部自己选将备才。他提出：储备本兵，当自兵部司属始，边将由兵部司属往任；选得有智谋才力者，不得随意他迁；侍郎、总督应经常对换，使他们熟悉彼此情况，一旦尚书员缺，即可顶任。这确是一项加强兵备的良策，颇得穆宗赞许。

高拱和赵贞吉的斗争终于告一段落，赵贞吉走了，首辅李春芳痛心于徐阶的势力土崩瓦解，在这之后也走了。高拱如愿以偿升任首辅，但同时内阁又补进一个殷士儋，这个人的到来又为残酷的内阁混战增加了厚重的一笔。

三十年生死之交相恶

伴随着赵贞吉的离开，内阁的混战也由此获得暂时的停息。

张居正能在混战中明哲保身，一是因为他和高拱有着不错的交情，二是因为张居正为人低调、城府很深，喜怒哀乐从不轻易表露出来。当然，还有一个重要原因是狂妄的高拱根本就不屑于把张居正当作自己的对手。

可是，当内阁中就只剩下他和张居正的时候，高拱终于意识到张居正的威胁。看着羽翼日益丰满的张居正，高拱觉得自己必须狠下心来，否则很可能就会走上严嵩的老路。

看着日渐疏远的高拱，张居正明白是该“亮剑”的时候了。可是，面对昔日的好友，张居正还是有那么一丝迟疑，难道真的要和自己的好友拼个你死我活吗?

但“一山容不得二虎”的定律是很难消泯的，高、张二人都是不世之才，才干相当，可说是不分轩轾。同时，又都个性强悍，不甘人下，喜欢操控全局。这样的两个人碰到一起，也可能惺惺相惜，也可能水火不相容，可惜两个人最终还是走上了一条“不幸而以相倾之材，处相轧之势”的斗争道路。

在隆庆末年之前，高拱和张居正的情谊始终维持得很好。刚到国子监的时候，高拱对自己的这位副手毫不客气，把张居正当下人使唤，呼来喝去。然而，张居正一声不吭，只是埋头做事，短短几个月，就把原先无人问津的国子监搞得有声有色。高拱因此对他刮目相看。几年之后，当两人以裕王讲官身份重逢的时候，高拱已经彻底了解了这个人的学识和器量。于是，他放下了架子，每次见到张居正，都会主动行礼，而且经常找他聊天，交流想法。久而久之，两人成了要好的朋友，还经常一起相约出去游玩。

在前面，我们提到高拱邀请张居正去秋游，无疑是把他当成朋友。正是在这一次郊游之中，高拱向张居正袒露了自己内心的秘密。当屹立在山顶的高拱面对着眼前的江山秀色时，他感慨万千，对站在身边的张居正说出了这样一句话：

“以君之材，必成大器，我愿与君共勉，将来入阁为相，匡扶社稷，建立千秋不朽之功业！”张居正目不转睛地盯着眼前这个意气风发的人，然后他走上前去，面对这位志同道合的战友，坚定地点了点头。在那一刻，高拱与张居正结成了联盟，一个雄心万丈，于危难中力挽狂澜、建功立业的志向就此立下，两个人也因此成为志同道合的好友。

张居正与高拱的交好，还留下不少佳话。两个人亲如兄弟，交情非同一般。有一次早朝相遇，高拱一见张居正脱口说出：“晓日斜熏学士头。”湖北人有“干鱼头”的绰号，张居正是湖北的学士，那张居正的头就是“干鱼头”了。张居正不甘示弱，随即对答：“秋风正贯先生耳。”“秋风贯驴耳”是一谚语，河南人常被称为“偷驴贼”，那高拱的耳朵也就是驴耳了。他们相互用“干鱼头”“偷驴贼”等不雅的外号来取笑对方，不以为忤反以为乐，说到高兴处，两人拍手大笑，几乎从马上跌下来。

在高拱刚重返内阁时，张居正在给一个地方官的信中写道：“喜高老起用，素在同心，世事尚可为也。”后来，在共事了几年后，他在给高拱贺寿时说：“即余驽下，幸从公后，参预国政，五年于兹，公每降心相从。”这就表现了张居正对高拱为自己提供一个施展抱负机会的感激之情。对张居正而言，高拱是他一生中仅见的一个与他气味相投、旗鼓相当的人。

隆庆五年（1571年）十二月十三日，是高拱六十岁寿辰。张居正为此撰有两篇寿序，其中一篇对高拱的军事改革、疏通漕河、恢复海运等方面的功绩作了高度评价。在另一篇寿序中，张居正除了对高拱的经世功绩作了高度评价外，还对其礼贤纳士、唯才是用的道德品格加以称赞。由此可见，张居正对高拱的经世才能、实政功绩都非常佩服。

在高拱罢相之前，两个志同道合的人有过一段密切的政治合作，在高拱主持、张居正襄助下，揭开了隆万大改革的序幕，并取得隆庆阶段改革的卓越功绩。他们之所以能够合作得如此天衣无缝，是因为他们是志同道合的政治盟友，有着政见相同的改革纲领，有其基本相同的学术思想。从高拱的《除八弊疏》和张居正的《陈六事疏》，我们就可以看出，他们的政见是一致的，不存在分歧。而且正是两个人的密切合作，取得了军事改革与蒙汉修好的重大胜利。俺答孙子把汉那吉因与祖父发生冲突，率所属阿力哥等十人前来求降。俺答为了维护尊严，亲自带领大军兵分三路入侵中原，让整个明朝政府面对着强大的压力。在是否接纳的问题上，朝议纷然，多以为敌情叵测，不能贸然收留把汉那吉。当时，朝臣们分成两派，而身在内阁的高拱和张居正都认为这是个绝佳的机会，主张接纳。在两个人的合作下，皇帝终于批准了高拱和张居正的建议，准予接纳把汉那吉归降，并且封把汉那吉为指挥。接着，高拱又命令边防的将领让把汉那吉穿锦衣、坐华车、骑好马，前呼后拥在街市行走。俺答在得知明政府如此厚待自己的孙子后，深受感动，决意与明朝和好，这件事为明政府带来了极大的好处。

可是，这样一对知己的友情很快就埋葬在复杂的权力斗争中了。

在高拱再度入阁的时候，事无巨细都与张居正商量，但不久就有小人在高拱耳旁挑拨离间，说张居正所举荐的人才都被录用，致使外人只知张居正，而不知高拱。小心眼的高拱听后就开始心存芥蒂，用什么人再也不与张居正商量。张居正也放出话来，说高拱用人唯私，如此一来二去，更加深了两人关系的裂痕。

一年后，当高拱推倒平反的旧案，重新打击被徐阶平反的官员时，两个人的矛盾又一次激化。隆庆五年（1571年），松江府兵备副使蔡春台，秉承高拱的意旨，借徐阶家人犯法的机会，把徐阶的三个儿子全部逮捕，田地充公。徐阶是张居正的座师，又是有知遇之恩的至交，辞官前还叮嘱过他，要他照顾自己那几个不争气的儿子。虽说已失势，但张居正是知恩图报之人，所以他曲意呵护，为之说情。当时，虽然保全了徐阶的晚年，但张居正与高拱的嫌隙也由此扩大。而且当时高拱听说张居正收了徐阶家人三万两的贿赂，所以才为徐阶百般回护，于是，高拱就当面讥讽张居正，直到张居正急得指天发誓“辞甚苦”，高拱才觉得过意不去，略作道歉而作罢。

张居正与高拱之间的裂痕越来越大，彼此的矛盾蓄之愈久，发之愈速，暗中的较量也越来越明显。大官有了矛盾，小官的感觉最敏锐。很快在两人的周围，各自渐渐聚拢一批言官，两个人的势力在争斗中相互冲撞。

高拱的门生宋之韩首先出击，上疏抨击与张居正关系密切的礼部尚书潘晟徇私失职，迫使潘晟辞官。面对高拱这招“敲山震虎”，张居正选择了“以其人之道还治其人之身”。在隆庆末年，张居正阵营里的户科给事中曹大埜弹劾高拱的十不忠，其中有些是无足轻重的事，如说皇帝身体不适，高拱“言笑自若”等，但有的却击中要害，如说负责纠察的言官多是高拱的心腹，遇到对高拱不利的奏章隐瞒不报，并揭发高拱开启贿赂之门。面对着张居正的反攻，高拱立即对曹大埜进行报复，将其降职离京，并趁机向张居正兴师问罪。高拱的心胸褊狭引起官员的严重不满，但高拱并不以此为训，反而撕破了脸皮，当面指责这一弹劾是受到张居正的指使，大吵大闹。事态发展到这一步，终于宣告了他们友谊的破裂。

虽然当时高拱的权势比张居正大，但高拱的刚愎自用、异常鲁莽为他带来了麻烦。隆庆尸骨未寒，他居然在内阁说：“十岁天子，如何治天下！”这样明目张胆地向最高皇权挑战，无疑成了导火线，随时都可能引发足以使高拱下台的政治爆炸。但狂妄的高拱根本就没有意识到危险，此后他更是上疏奏请削减司礼监的大权，还之内阁，并指使一批人针对有李太后作强大靠山的大太监冯保连连上疏，发起攻击，要将冯保赶下去。

局外的张居正看到了高拱自取灭亡的前景，从而坚定地站在李太后、冯保这一边，这也是他唯一的选择。但对于昔日的朋友和对手，张居正并没有赶尽杀绝。

在高拱政治挑衅失败被罢官后，当场吓得半死，“伏地而不能起”，还是张居正将他扶出宫门。

在接到圣旨后，张居正马上去找病中的高仪，两人联名上疏，请求收回成命，竭力挽留高拱。上疏写道：“臣等看高拱历三朝三十余年，小心谨慎，未尝有过。虽其议侃直，外貌威严，而中实过于谨畏。”张居正又为“陈六事疏”做了辩护，说是“其意盖欲复祖制，意实无他”，而且是“与臣等彼此商量，连名同上，非独拱意也”。但是，请求被拒绝了。

后来，在高拱依例前去“辞朝”，交代工作事宜时，张居正更是主动为其请求“弛驿行”。明代高官外出公干，一向有此特权。驿车是大车，中途停歇又有人伺候，自是体面而又舒服。私人只能雇到小车，简陋而颠簸，路途上比较辛苦。当别人都还在为政变而惊恐，对高拱避而远之时，张居正却独独想到这一点。

心高气傲的高拱拒绝了张居正，仓促下台，临时雇了一只骡子，惊恐上路。冯保指示锦衣卫夺去高拱不少财物，当高拱备感凄惶时，又是张居正上疏，经皇帝恩准，让他经驿道归河南新郑里，减轻其不少痛苦。

至于后来的王大臣之案，高拱遭到冯保不择手段的政治迫害，深感“危甚，几欲自裁”，还是张居正力劝冯保罢手才保住高拱。

虽然两个人的斗争已经告一段落，但在经历了你死我活的斗争后，张居正与高拱之间那份志同道合的友情仍没有消失。

高拱回乡后，郁郁寡欢，有一次派仆人到京师旧居中取些日用器具。张居正得知后，找到来人，详细询问高拱的近况，因得知高拱晚年凄凉而动情落泪，并赠以价值千金的玉带、银两和日用品。

万历六年（1578年），张居正在返乡葬其老父的途中，特地去新郑县探望被迫返归林下多年，身染重病的高拱，两人促膝长谈，相视而泣。

在高拱去世后，张居正非常难过。他由衷地感叹道：“三十年生死之交，一旦遂成永隔，刺心裂肝，痛何可言。”高拱去世，高夫人上疏请求给予恤典，并给张居正呈送千金重礼。恤典，这是朝廷给去世官员以追封、树碑、立坊、建祠的示哀典礼，非是有功之臣，很难得到这种待遇。对于高夫人的礼物，张居正坚持不收，送礼人哭着哀求说：“夫人要我转告先生，相公平生清廉，所爱的就是这些收藏，又无子孙可继承，送给先生，是希望先生见到此物，如见相公。”张居正大为感动，收下礼物，很快下了恤典。

无论世人怎样看待张居正对高拱的感情，张居正的所作所为可以说是仁至义尽了。作为政治家，亲朋故旧一旦沦为政敌，便赶尽杀绝的，在历史上不乏其人，如刘邦诛杀患难之交韩信，李世民杀了亲兄弟，朱元璋锄灭功臣等。张居正在王大臣案中可能有私念作祟，但能审时度势，改弦易辙，扭转局面，并未铸成大错。在高拱死后，张居正上《为故大学士高拱乞恩疏》请求恢复高拱官职祭葬，在追忆他与高拱的友谊时潸然泪下，并不是没有真情可言。

高拱与张居正都有强烈的权力欲，也都有相似的经历和抱负。然而，高拱的傲慢、褊狭和短视，决定了他能开其道而不能终其事，改革的使命不可能由他来完成。所以说，是历史选择了张居正。我们不能用道德的观点来谴责张居正出卖朋友，利用权谋和暗算达到目的，实际上高拱的作为已充分显示出他难以担当治国的重任，是他自掘陷阱而给张居正制造了机遇。

很多人都曾扼腕叹息，为什么这两个雄才就不能彼此相容？他们曾经合作治国，为什么非要势如水火？其实，这不仅是个人性格的冲突，更是体制性的悲剧，纵使他们亲如兄弟、政见相同，也会毁于权力的角逐中。

高拱仓皇出京，占据首辅之位

对于志向远大、智谋出众的张居正来说，长期屈居高拱之下，当然是不甘心的。但此时的张居正还没有能力和高拱一决高下，他知道只有积蓄足够的力量才能赢得这次争斗的胜利。所以，为了明哲保身，他采取退而不与之争的战略。

说到高拱和张居正的这场纷争，有个人物非常关键，他就是大太监冯保。

在明代，太监的权力很大，但也分三六九等。权力最大的是司礼监太监，但这个司礼监里有两个头儿，分别是掌印太监和秉笔太监。秉笔太监就是替皇帝签字的，平常要签发文件，很多时候都是由秉笔太监代签。但签名并不是最后的一道程序，签完名还需用盖印章。只有盖上印章，这份文件才有了实际意义。所以说，用印章的比签字的权力要大，“印把子”才是最终权力的象征。换句话来讲，掌印太监是明代所有太监里的老大，掌握着最终的权力。

其实，要说这个冯保本身很有才，他好读书，聪慧敏捷，写得一手好书法，皇帝称呼他为“大写字”。在隆庆帝在位时，冯保已经是宫内太监的二把手，以司礼监秉笔太监之职提督东厂。但是，冯保做这个秉笔太监做了很多年，却一直得不到晋升。

为什么呢？因为高拱。

隆庆三年到隆庆五年之间，恰逢宫内太监最高职位的司礼监掌印太监空缺。冯保作为二把手，本可以顺理成章地升任。但高拱担心他难以控制冯保，同时为了要兑现重回内阁前许下的诺言，对曾经帮过他的太监投桃报李，向隆庆极力推荐了太监陈洪担任此职。可是，陈洪是个只会管宫廷家具的老太监，哪能办得了皇帝跟前机要的事，不久便被罢职。事已至此，高拱干脆将冯保得罪到底。于是，绕过冯保又推荐了尚膳监的孟冲。可想而知，冯保能不对高拱恨之入骨吗？

按道理，宦官属于内廷，朝臣们属于外廷，宦官不应参与朝政，可高拱为何要一再破坏规矩？其实，他是有一番深远考虑的。在嘉靖一朝，太监还比较老实，因为嘉靖本人自幼在宫外长大，对太监的霸道有所目睹，对太监相当戒备。到隆庆时，这个跟太监混得很熟的皇帝登了位，太监就又开始胡闹了。堂堂两朝阁老的徐阶都被他们群起而撵走，高拱对此不得不防——必须安插可靠的人。他知道，最有权势的太监能否依附自己，才是他能否独揽大权的关键。

高拱的这步棋，从动机上讲应该是为庙堂的稳定着想的，可是，从人事上，就大大得罪了一个潜在的政治巨头——冯保，两个人的矛盾也就此形成了。

冯保知道自己不能和高拱硬碰硬，因为高拱身后有隆庆为他撑腰，自己一个太监根本就不是他的对手。所以，想要打败高拱，必须绕开皇帝，对他的家人展开攻势。目标很明确：一个是日后肯定能做上皇帝的皇子；一个是皇子的亲生母亲李贵妃；还有一个是一直被冷落、住在别宫里的陈皇后。冯保的这一手歪棋，却大有收获。皇子虽然年纪还很小，但毕竟已懂得亲疏。两个后宫的女人也并不是没有企图，她们需要有个得力太监引以为援助。于是，皇宫后院悄悄形成了一个巨大的势力，在隆庆日益接近黄泉路的时候蓄势待发。

搞定以后，冯保便把手伸到外廷。因为有了同样的对手，冯保和张居正一拍即合，顺理成章地勾结在一起，达成一个反高同盟。

内外有别是王朝行事的通则，对于外臣与内臣结交，一向很为士林所不齿。明太祖鉴于汉、唐两代屡有宦官乱政的危害，更是明令规定不准宦官与外廷官员交际往来，以免宦官玩弄权势。可是，面对如此强势的高拱，保持地位要比保持清誉重要得多。张居正只能积极组织力量，抢先发动攻击，获得主动权，否则，自己很快就会被高拱狼狈撵出内阁。而且他深知深居内宫的皇帝要向外廷发号施令，是不能没有宦官的运作的。只要有宦官的存在，那不准干预政务的禁令只能是一纸空文。

可惜，那个“聪明一世”的高拱对张居正和冯保的勾结却视而不见。在他看来，张居正是自己的晚辈和下属，根本没有能力和自己一决高下。而对于太监冯保，他更是自信得很，因为他看到的是——内外皆备，稳如泰山。

但历史就是这样，身处内阁的张居正，已经神不知、鬼不觉地在内廷中酝酿了一场风暴，内阁首辅的权力争夺战已经紧锣密鼓地摆开了阵势。

皇帝的龙体成了局势变化的晴雨表!

一日，隆庆觉得精神稍好，就坐软轿来到内阁。见到高拱，就抓住他的手臂，数次欲言又止，但最终还是什么也没有说，默默返身。高拱搀扶皇帝一直走到乾清门，隆庆终于说了这么一句：“你回阁去吧，改日再说。”

张居正在旁，专心留意，见皇上“色若黄叶，而骨立神朽”，知道皇帝已经时日不多了。他怕冯保临事不知如何处置，便偷偷写了处理皇上善后事宜的十几条办法，密封后就派人去交给冯保。

但此事恰好被高拱的人看见了，赶紧报告给高拱。高拱连忙派人前去跟踪，但密信已进了宫。高拱想来想去，不知张居正搞的什么名堂，越发愤恨。第二天，他到了文渊阁，便质问张居正昨天密信的事。张居正愕然，但马上就回答说："我只是担心皇帝的身体，那只是我和宫里的人商量着如何调整皇帝的饮食。"

高拱听后，虽然心有怀疑，但此刻他正担心皇帝的病情，也就没有再过问什么。

这一刻终于到来了，隆庆在去世的前一天，紧急召唤高拱、张居正和高仪三人到病榻前接受顾命，要做临终嘱托。同时，侍立在旁的还有陈皇后、李贵妃、小太子朱翊钧以及一个宣读遗诏的冯保。

这可是关键时刻，皇帝临终的嘱托关系到新旧皇帝交替的大政方针。

此时的隆庆虚弱地靠在御榻上，颤颤地伸出一只手来，抓住高拱的手，一面看着身边的皇后与贵妃，一面对高拱说："朕……以天下累先生了……今后的事情，与冯保商榷而行。"高拱哽咽，哪里能说出话来，只是一个劲地点头。

隆庆又示意，冯保便朗诵了一遍遗嘱。共两道，一道是给太子的，还有一道是给顾命大臣的。

在给太子的遗嘱上，隆庆这样写道："你要依三辅，并司礼监辅导，进学修德，用贤使能，毋事怠荒，保守帝业。"

给大臣的遗嘱上则说："东宫幼小，朕今方付之卿等三臣，同司礼监协心辅佐，遵守祖制，保固皇图。"

读毕，床前哀声大起。高拱流泪说道："东宫虽幼，祖宗法度犹在，臣等竭尽忠力辅佐。东宫若有什么障碍，臣不惜死也要排除。望皇上勿忧……"他泣不成声，勉强说完，便放声号啕。

冯保见状，使了个眼色，两名小太监便慌忙扶起高拱离开乾清宫。

隆庆又熬了一晚。第二天，崩于乾清宫，当政仅六年。

皇帝驾崩，举国悲哀，但很快就被一阵慌乱所代替。先是遗诏里居然会出现"司礼监协心辅佐"的说法，将国事托付给太监，历朝绝未有过，以至外廷一片议论纷纷。而且托孤时，是由冯保在一张白纸上写的遗诏，可那时司礼监掌印太监还是孟冲。更不可思议的是一个时辰后，便有新的遗诏传出，命罢斥孟冲，以冯保代之。冯保便升任为司礼监掌印太监，提督东厂，权力之大，简直惊人！

这明显就是一次阴谋！高拱在接到这个任免令后，恍然大悟，才发现中了冯保的陷阱，但此时他还不知道张居正已经站在对手的阵营里。

遗诏的风波使双方到了剑拔弩张的地步，在这关键时刻，高拱却仍然踌躇满志。他没有意识到一个很难逾越的巅峰，已经横亘在他面前了，这就是以往默默无闻于深宫的李贵妃。

李贵妃虽贵为天子之母，可到底还是小户人家出身，面临大变局，不免忐忑不安。为了保住与血缘一样重要的政治血脉，维护自己在后宫的至尊地位，她急需一个既忠心又能办事的人，作为自己的主将与先锋官。于是，她才毅然决然把冯保破格提拔起来，赋予他极高的权力，借此镇住群臣。

皇帝死了，全国上下最悲哀的，莫过于高拱。既然先帝把国家托付给自己，那就要按照既定方针，他不能允许宦官勾结后妃、压制外廷的迹象出现，那是对先皇的不忠。

新的一场争斗就这样开始了！隆庆六年（1572年）六月初十，皇太子朱翊钧登基，他就是明神宗。

高拱决定先下手为强。当天，高拱的第一封奏疏就到了——《特陈紧切事宜以仰裨新政事》。表面上，是建议小皇帝如何处理政务的，其中提到三点：一是要求“一切奏章俱发内阁拟票”；二是如果有不经过票拟就“内批”了的，就必须亲自得到皇帝的同意才能执行；三是一切奏本都应发下，如果有不发的，原奏事者就要面请皇帝表示一个明确态度。然而，这实质上是要扩大内阁权力，削弱司礼监的作用，要把明代沿袭已久的太监干预政治的权力完全收回。

对于高拱的谋划，冯保早有思想准备。因为按照程序，在高拱上疏前，他要将此通报给张居正。当时，张居正虽然当面夸赞高拱此举将建不世之功勋，可背地里马上就向冯保通风报信，商量对策。所以，在收到奏疏后，冯保利用职权，自己替小皇帝批了六个字："知道了，遵祖制。"也就是委婉地否决了高拱的建议。

这一次没有扳倒冯保，高拱马上又开始了第二轮斗争。

高拱大袖一挥，言官立即出动造势。第一波，以工科给事中程文为首，上疏弹劾冯保"四逆六罪三大奸"，通通都是滔天大罪。弹劾奏疏雪片般集中到通政司，再转到司礼监批红，要求将冯保交付法司究罪，以正刑典！

事情闹大了，冯保开始慌了。但为了保命，他必须反击。此时，他唯一的救星——张居正，为他拿出了一条计谋——将计就计！

张居正告诉冯保，既然高拱要限制太监的权力，那就照常批阅，上面只要写着"照旧制行"四个大字就可以了。

接到公文的高拱不禁恼羞成怒，大骂道："这样重要的批示为什么不让内阁拟稿？怎么让宦官草拟意见呢？"

送公文的太监忙说："这是皇帝亲自批的。"

高拱听后，冷笑道："哪有十岁的天子裁决政事的？"

高拱是无论如何也想不到这一句话就轻易地断送了自己的仕途！

冯保在张居正的暗示下，马上把高拱"看不起"皇帝的事禀告给小皇帝、李贵妃和陈皇后，并且将高拱说的 "十岁的天子如何治天下"，篡改为"十岁的孩子如何做天子"。怕达不到目的，冯保还添油加醋地说高拱欺负天子年幼，想迎立自己家乡开封的周王为天子，企图以迎立之功谋求封"国公"的爵位！李贵妃与陈皇后，听后觉得高拱太放肆了，便在莫名的恐惧中开始盘算着如何才能保住地位。

六月十六日早朝时分，宫中传出话来，说："有旨，召内阁、五府、六部众皆至！"

高拱喜不自禁，以为这是宣布逐走冯保，便嘱告同僚们去看一场好戏。

而张居正早就知道缘由，与高拱见面时还装作什么也不知道。等大臣们跪下后，太监王蓁宣布："张老先生接旨。"高拱立刻知道大事不妙，因为他是首辅，按理应由他带领群臣接旨。

不等高拱反应过来，王蓁便连珠炮一般念开了圣旨："皇后懿旨、皇贵妃令旨，与内阁五府六部诸臣，大行皇帝宾天先一日，召内阁三臣在御榻前，同我母子三人亲受遗嘱曰，东宫年少，赖尔辅导。今大学士高拱揽权擅政，夺朝廷威福自专，通不许皇帝主管，我母子日夕惊惧。现令高拱回籍闲住，不许停留。尔等大臣受国厚恩，如何阿附权臣，蔑视幼主？从今往后洗涤思想，忠心报主，如再有这等的，典刑处之。钦此！"

听完谕旨的高拱从九霄之上跌到冰海之底，汗如雨下，伏地不起。旁边的张居正扶着他的胳膊，他才站立起来。

高拱可能做梦也没想到是这样一个结局吧！堂堂的内阁首辅，怎么会落得个落荒而逃、踉跄而去的下场？要怪就怪他出言不逊，太过狂妄了，给对手留下了反击的口实。

在高拱被罢相的当天，张居正即升为首辅，此后便是他长达十年的"江陵柄政"时期。

这便是历史上著名的"壬申政变"，此次政变以其短促、绝情、当朝首辅被处理之狼狈而著称。

之后，高拱在锦衣卫的监视下，在路边雇了一辆骡车，回家胡乱装了一些细软，载着家人就出城回乡了。

王大臣之案发，救下高拱一家

为了更清晰地讲述这个历史案件，在此节开始之前，我们要先分析一下张居正、高拱以及冯保之间的关系。

张居正和冯保联合使他们尝到了"合作"的甜头，不仅成功打压了高拱，两个人也都得到了垂涎已久的权力。因为吸取了高拱的经验教训，自上台以来，张居正很注意处理跟冯保的关系。张居正深知自己想要坐稳首辅的位子，就必须得到李太后和冯保的支持。在高拱罢相后，两个人的关系一直很密切。认识到冯保有很大的政治潜能，张居正不仅自己跟冯保交好，还让自己的管家游七跟冯保最亲密的手下徐爵结拜为兄弟，这样两方之间信息沟通就更方便了。

在世人看来，张居正和高拱之间的关系一直扑朔迷离，残酷的权利争斗，“英雄惜英雄”的友情，让两个人的关系矛盾又复杂。

与张居正不同，冯保与高拱本有旧怨，在高拱罢相后仍耿耿于怀，一直在寻找机会“欲置之死地而后快”。这时候，一个莫名其妙的人为他带来了彻底铲除高拱的机会。这个人自称王大臣，这也就是历史上著名的“王大臣之案”。“王大臣之案”又一次将三个人的命运联系在一起。

万历元年（1573年）正月二十日凌晨，年仅十岁的神宗皇帝正要去上早朝，轿子刚出乾清门，从西阶上猛然下来一个人，身穿太监服装，慌慌张张直奔过来。兵卒见势不对，立刻扑上前，三下五除二就把来人给擒住了，并在其身上发现了一把刀剑。

这下可吓坏了小皇帝，立刻命令卫士将王大臣押进由掌印太监冯保管辖的东厂，对其严刑逼供。

这个人自称王大臣，常州府武进县人，是戚继光手下的士兵，对于谁是幕后指使人之类的话是一概不说，其实他也真的没什么好说的。

这个王大臣原来本是戚继光麾下的一名士兵，但因犯错逃离军队而流落京城。后来，他给一个太监当杂役。一天，他想混进宫偷点东西，就偷穿主人的衣服混进了宫。可是，就在乾清宫恰恰遇到了上早朝的万历皇帝。看到一个岁数不大却趾高气扬的小孩儿，被大家众星捧月一样地簇拥着，王大臣没见过什么世面，被眼前的情景吓坏了，就慌慌张张地想找个地方躲一躲，结果反而惊了圣驾。

其实，这本来就是一件很简单的事。可是，谁也没想到这么一个默默无闻的王大臣却引发了一起严重的政治危机。

张居正很快就从游七那里得知了王大臣的事，一开始也没太当回事。可紧接着徐爵又传信过来，说东厂已经审出来了，这个王大臣是蓟辽总兵戚继光手下的逃兵。

这可把张居正吓了一大跳，虽然这个王大臣和自己没有关系，可戚继光却是自己的心腹啊！戚继光是军中要人，手握重兵，是他张居正安放在边境的一颗重要棋子。这消息要是走漏出去，于自己极为不利，而且容易在戚继光那里转化成意外之变。

于是，张居正马上去找冯保，亲口保证这决不会跟戚继光有任何关系。冯保虽政治眼光不远，但事关重大，他一听就明白自己捅了个娄子。于是，他连忙向张居正保证，一定大事化小，绝不会牵连到戚继光身上。

事情到此本该告一段落，可冯保却不想放过这么好的一个机会：既然牵连戚总兵不妥，那我可以去“牵连”别人，例如高拱！

他决定利用此案对高拱施加报复，只要唆使王大臣咬住司礼监陈洪，再由陈洪牵涉出高拱，说他意图行刺小皇帝，这样就能轻而易举地置高拱于死地，而且还可以将高拱的九族杀绝，以防高拱的门生和同僚替他翻案。

冯保想好了主意，就再次单独提审王大臣。他悄悄地对王大臣说：“从今以后再也不要提戚总兵的事了，想要活命就要说是前司礼监陈洪指使你，受高阁老之命前来谋刺皇上。只要你照这个路子招认，我保你荣华富贵，否则就别想活着出去！”

这王大臣本来脑子就不大够用，利令智昏的他很快就答应了冯保。

冯保大喜，决心把这事情办成铁案。

他令自己的心腹亲随辛儒去东厂监狱与王大臣同吃同住，一句一句教他指控高拱的口供。

很快，冯保便公开审讯王大臣。王大臣按照冯保的指使，供称是高拱的家仆李宝、高本、高来跟他同谋行刺皇帝。

一切都在按自己的意愿发展，冯保立即派东厂校尉到高府抓人。表面是捉拿高拱的家人，实际是想逼迫高拱自杀。

果不其然，当东厂的校尉飞马驰往河南新郑县，把高府围了个水泄不通的时候，高拱以为是皇上要治他死罪了，一声叹息，便找出绳子来要上吊。还好家人连忙死死把他抱住，才没有上了冯保的圈套。

王大臣之案发生以后，北京城谣言四起，人心惶惶。朝廷内的六部九卿大臣也顿时不知所措，一些被高拱提拔和重用过的官员更是惶惶不安，高拱的学生们也是惊骇万分。朝廷各科道官员们也是人人自危，不敢贸然上疏替高拱辩冤。

日理万机的张居正正在紧锣密鼓地准备他的万历新政，可两天后游七匆匆跑来报告说："老爷，出事了！冯公公把那个王大臣的案子给结案报上去了，据说上报的幕后主谋是高阁老！"

张居正本以为所有的事情都在自己的掌握之中，没想到冯保又给自己带来这么大的一个麻烦。高拱下台后，不少人就开始怀疑是他和冯保一起陷害高拱。如果现在冯保借王大臣的案子趁机报复高拱，那自己作为现任的内阁首辅一定脱不了干系，这让天下人怎么看他张居正啊！

其实，要说冯保这样做，对张居正而言，也是非常有利的。

前面我们提到，在高拱罢相后，张居正并没有赶尽杀绝，反而处处为其排忧解难。但我们也不得不承认，像张居正这样成功的政治家是不可能没有私欲的，无论是为了实现自己政治改革的目标还是为了保全地位，张居正都不能做到德行无亏。虽然赢得了这场斗争，迫使高拱回乡闲住，但张居正对高拱依然怀有戒心。万一高拱日后东山再起，自己将会失去现在拥有的一切。

此时的张居正，又一次陷入矛盾中，是"斩草除根"还是放他一条生路？

这时候，吏部尚书杨博和都察院左都御史葛守礼的拜访为他指明了出路。这两个人一个是六部之一的最高长官，一个是监察系统的最高长官，都是在高拱下台后帮张居正稳定政局的老臣。所以，张居正对他俩是相当敬重的。

不待张居正开口，二人就直奔王大臣的案子，杨博拐弯抹角地劝说张居正不要帮冯保做这样缺德的事，做人要得饶人处且饶人。葛守礼更是向张居正一拜，说道："我葛某岂是赞同乱党逆贼的人？但我以全家百口人的性命，担保高拱无罪！"

张居正知道两位老臣都误解了自己，以为是他张居正和冯保合着伙要陷害高拱。他忽然不知该怎样为自己辩白，也许现在说什么都像是狡辩吧。

杨博和葛守礼喋喋不休说了半天，才发现张居正一句也没搭话，但脸色已经沉得像一潭秋水了。沉默了半晌，张居正猛地站起来，眼含热泪，激愤地说："居正一心为国，只知鞠躬尽瘁，唯愿死而后已。不料一片苦心，连我素来敬重的二位大人都不能体谅！罢了，罢了！"

虽然感到气愤，可张居正深知事关重大。现在如果保住了高拱，也许还能挽回局势。但如果高拱真的死了，到时候自己真的跳进黄河也洗不清了！

考虑再三之后，张居正决定再做一回"好人"。一是因为高拱毕竟曾是自己的朋友，张居正并不想把事做绝。二是因为张居正不希望留给世人一个排斥异己、诬陷政敌的形象。三是因为王大臣一案已经惹恼了朝中众多大臣，他不能在改革之际得罪那么多为高拱鸣不平的人。

无论出于何种原因，总之在这紧要的关头，张居正救了高拱一命。

可是，张居正也不能因此和冯保对着干。于是，他想出来一个折中的办法，既不伤他和冯保的和气，也能保住高拱。

第二天，张居正就上疏说王大臣的案子已经引起朝廷内外的关注，若不能查清真相，恐怕会造成恶劣的影响。为了查清真相，应该由东厂和都察院、刑部、大理寺一起会审。

奏疏当然顺利通过，虽然冯保觉得张居正有点多此一举，但因为张居正让他主管的东厂参加了主审，他当时也没说什么。

三司会审马上就要开始了，按照张居正的安排，锦衣卫左都督朱希孝前去东厂，与冯保一起会审。

朱希孝是辅佐明成祖的“靖难功臣”朱能的第五代孙，是朝中级别最高的探长。这个人以往与高拱亦有旧交，此时也甚为同情高拱的遭遇。既然已经得到张居正的首肯，朱希孝便决意还高拱一个清白。

朱希孝派了一位得力校尉秘密提审王大臣，问他：“私闯大内谋刺皇上是要灭族的，你为什么要干这事？若从实招来，也许可以免罪。”

王大臣看到面前的刑具，吓得大哭起来，说：“是辛儒教我这么说的。他说只有主使者才有砍头的罪，我这算是自首，不仅没事，还可以有赏。谁知道，现在假口供都成真的了！”

校尉也不多说，只点拨了一句：“到如今，你只有说真话，或许还可活命。”

已经达到了目的，朱希孝胸有成竹地笑着走进了东厂。

早已迫不及待的冯保端坐在公堂之上，他相信今天就是自己报仇的日子。

万历元年（1573年）正月二十九日，会审开始。

按照规定，问案子之前要先打囚犯“杀威棍”。此时，已有一定觉悟的王大臣大叫道：“说是给我官做，永享富贵，怎的又要打我？”

冯保大怒，喝问：“是谁主使你的？”

审讯前已得到暗示的王大臣，指着冯保说：“就是大人您啊！”

看到王大臣突然翻供，一口咬定是自己指使的，冯保怒不可遏，责问王大臣为何翻供。

王大臣说：“不是你教我的吗？我哪里认识什么高阁老，我只认识你，我说的那些不都是你让我说的吗？”

看着“尴尬”的冯保，身边的朱希孝不紧不慢地问道：“王大臣，那你说说你身上的刀剑是从何而来？”

王大臣心想，既然已经得罪了冯公公，就索性拉他下水，于是回答说：“是冯公公的家奴辛儒给我的。”

偷鸡不成反蚀把米的冯保，怕再这样下去就收不了场了，便厉声喝道：“胡说！把他给我拉下去！”

三司会审就这样不了了之。

冯保见王大臣翻供，害怕陷害高拱的事情败露，害人不成反害己，于是让手下给王大臣灌了杯相当于哑药的生漆酒。后来，三法司也不再审问，将王大臣判处死刑，这个震惊一时的“王大臣之案”就这样匆匆结案。

事已至此，这应该是最好的结果了，只是可怜了这个稀里糊涂的王大臣，就这样葬身于政治斗争中。

高拱也因此得以保全，可对于张居正的“好心”，他却丝毫没有感谢张居正的意思，只是认为他是在做戏！此案对高拱来说，也算是个转折。因这次诬陷失败高拱因祸得福，冯保后来一直未再向高拱下手，高拱得以享受一个平安的晚年。

在与高拱的这场殊死斗争中，冯保不仅没有达到目的，而且惹恼了朝中的众多大臣。人们无不对冯保厌恶至极，处处戒备着他，都对他诬陷株连的险恶之行径嗤之以鼻。

“王大臣之案”险些让张居正留下骂名，成众矢之的，幸而他在舆论面前及时让步，既保全了他自己，也保住了冯保。张居正摆脱了这一次危机，牢牢地坐在首辅的这把交椅上。

因为张居正既打又拉，冯保并没有因为王大臣事件跟张居正闹分裂，事后两个人在政治利益上还是保持盟友的关系，紧密合作。在张居正、冯保以及李太后这个铁三角的合作下，万历初年的政局很快就稳定下来。

第五章　内外铁三角推行新政

铁三角联手，推行新政

如果说治理边防是张居正实现治国安邦理想的台下演练的话，借助穆宗去世提供的契机，彻底掌权就是张居正实现他政治理想的正式登场。借助李贵妃的危机意识，以及冯保的干政愿望，张居正和他们在朝廷与宫廷之间，围绕在小皇帝的周围，形成了一个牢固的铁三角，为自己的一系列改革提供了强大的后盾支撑。

明朝后期的皇帝虽然一个比一个沉溺女色，但子嗣却都不怎么旺盛。穆宗也是如此，他的皇后陈氏没有为他生下一儿半女。李贵妃为还是裕王的穆宗生了个儿子后，就从因家贫没有出路而进宫的宫女，一跃成为大明王朝权力核心区域的关键人物。此时的李贵妃面对虎视眈眈的权臣，还有内外交困的朝政，又想到孤儿寡母的情境，产生了极大的危机感，极力希望有一个既能办事又很忠心的人来辅佐年幼的小皇帝。这时早就进入内阁，又在治理边疆上已经初显身手的张居正就成了首选人物。

另一方面，由于从贫寒之家进入皇宫的李贵妃并不擅长处理朝政，她既不可能像武则天那样篡位，自己走向前台自立，也没有垂帘听政的胆略与能力。她只想保住自己和自己亲生骨肉的荣华富贵和至高地位。这时候，向来以攀附权贵保持受宠地位，专为宫廷处理内务的太监们就有机可乘了。此时，一向喜欢诗书，既有谋略又有涵养的太监冯保就成了李贵妃最信得过的人。

一路走来，张居正对权力中心的斗争有着切身的体会。从徐阶的下台和高拱的复出，他发现了一个被其他人忽视，但又深刻影响朝政的角落，那就是后宫。因此，面对强硬的对手，也是他走上权力核心的最大障碍——高拱，张居正更加留心内廷的动向。

明初置宦官机构继而使其扩大权力为宦官专权提供了条件。到了明朝中后期，由于皇帝不理朝政或年幼，给了宦官扩张权力的机会，这就使得权臣和内宫的勾结更加频繁。

明朝内务府衙门有二十四个，计有十二监、四司、八局。十二监为司礼监、内官监、御用监、御马监、司设监、尚宝监、神宫监、尚膳监、尚衣监、印绶监、直殿监、都知监。四司为惜薪司、宝钞司、钟鼓司、混堂司。八局为兵仗局、巾帽局、针工局、内织染局、酒醋面局、司苑局、浣衣局、银作局。除浣衣局外，各衙门皆设在皇城中。二十四衙门各设掌印太监、少监、监丞、大使、副使、典簿、令、丞、常随、奉御小内使等管理，是宫廷内侍奉皇帝及其家族的机构。

其中权力最大的是司礼监，而司礼监又有两个主要掌权太监，一个是掌印太监，一个是秉笔太监。秉笔太监替皇帝签字，但他没有掌印太监权力大。而冯保做了两朝秉笔太监，一直等待着机会，他想做个掌印太监。但一心想专权的高拱也知道这个位置的重要性，就策动他的皇帝学生穆宗对后宫太监进行了相应调整。但让冯保失望的是，这次调整却没有他的份。在高拱的干预下，陈洪和孟冲做了掌印太监，使得冯保暗自痛恨高拱，这也成为后来他报复高拱的主要原因。而张居正正是因为很早就意识到了内廷的重要作用以及太监们的地位，所以处处留心，借助内阁与秉笔太监的工作来往，及早地结识并讨好了很有野心又有心计的太监冯保。

而冯保呢，也看得很清楚，在穆宗时代他是没什么可能了，因为高拱是穆宗的老师。但一向喜欢学习的冯保把目光放在太子也就是后来的万历皇帝身上，他凭着自己的修养和学识甘当小万历的启蒙老师，又尽到了一个奴才应有的责任，是小万历的贴身保姆。他在各方面都对万历产生了很大的影响，达到了形影不离的程度，万历亲切地称他为“大伴”。就这样，冯保暗自记着高拱的仇，高拱却得意地做自己的内阁首辅大臣。直到隆庆皇帝穆宗突然驾崩，一切又像火山一样爆发了。随着皇帝的去世，宫廷内外朝廷上下发生了一次巨大的变化，有人称之为“大政变”。而这次“大政变”的最大赢家既不是老谋深算的高拱，也不是别有心计的冯保，而是深藏不露的张居正。

隆庆六年（1572年）五月的一天，穆宗坐朝的时候，站起来走了几步忽然倒下，语言含糊不清，就中风昏迷了，司礼监太监冯保急忙扶持穆宗回宫。随后，便召大学士高拱、张居正、高仪至乾清宫，由冯保宣读诏书，托付他们辅助嗣皇。穆宗在弥留之际，还专门召张居正到他的病榻前，握着他的手，久久不肯放开。不久，年仅三十六岁的穆宗便撒手人寰。张居正饮泣不止，在以后的日子里，愈加感到受诏辅孤责任的重大。

小皇帝万历刚一继位，高拱就发动了一次对冯保的弹劾案。原因是在冯保宣读的皇帝遗诏中，把自己升任成掌印太监，高拱就说诏书是冯保自己拟的，要求其他官员一起弹劾冯保。而且他还想通过改变行政流程来取消太监的大权，并想以此为突破口进行改革。改革在这时成为一个必然选择，差别在于不同的提法和不同的改法。但高拱的举措显得多少有些冒失，他一开始就想把最根本的问题解决了，这无疑是一种幼稚的想法。作为一个需要通过改革来中兴充满危机的明王朝的掌权大臣，他的这种行事方式迟早是要失败的。只不过没想到他的落马来得那么突然、那么迅速。

作为一个忠于朝廷的老臣，高拱的忠心是毋庸置疑的，但问题是他不懂朝廷是属于谁的。似乎朝廷专属于他的学生穆宗，穆宗一驾崩，他就痛哭流涕，像天塌下来似的，好像朝廷也就此完蛋了。因此，他随口一句“十岁的小皇帝怎么能治国啊”的感叹，好像在为穆宗申述自己的艰巨使命似的。但这句话落到冯保的耳朵里就成了把柄，他马上把这话转告太后。于是，戏剧性的一幕出现了，眼看着与权力中心又一次擦肩而过的张居正，在无望的等待中获得一个千载难逢的机会。

高拱一去，张居正升任首辅。六月二十三日，高仪病故，顾命大臣中只剩下张居正一人了。此时的张居正，无论是地位、资望还是能力、才学，朝内都无人能比，可谓权倾朝野，誉冠群臣。

张居正并没有陶醉在政治斗争的胜利当中，他知道自己面对的首要问题是巩固地位，并且利用皇帝年幼这一有利时机，将国家的大权把握在自己的手中。

巩固地位的关键：一是要得到与后宫关系密切的权宦冯保的支持，二是要取得皇贵妃李氏的信任。前者问题不大，他们在推倒高拱的斗争中已取得默契，因而后者是关键所在。

李氏为神宗生母，原为裕王府的一名宫娥，隆庆元年（1567年）三月才被穆宗晋封为贵妃。小皇帝凡事都听从母亲的意见，因此，结好皇贵妃李氏，便能取得皇帝的支持，以巩固首辅地位，总揽朝纲。

神宗即位不久，就召见张居正，并提出生母皇贵妃李氏的尊号问题。按照明代的制度，皇后应为皇太后，皇贵妃只能称太妃，一般不能加表示尊崇的徽号。但为了取得皇贵妃李氏的支持，张居正打破祖制，破例把尊皇后陈氏封为仁圣皇太后，尊皇贵妃李氏为慈圣皇太后，两宫遂无区别。万历六年（1578年），又加仁圣太后尊号为仁圣贞懿皇太后，加慈圣太后尊号为慈圣宣文皇太后，两宫亦无区别。张居正因此博得慈圣太后的好感与信任。

神宗生母封尊号后，地位提高了，张居正便请她以太后身份移居乾清宫，亲自教养年幼的皇帝。这时，慈圣太后便将大权交给张居正，神宗也对张居正言听计从，尊敬地称他为“先生”或“少师张先生”，待以师礼。

善于把握时机的张居正将一切都安排妥当了。有了皇帝的支持，有了后宫的信任，还有内廷太监的配合，他还等什么？万历元年（1573年），大明王朝迎来一个新的纪元，张居正也开始了他的新征程，开始了他的新政改革之路。

张居正从执政危机中胜出，与李太后、冯保结成铁三角，从此结束了内廷和外廷的明争暗斗，使统治集团的核心达到高度统一。他们有不同的地位、身份和利益，但在改革中都以大局为重，相互默契配合，几乎无懈可击。

张居正当政后，面临的是持续三十年的混乱朝政，徐阶的败北前鉴不远，赵贞吉、高拱的狼狈离职也历历在目。距离他渴望的权力中心越来越近，可他却越来越有压力。以往强烈的使命感作用下的推力，如今已经渐渐变成强大的责任感及其带来的阻力。收拾这个烂摊子，肯定要面对很大的压力，这一点他早有清醒的认识。所以，总是步步为营、小心翼翼，每一步都考虑得很周到，做到有条不紊。面对可能会出现的阻力，他早就做好了心理准备，一上任就宣示自己的内心想法："愿以其身为薄荐，使人寝处其上，溲溺垢秽之，吾无间焉。"对于即将到来的挑战，他已做好了经受大苦大难的准备，宁可做铺地的草席，任人践踏，也不放弃革新朝政的初衷。以这样的决心、毅力，怎能不打破常格，开创新局面！

二十四年前他上呈《论时政疏》，五年前再上《陈六事疏》，矢志改革的夙愿，经过二十多年的酝酿和准备，已经成竹在胸。如今大权在握，有了大展雄风的机会，怎能不大刀阔斧地推出新政？然而，令人意想不到的是，他最先宣布的不是变法，而是"遵守祖宗旧制，不必纷纷更改"。

尊祖制，重典治国

隆庆六年（1572年）六月以后，政权落到张居正手中。曾经豪言壮语称"愿以深心奉尘刹，不于自身求利益"的张居正终于盼来了亲自操权开始改革的日子。面对即将到来的一切，他做好了充分的准备，就像和朋友书信来往时说的那样："去年，当主少国疑之时，以藐然之躯，横当天下之变，此时惟知办此深心，不复计身为己有。"他以一种忘我的精神全身心投入，把自己彻底融入关系到大明王朝生死存亡的改革当中。

作为一个有谋略的政治家，他比其他愿意投身的改革者更大的优势在于，他清楚地认识到了内忧外困的根本原因。他认定嘉靖年间因为军纪废弛而导致的鞑靼入侵，以及后来隆庆年间广东、广西爆发的农民起义，一切的症结只是在于纪纲不振。所以，他开始提出的措施就是整饬纪纲，也就是要在官场发动一次整风运动。

在明代后期，本来是作为专权的皇帝考察官员的京察制度，随着皇帝的不理朝政，渐渐成了权臣互相争斗的武器。张居正认识到，只要京察的大权在手，便可以澄清吏治，整肃官场，为自己的新政扫清障碍。就在隆庆六年七月间，张居正奏请举行京察，五品以下的由吏部、都察院会同考察，四品以上的责令自陈。他准备以还京察于皇帝的祖制来获得自己在京察中的主导权。京察结束后，他又代笔写了一份诏书，让神宗下诏戒谕群臣，诏书全文如下：

朕以幼冲，获嗣丕基，夙夜兢兢，若临渊谷，所赖文武群臣，同心毕力，弼予寡昧，共底升平。乃自近岁以来，士习浇漓，官方刓缺，钻窥隙窦，巧为躐取之媒，鼓煽朋俦，公肆挤排之术，诋老成廉退为无用，谓谗佞便捷为有才。爱恶横生，恩仇交错，遂使朝廷威福之柄，徒为人臣酬报之资，四维几至于不振；九德何由而咸事。朕初承大统，深烛弊源，亟欲大事芟除，用以廓清氛浊，但念临御兹始，解泽方覃，铦锄或及于芝兰，密网恐惊乎鸾凤，是用去其太甚，薄示戒惩，余皆曲赐矜原，与之更始。《书》不云乎？“无偏无党，王道荡荡，无党无偏，王道平平。”朕方嘉与臣民，会归皇极之路，尔诸臣亦宜痛湔宿垢，共襄王道之成。自今以后，其尚精白乃心，恪恭乃职，毋怀私以罔上，毋持禄以养交，毋依阿淟涊以随时，毋噂沓翕訿以乱政。任辅弼者当协恭和衷，毋昵比于淫朋，以塞公正之路。典铨衡者当虚心鉴物，毋任情于好恶，以开邪枉之门。有官守者，或内或外，各宜分猷念以济艰难。有言责者，公是公非，各宜奋谠直以资听纳。大臣当崇养德望，有正色立朝之风；小臣当砥砺廉隅，有退食自公之节。庶几朝清政肃，道泰时康，用臻师师济济之休，归于荡荡平平之域；尔等亦皆垂功名于竹帛，绵禄荫于子孙，顾不美欤？若或沈溺故常，坚守旧辙，以朝廷为必可背，以法纪为必可干，则我祖宗宪典甚严，朕不敢赦。百尔有位，宜悉朕怀，钦哉故谕！

就是说，本来是作为皇帝左控臣子的一种权柄的京察制度，被一些拉帮结派的人搞坏了，成了他们钩心斗角的工具。这样下去内斗一直不止，怎能解决问题？现在，我作为新皇帝主持这一次典查，对官场进行彻底清扫，以后你们就各安其位，好好做事，不要整天想着怎么把谁整倒自己上去这一类的事情。大小官员都是一样的，你们都要各自自持，不要随便逾越自己的职责。如果谁要重返旧习，再搞朋党之争，不好好各司其职安心做事，那我可就要按祖宗制定的那些严厉法典行事了，到时候可别怪我心狠，我只不过是依祖宗法典行事而已，希望你们也按祖宗旧制做事，遵守旧有的典章制度。

张居正深知要想执行新政，就必须先稳定官场，使政令能够畅通持久。在倡导人治的封建体制下要达到政令畅通，就只有先稳定人事，使官员减少变动，以此来保障政令的持续执行。虽然这看起来是比较脆弱的维系，但在当时的条件下，这已经是唯一可选择而且也是效果最好的选择了。

但是，与历代的改革家不同的是，张居正用来改革人事的方式是不改革，而是稳定为先，不主动有针对性地对官场进行改动，这就避免了反对派的人人自危。主政者拿稳了大权，就没有以拉帮结派的方式来维系自己的影响力的必要。张居正已经和冯保及太后形成了稳定的铁三角，扫除了自己的后顾之忧。所以，他也就不怕谁能撼动自己的位置，更没有必要和谁过不去了。

既然操权者不拉帮结派，其他的人也就不敢率先违制了，这就使官场从朋党之争的内耗中得到了解脱，获得了初步的稳定。张居正上台后没有遭到任何弹劾，这其中主要的原因在于他没有利用自己的大权去排除异己。看似可能会对官场大动筋骨的京察，最后以皇帝的谆谆告诫结束，并没有贬黜多少官员，这就使人人自危的局面很快得到缓解，大家虚惊了一场，之后都意气风发地准备好好大干一场。而且得到皇帝的许诺，暂时不会做大的变动，这样使所有的官员都获得安全感，大家的干劲更足了，张居正的凝聚力也随之增强。

托古改制是历代改革者惯用的手段，但一般的改革者如果没有全面的战略眼光，往往会把自己引入循环推理的旋涡，最终只能夸夸其谈，仍然解决不了实际问题。张居正始终坚持自己的原则，一切以解决当下问题为中心，他不为托古而托古，这就使得他在利用古制古人为自己说话的时候显得得心应手更胜一筹，往往使反对者只能无言以对，丝毫没有反抗的机会。

张居正在他的时代的流行文本中很难找到变革新政的可靠的理论支撑，他不得不求助于古人。这时，他饱读经书的那段经历派上了用场。他做什么事都是引经据典，从来不用自己的语言发表自己的见解，这或许是所有的现代学术大家惯用的计策。但在当时，张居正无疑是吃螃蟹的人。这样做，既达到了抵制反对者的功效，又顺便表明了自己的政见，可谓一举两得。

这些以其人之道还治其人之身的做法，一次次地堵住了上层官员的非议，使得张居正在新政一开始就打开了局面。

张居正提出遵守祖宗旧制，其中的祖宗不是指近祖嘉靖，而是远在200年前的明太祖。众所周知，明太祖以重典治国，所任官员都要熟读《到任须知》《责任条例》，明确职责。任满三年考核一次，六年再行考核，满九年实行通考。考核中“劣者劾以八法”，凡有贪、酷、浮躁、不及、老、病、罢、不谨的八关行为者，统统以不称职处理。值得注意的是，连浮躁、不检点都可能受到降级或罢免的处理，由此可见对官员审核的严格。对贪官污吏的惩罚尤为严酷，有凌迟、洗刷（滚水烫）、铁刷（铁扒）、枭令（钩脊）、抽肠、挑筋。贪赃六十两就剥皮塞草，放在大堂，以示惩戒。为了加强监督，还特地准许百姓扭送贪官上访，成百上千人进京，没有文引（凭证），也要放行，凡有拦截的官员一律治罪。这样发动民众监督，不惜动以种种酷刑惩办贪官污吏，其刑法之残暴，超过历朝各代。所以，明初的为官者，莫不兢兢业业，不敢越出雷池半步，确实肃清了官场，建成了高效、清廉的政府。

张居正看重的就是这高效、清廉的效果。在他看来，这是尽善尽美的法纪，是他梦寐以求的治国理想。所以，他极力讴歌、美化明初的法制。事实上，他没有也不可能恢复明初的严刑峻法，只不过用开国皇帝的业绩，针砭时弊，推进改革的大业。以先祖压后祖，形似向后看，实际是向前进，这可谓是托古改制的一大发明。“法祖”的提法，使改革赢得合法性的基础，可以义正词严、大刀阔斧地实施新政，但这口号本身也含有难以克服的矛盾，甚或束缚自己的手脚。例如，明太祖废除了宰相之职，而张居正本人就拥有宰相之权，发号施令，这是反对者经常利用的口实。然而，对于接踵而来的种种诘难，他都能够应付自如，一次又一次转危为安，这在后来事态的发展中有充分的表现。

重要的是，张居正以效法明太祖的名义，加强集权，伸张法纪，整顿官府，进行体制性的调整，使改革得到强有力的组织保障。

获得大权之后的张居正没有急于实行新政，而是先着手改革人事。但他改革人事的方法是一切不变，只是以新皇帝京察的借口整饬了一下官场的气氛。和一般的封建政治家不一样，张居正已经认识到体制的重要性，他要依赖的是体制而不仅仅是支持他的人。但要从制度上进行改革，那将面临巨大的阻力。所以，他推出了遵守祖宗旧制的办法。可惜祖宗旧制只是一些条条框框、典章规范而已，再好的条条框框、典章规范都必须有相应的制度进行配套才能彻底地发挥作用，不然只不过是欺人自欺的谎言而已。

张居正似乎也已经觉察了这一点，他不可能去改变或者完善连开国皇帝朱元璋都没有完善的制度，只有从条条框框典章规范的完善上着手了。为此，在完善人事制度之后，张居正紧接着开始了整修法度。

以信为先修法度

人事的稳定、尊祖的口号以及典章规范的提出，只不过是为新政制造舆论氛围和扫除上层官僚抵制的一种策略而已。这些都是为了名正言顺以及顺应儒家思想等的举措，只能起到造势的作用，还不算新政的真正开始。具体的新政执行必须依赖于一定的新的法规的出台及其执行，这就要用到法家的策略了。张居正在整饬官场风气之后，紧接着又开始修整法度，把新政往深层推进。

在上古时期中国的学术中，并没有众多的门派，只有一家，那就是天启的圣言，人们按照这些行事、生活。后来的国家也依赖圣王的治理，由此一直延续着尊贤慕圣寻道修行的习惯。但进入铁器时代，随着人们的定居生活，自然界对整个社会的影响日趋变小，致使人们不再敏感于变化无常的自然，进而失去了敬畏之心。没有了尊贤慕圣寻道修行的习惯，圣贤也就随之绝迹了。在战国的纷争中，原先的天启神授至高无上的言论权力被放开了，有见地的人们各抒己见，就出现了儒道法墨杂等各家之说。

但是，言论与执行之间只有一条联系，也就是不管有多少观点，最终被执行的只有一种，因此，各家就争抢起来。其实，这种观点是从结果逆推得出的一厢情愿的解释，真实的情况往往是执行者并不按理论条框行事而是按实际需求行事的。所以，不管哪家的一厢情愿都是一种难以找到最终答案的假命题，这也就进一步加剧了各家的争夺，因为谁也说服不了谁，由此中国进入漫长的封建时代，也就是理论和实际相脱节的空谈时代。为了阻止这种纷争，使其不影响正常的社会秩序，皇权随之出现。

如果说上古的王权是天启神授的言辞的维护彰显机制的话，封建时代的皇权就是对后来人们的纷纭杂说屏蔽规范的机制。因为这些既脱离现实生活又不符合个人内心的空谈对社会秩序的存在和正常运行都没有实际意义。所以，从这个角度讲，整个封建时代就是皇权即维护正常社会秩序的机制与滥觞于战国时代的空谈理论的博弈过程。而各个朝代以及不同的朝廷仅仅是这种博弈的载体和战场而已，一旦一方忽视或忘记了自身的本来身份一切就将分崩离析，进入下一个新的循环。伴随整个封建时代的是皇权的一次次重新振兴和一次次衰落，随之而来的是空谈的一次次兴盛和被遏制。

在张居正所在的明朝中后期，皇权已经被空谈之风架空到了即将失去效力的境地。当时的空谈体系不光包括滥觞于春秋战国时代的儒道法墨杂，而且又加了一个已经在中国根深蒂固的很有本土特色的佛家，这使得空谈的气氛空前高涨。各地书院盛行，所谓的学者仅仅是些说书先生。而与此同时的欧洲，封建社会已经走到末期，伽利略等一系列对近代实务理论有重大贡献的思想家已经崭露锋芒，他们的学说虽然只得到很少的同时代人的认同，但却拥有影响后来的整个世界的潜力和持久生命力。当时盛行于中国的空谈，尤以王阳明的心学为代表，在当时盛极一时很受欢迎，追捧者趋之若鹜，就像天空刮过的一场狂风一样，古代的人们往往以洪水猛兽比喻这种空谈之风。但那种空谈不仅对当时社会现实无益，也没有影响到后人的生活，以至于现在已经隐没无闻。张居正在当时就已经认识到这种空谈之风的弊端以及皇权被架空的危险，他的一系列举措都致力于维护皇权至高无上的地位。正因为如此，才能免除那些空谈对社会实务的误导，并且借助皇权的力量从重新规范社会秩序的角度解决当时的社会问题。

而法规的执行必须要有威信的支持，面对明朝后期已经衰落的皇权，为了使已经没多少威慑力的皇帝诏文重新得到彻底的执行，张居正首先从重整朝仪加强皇权的威信开始。

社会的变革无非两种，自下而上的改朝换代和自上而下的改革振兴。这两种情况看似截然相反，但在重新集中权力这一点上是一致的。做到权事归一，有效地避免空谈误事，这是任何社会变革的终极目的，对于张居正的改革更是如此。如果没有强有力的集权措施，加强朝廷对各级机构的控制力，改革就是一纸空文。而封建时代的最高权力是以王朝朝廷的至高无上地位的形式出现的。所以，这时改革的出发点和归宿必须落脚在维护王朝的利益上，以此来确保皇权的有效存在，使权威有可能执行，并通过权威来革除闲谈，改变理论脱离现实的状况，使得所有的问题都被以正确的态度面对，用合适而且具体的方法解决。这样一来，由众多小事汇集而成的社会危机也随之消失，改革的目的也就达到了。

张居正入阁不久，就以《陈六事疏》进呈改革方案，万历元年（1573年）获得内阁首辅大权之后，他立即展开“振纪纲”和“重诏令”的举措，整顿法纪废弛的颓败之风，强调君不主令则无威，臣不行君之令则无法。以君主作为法纪和诏令的象征，并用威仪来体现至高无上的权力和诏令的神圣性。

威仪是皇权至高无上地位的体现和保障，没有威仪就体现不出皇权的至高地位，具体到皇帝本身或者某个朝廷也就没有了确保至高无上地位的保障。历代王朝的衰颓和一些皇帝的被篡位，都始于威仪的衰颓。在以儒家思想为主导治国的各个朝代，按照孔夫子遗著的记载，都设立了繁琐的礼制内容。它有一系列烦琐的规范，涵盖名号、器用、礼仪等诸多制度。按明朝的祖制，朝贺、奉参都是大事，大臣们的跪拜行礼、进退揖让、山呼万岁有法定的程序，穿着佩带都有严格的品级序列，容不得任何疏忽或轻慢。明初的朝会，有五百名校尉列队在奉天门下纠仪，就像小学门口监察仪表的门卫一样，看谁穿戴不整，就要揪出来。如果稍有不慎哪天把扣子系错了，帽子戴反了，马上会被揪出去削官减职，有的可能还要论罪下狱。这使得当时的大臣们每次遇到上朝，就如履薄冰，唯恐有失礼仪。见完皇帝，如果在礼仪上没有什么差错平安归来，那就高兴得不得了。

可等到了明中叶以后，上朝时大臣们往往三五成群，嬉笑喧哗，肆无忌惮，甚至一些沿街叫卖的小贩也乘机混在里面拥入宫门。景帝即位时为此大发脾气，发榜文公示于城门，强调倘有不遵祖宗之法失仪的，必定“重罪不肴”。这时正值土木堡国难之后，百废待兴，也是明朝建国后的第一次整肃朝仪。到嘉靖、隆庆时期，由于皇帝长年不上朝，连朝参的程序、仪式都已遗忘，明初的赫赫威仪早已风光不再，臣僚们对朝仪不再存有敬畏之心，这正是皇权黯淡的征兆。

这次借着新皇帝上任，张居正就此大张旗鼓地整肃。万历二年（1574年），神宗接见廉能官吏，张居正安排以明太祖午朝之仪的大礼觐见。由于多年没有举行过这样隆重的典章制度，好多人都不熟悉相关程序。为此，张居正专门让礼部事先拟定程序，预先进行演习，力图重振威仪。在他主政期间，始终把君臣礼仪作为树立君威的重要手段。在《奉谕整肃朝仪疏》中，张居正引经据典，要人们效法孔子面见君主的敬畏之心，将为臣的敬事之道提升到诚惶诚恐的地步。

在肃整朝仪之后，张居正又进一步拉出了一个确保皇权至高无上地位的命题，那就是所谓的“尊主权”的命题。这里的“主权”是指君主统辖的权力，提出这一“主权”的目的是“使人知尊君亲上之义”，张居正认为这才是当今之“急务”。与“尊主权”相应的是“一号令”。“一号令”的要旨是在“一”，各种方案和议论都由至高无上的君主作出裁决，由皇帝一人独断朝纲，以最高权威的论断消弭各种浮言旁议，加强统一执法的力度。所以，这“一号令”是由“尊主权”而来，“尊主权”要通过“一号令”来实现。这“一”和“尊”是强化皇权不可分割的整体。“尊主权”就是把尊君、集权和执法连为一体。按张居正的解释，这是为了做到“事权归一，法令易行”。所以，“尊主权”宣扬的不是一般的忠君观念，而是集权中央，用以伸张法纪。

当然，除了树立至高无上的皇权之外，对皇权的有效实行渠道——政治体制，张居正也提出了适时的改革措施。在政治体制的改革方面，张居正提出了“一方之本在抚按，天下之本在政府”的思想，把政府推到天下之本的重要位置，这是“尊主权”的实质性内容。尊君只尊一个皇帝，而尊政府却是突出一批最高官僚的群体，这与明初的尊君并不相同。这稍微有一点国家至上，君主立宪内阁负责的意思。

明朝开国皇帝太祖取消了宰相制，由皇帝直接统辖中央六部，又把大都督府一分为五，将政治、军事大权集于一身，尊君是尊一人。而张居正却是把君主一人拥有的权力改由内阁群体分担，他认为：“天下可以一人主之，不可以一人治之。”所以，“尊主权”不同于明初由君主一人治之，包含君臣共治的因素，其实际效能已超越尊君的传统意义。当然，其他人已经看出来了，他的这一举措已超出他遵守祖制的许诺，因而有人开始说他“擅权”“专权”，但万历初年的执政环境又给他以辩解的理由。皇帝是个未成年的少年，皇帝的权力只能由内阁代为行使，这是由一批重臣组成的行政最高机构，不依靠内阁，又能如何？反对者也无可辩白。

张居正紧抓皇帝幼小，可以名正言顺地干政理朝的时机，用“尊主权”和“一号令”来提高政府诏令的威权，以此名义集权内阁，伸张法纪，改变了明初内阁不干预六部权力的旧体制，规定六部必须听命于内阁，各省抚按听命于六部，各省县令听命于各省抚按，从地方到中央的各级机构层层由内阁控制，加强中央政府的权力，使改革得到强有力的组织保障。使集权与执法连为一体，这就是张居正提出“尊主权”的真正意图与实际效果。

“尊主权”是改革必需的前提，没有这个前提，很难设想在一个利益繁杂的大帝国能够推行改革并获得成功。事实上，历代王朝任何有影响的改革都从集权启动，集权离不开尊君，张居正也不例外。问题是这权力为谁而用，怎样使用。张居正起自寒微，论出身、资望，辅佐小皇帝是不易稳住阵脚的，新政又要触犯豪门权贵的利益，削减官员的特权，阻力极大。正是着眼于这一点，张居正大张旗鼓地树立改革权威性，把“尊主权”作为第一要务，使尊君、集权与执法连为一体。

在后代的史书中，不论是官修的《明史》，还是私人修史，都赞叹张居正执政魄力之大，不同凡响。但有号令，“万里之外，朝下而夕奉行，如疾雷迅风，无所不披靡”。新政能有这样的威力和声势，以集权行使执法起了重要作用。

在完成了对皇权权威的确认——“正本清源”之后，张居正开始了“去污除杂”——节制权贵，伸张法纪。任何时代的空谈之风首先都是从一些权贵那里开始的，他们既脱离实际又接近权力，往往成为当时社会体系的污染源。

尊主权的要旨在于以法理政，也就是以伸张法纪为中心，整顿统治秩序。法就像水，皇权就像是源头泉眼。但是，这些权贵就像是在泉眼撒尿屙屎的动物一样，他们会肆无忌惮地污染水源，最终使得法纪不兴，社会秩序混乱。所以，在正本清源之后，去污除杂削弱权贵特权成为当务之急。张居正把不法权贵看成“权蝎”“民蠹”，认为这些人是祸国殃民的大患，因而以“力杜倖门”作为

“励精之始”，提出“锄强戳凶，剔奸厘弊”的主张。把改革的锋芒指向统治阶级内部的不法现象，从而触动王朝统治中最腐朽、最黑暗的社会势力，这是比从底层起家造反还要难的事情。造反者面对的是统治阶层的最末端，和自己的利益冲突较小，惩治自己的能力也有限，大家都是一群对一群。但是，从上层开始改革，很容易被孤立，是一对多的形势。这也是为何历代改革家最终身败名裂的原因，因为他们触及权贵的利益，而那些权贵掌握着评判历史的话语权。

不法权贵横行一方，鱼肉乡民，由来已久。太祖朱元璋有26个儿子，16个女儿，除了长子立为太子外，其他儿子都封为亲王，享有大量的领地和优厚的待遇，类似汉朝的分封制。各个亲王的封地称为藩国，又称藩王。每个藩王每年由朝廷供给禄米一两万石，有的多达五万石。清代史学家们评论如此厚禄奉养，使藩王们“分封而不赐土，列爵而不临民，食禄而不治事”。藩王不管政事和军事，避免了汉朝、晋朝末年藩王拥兵自重的祸乱，但却使宗室子弟不事功业，坐享其成，养了一大批庸碌无为、为非作歹的权贵。随着王室子孙的繁衍，宗室成员愈来愈多，形成庞大的家族。嘉靖八年（1529年）有亲王30人，郡王203人，宗室属籍的有8 203人，至嘉靖四十四年（1565年）已达3万余人，增加近4倍。早在三年前就有监察御史林润上报，京师每年的岁收赋粮400万石，各王府禄米就要852万石，即令全部供给王府，也不足一半。如此庞大的禄粮，官府已不胜负担。这些藩王侵占肥沃的田地，却从不纳粮；官府的赋税日益减少，却要供给日益增长的禄粮，官府库藏不足支出，有所拖欠，王府就出动家奴闹事。关中宗室韩王府一次出动数十人，包围衙门，索要禄粮，殴打地方官，这类事件屡见不鲜。晋王朱济熿擅自打开地方仓库，抢走粮食10万余石；宁王朱宸濠在与地方官的冲突中，无视皇朝法制，竟然杀掉都指挥使戴宣，驱逐布政使郑岳、御史范格等官员。他们对国家的命官尚且如此横暴，对百姓更是为所欲为，屡屡残害无辜。就以明太祖的直系子孙来说，新安王喜食人的脑髓，每到傍晚，便让人埋伏在门边，拦截过路人，杀而食之；晋恭王出游，纵马飞奔以击人取乐；代王朱桂已到花甲之年，竟然与儿子身穿短衣小帽游戏，在光天化日之下以锤斧杀人为乐，其孙子在父丧期间歌舞不息，有内使劝谏，却被动用私刑，用棉絮塞口，用石鼓压胸，活活闷死；谷王朱橞掠夺民田，侵吞公税，杀人无数；端王府私设挖眼、割舌、火烙等刑具，残害民众；伊厉王驰马斩人，血溅王衣，竟然将血衣作为收藏品陈列，其子掠人妻女400多口，夺民房屋3 000幢，大选民女700余人，留下面目姣好者90余人，或令其家人交纳赎金领回，或留在王府供其淫乐，玩厌了便抛入虎圈。其他诸如徽王“夺田宅子女”等罪行，真是罄竹难书。比这暴行更可怕的是司法的纵容，这些皇亲国戚都享有逃避刑法的特权，地方官不敢触犯王府，宁可大事化小，小事化了，在执法中对诸王罪行曲意庇护，尽量减少罪责。除了谋反以外，不论如何残害百姓，掠人田宅，夺人妻女，仅仅革去俸禄的1/3或2/3，或削为庶人，就可了结，致使这一批劣迹斑斑的豪强权贵，长年来盘踞一方，为害百姓。恶势力盘根错节，谁也说不得，谁也不敢碰，有没有这个胆量将他们绳之以法，是能不能以法治国、取信天下的严峻考验。

还在隆庆年间，张居正就为对待自己旧时伙伴辽王朱宪㸅的横行暴敛而左右为难。小时候，张居正是在辽王府里和朱宪㸅一起长大的，两人虽然有一些过节，但毕竟从小在一起情同手足。况且这时，张居正要是惩治了他，更会让人觉得他忘恩负义公报私仇。但是，最终为了伸张法纪，杀一儆百树立威信，张居正毅然主持处决了辽王，废了辽王称呼，将辽王府的一切划归楚王管辖。

当时，一些反对派马上说张居正是在“谋产害友”，但也有人站出来给他说好话。著名学者沈德符说：“辽（王）之恶当废久矣。”认为辽王之废，不是张居正有意为之，本是早就该惩办的事。关于这一争论，事实上并不在于辽王该不该惩治，而是张居正能不能打消顾虑，果敢下手。他不避亲朋故旧，不计流言蜚语，迎难而上，秉公执法，这是不计个人得失的表现。在这里，辽王正好碰到风口浪尖，对他的处治就是理所当然了，况且张居正处治的贪官污吏权贵大族不只是辽王一家。

万历初年，最有权势的宦官冯保的侄儿冯邦宁在酒肆闹事，殴打平民犯了法，这是一件引人注目的事。因为张居正当上首辅，是得力于冯保的支持，秉公处理就有可能得罪冯保。这样一件为难之事却并未难倒张居正，他当机立断，把冯邦宁革职，杖责四十大板，待罪一年，并嘱告冯保严格家教。冯保论权力也是宦官中的顶级人物，且受到李太后的支持，权重一时的内臣竟甘愿受外臣首辅的节制。不仅如此，张居正还通过冯保对诸多宦官进行严格约束，冯保无不听命，以致引起一些宦官对冯保的不满，而这正是冯保能识大体之处。这也证明由张居正、李太后与冯保组成的铁三角，不仅能够抵御政治风浪，也能够自行消解内部可能出现的摩擦。

不仅如此，张居正还断然了结了多年不敢触及的积案。云南黔国公沐朝弼是开国功臣沐英的后裔，在云南作恶多端，嘉靖时被免官，因他的儿子沐昌祚继承爵位，这已属宽大处理。但是，沐朝弼不服，更加猖狂，扬言要杀地方官，并勾结番人为害乡里。在嘉靖、隆庆年间，都因为他是开国元勋的后裔，未能惩办。张居正断然将黔国公逮捕，本欲处以死刑，考虑到沐氏祖先三代的大功和云南土司的安定，免其死罪，罚其终身囚禁，并一再宣告："所在强宗豪民，敢有挠法者，严治不贷。"

对于皇帝的至亲外公，张居正也严格按规矩办事，不搞特殊。李太后的父亲武清伯李伟要求朝廷供给他自造坟茔的银两，神宗下旨从厚发给。张居正认为，只能参照嘉靖给外公两万两的旧例，不能再加优惠，并以《请裁抑外戚疏》申述理由："贵戚之家，不患不富，患不知节。富而循礼，富乃可久。越分之恩，非所以厚之也；逾涯之请，非所以自保也。"用大义相告，使皇帝有了可下的台阶，他外公也是心服口服。李太后也是深明大义之人，她默许和支持张居正对外戚的限制，遇有外戚违法，照罚不误。后来，神宗又要援引正德二年的先例，给国丈的兄弟封官。张居正查阅档案，发现该例已在嘉靖时取消，依此驳回。连皇帝的旨令，太后、皇后亲属的索恩求赏都被驳回，充分反映了张居正秉公执法的决心和勇气。

在严加规范贵戚权臣的贪赃枉法之后，张居正又进一步对整个官僚体制的特权进行改革。驿站，是古代中央王朝与地方和各省之间相互联络的关节点，是商旅行人的交通枢纽，它包含传送公文、通信、交通、运输和旅舍等一系列设施。各条驿路都以京师为中心向四方辐射，驿驿相连，水陆衔接，通向全国各地。由于各驿站都有一定的驿程和固定的位置，古人习惯以此计算路程，从而具有正方位、辨道里的作用。所以，驿站虽由官方设立，为官员服务，但在明代民众生活中亦有重要的作用。

驿站对地方影响最大的是由官员免费乘驿所带来的扰民、坑民、害民的流弊。驿站要供应来往官员的舟车驿马、住宿驿馆、伙食供应、迎送扛抬等差役，这些费用都按当地人纳粮的多少进行摊派。明代的差役名目很多，但法令上规定，应征者只出劳力，所需工具、原料由官府支付或另行折纳。例如，内府的工匠由官府供给柴米盐茶或付给钞贯，对灶丁则给一定的灶田以供自养。唯有驿站不循此法，官府对服役人，不仅不给任何生活补贴，还要求役夫自备马匹和物资。这对民众来说，就兼有力差和银差的双重负担。这负担是按纳税人纳粮的多少来分派的。马匹按明初的规定分上中下三等，纳粮100石者供上马一匹，80石者供中马一匹，60石者出下马一匹，与马匹有关的物资，如马夫、马鞍、马料等一概由供给人承担。这种规定似乎是多纳税的多出资，富户首当其冲。实际上，并不尽然。法令还规定可以由众户合为一夫役，这就为富户将负担转嫁到百姓身上提供了渠道。此负担之重，为害之烈，被人视为“最为民害”的重役。据《明会典》记载，由役夫自备的物资包括自己的口粮、旅费，牲口装备、草料和医药，车辆船只，铺盖雨具，日用杂物，还有乘驿人的伙食供给，不能携带的物资要折成银两。种种花销，费用甚大。据现代学者推算，每匹马一年所费银两在四五十两以上，高出田赋两三倍之多。

明初使用驿站本有严格的规定，非有军务和国家大事，不得发给勘合（印信）乘驿，这些章程到明后期已经名存实亡。兵部和各省抚按随意填发印信送人情，一张印信使用终身，或辗转相赠，循环使用。官府不仅视而不见，还不断扩大对官员的优惠。为满足各方官员的享受欲望和攀比之风，嘉靖时乘驿的条款增到五十一条，比洪武年间的十三条多出近三倍，并大大提高了接待的规格，这一切都强加到了供役者的身上。

由服役人自备供养的规定，给过往官吏的敲诈勒索大开方便之门。本来，一张印信写有乘驿者的姓名、职务、出发点、目的地、往返日期以及所需的马、轿、舟、车和廪给的数量。乘驿的官员往往仗势欺人，百般索要，有的索要夫役二三百人、车轿一二十乘、扛物八九十抬，队伍浩浩荡荡。乘驿如此有利可图，又招致官员们借机而来，有的不依印信，而用白条随意填写；有的私带行李八十余扛，家属二三十人，要乘骑、要挑夫；有的乘机收受贿赂，夹带货物，走私逃税。为了巴结官员，在驿站送往迎来中，往往是旌旗蔽野，前呼后拥，蔚为大观。住驿官员勒索的名目五花八门，例如有所谓的“惜马钱”，每匹马要有供给钱，不给钱就打马，甚至割下马耳或马尾，以摧残牲口来勒索，驿站役夫爱惜马的就只能出钱免灾。也有谎称丢失行李，对役夫拳棍交加，逼迫其交付“免打钱”。地方官府对此熟视无睹，甚至“串通南北马头，故意将马匹空毙倒死”，以便再得买马之利。重重盘剥逼得役夫们纷纷逃亡，驿站关闭，嘉靖时有的地方已到了十驿九闭的地步。如此酷虐的暴政，当政者也不是不知道。在嘉靖末年、万历初年和崇祯初年都曾发动裁革，但裁革都难以抑制驿站之害，唯有张居正取得了成功。

张居正决心从限制官员乘驿的特权开刀。万历三年（1575年），朝廷颁布裁革驿递的通令，减少可乘驿的种类，非军国大事不许领取通行的印信。凡是官员的私事，如遇奔丧、起复调动等都用自己的交通花费抵达，不许用公共驿站；大力削减驿站的供应，只提供生活必需品，不许置办酒席、送礼，撤销合并了一些驿站。

除了在法规上重新规定之外，张居正还对具体执行进行了严加整顿，杜绝弄虚作假。凡有公差印信，一律以实名、实职填报，自起点至目的地，都须地方官填写供应项目、数量，并加盖印章，由使用人核对，签注“对同”，再由主事部门一一查核，印信用毕，及时上缴注销，违例者点名参奏。奉差人员经过城镇，驿传要严格检查，在直隶等重要地区，需要地方抚按亲自审核查验。倘若发现有冒领或造假的，严加缉拿，一追到底。

免费乘驿是官员享受已久的特权，紧缩这一特权牵涉广大官员的切身利益，谈何容易！按规定，官员朝觐并不给乘驿。但事实上，朝觐的官员不仅领取路费，自行遣牌驰驿已成惯例。在颁布裁驿后的第三年，适逢大计，官员们依然用驿如故。万历五年（1577年）重申禁令，查获一起冒用印信案，此案的制造者系甘肃巡抚侯东莱之子。令人惊叹的是，侯东莱在万历三年（1575年）曾经上疏揭露一件伪造印信的事件，制假人从南京到甘肃，驰经数百个驿站，行程几千里，横行无阻，无人发觉。这件事的揭发使朝廷大为震动，促进了朝廷裁革驿递的决心，不料他的儿子却又重蹈冒用驰驿的覆辙。免费乘驿可以说是一个难以革除的习惯，这边刚禁，那边又开。

这项改革在人臣中就有非议，埋怨朝廷不体恤群臣，南京户部主事赵世卿上疏请求“宽驿传之禁”。面对如此艰难的削革，没有大力气不可能有所作为。虽然侯东莱是个很有能力的人，处理边务有方，对裁革驿递也是有功之臣，如今受其儿子的牵连，亦不得不接受惩处。张居正忍痛革去他的官职，以示法在必行，严罚不贷。

孔子第64代传人孔尚贤率家人赴京朝觐，擅自增加车、马、人夫乘驿，骚扰民众。此人袭封衍圣公，在国子监受教，素有“大监”之称，如今不守圣人之教，横行不法。张居正得知此事，亲自致函山东布政司徐中台，指出孔尚贤既为孔子后裔，自当秉承圣人之教。即使孔子在世也要遵守朝廷之法，不能越礼逾制，何况是其后人？对此，他毫不留情地加以处治，并把孔家每年一次的朝觐改为三年一次。

在严格执法，从重惩处之下，违禁的官员纷纷落入法网，如南京大理寺左议事阮尚宾、江西布政司吕鸣珂、浙江按察使李承式、严州知府杨守仁、淮安知府宋伯华等大员，以及为之说情辩解的赵世卿等都受到降级或革职的重处。一时百官为之震慑，就连皇室宗亲去武当山祈福也不敢乘驿，这是几十年也没有的现象。

对执法者而言，要想服众更重要的是身教。因此，张居正对自己的家属要求极严。他的儿子应试，自行出资雇车，他的兄弟张居敬病重回乡，保定巡抚发给印信以供驰驿，也被他责令归还。万历七年（1579年）发现有地痞冒充张氏家人乘驿船，张居正派他儿子赶赴现场拿获，并致信河道江心源说，此后再有奸人假冒首辅："不论真伪，即置之重法。如公不忍加刑，希差人拿解来京，愿得而甘心焉。"

这封信的考虑颇为周详，尤其是申明今后再有此类事件，不论真假，都要给以重处，倘地方官府有顾虑，可押送京城，务求严加缉访，以杜绝后患。但是，堵了这口儿又漏了那叉，儿子的事刚解决完，他门下有个叫游七的家奴偏偏行为不端，作威作福，结交官府，娶小妾，与士大夫攀亲联姻，狐假虎威。张居正得知后，"大怒，笞之几死"。

经过一系列整顿后，张居正使得法度不兴朝纲松弛的大明王朝又重新恢复了生机，上下一派变革一新的气息。这其中主要的一点在于他以信为先修正了法度，用制度去约束众人，而不是靠人来互相牵制。这样既免去了朝臣的互相诬告，也使得张居正不必直接出面惩治，在一定程度上避免了结怨记仇，也使得改革不因一个人的存在而在，有了长效的机制保障。经过这些大的举措，就好像已经把水引到田里一样，张居正一系列改革设想已经变成实际行动，并且带来了初步的成效。很多事情难的不是完成这件事的过程，而是保持这种状态的持续有效运行。这就是新官上任三把火的热情与真正的改革家的谋略的最大差别。在集中皇权中正本清源、在尊祖依典中去污除杂、在修正法度明令执行的过程中疏通了渠道，张居正的改革之路就是一次大禹治水的重新演练，只不过他治理的对象是洪水漫灌的大明王朝而已。但是，最终还要培养并号召一些同道之人一起保存改革的成果。为此，张居正又开始了强化监督整顿吏治的道路。

强化监督整吏治

法规不仅得有人来制定，还需要有人来执行遵守。在任何政府中，执法必须从本身开始。张居正在制定严格的新法之后，又开始加强监督整治吏治。明代的官场存在三大弊病：一是党同伐异，相互倾轧；二是贪赃枉法，舞弊成风；三是不司职守，怠惰玩忽。到明末，这些弊端都一起暴露出来，几乎病入膏肓，不可收拾。社会生活的过度单调，使得人们谋求出路的途径也很少，只有科举取士一种途径。这就使得好多人厌倦了条条框框死搬硬套的官场生活，玩忽职守自然就更加普遍。至于党同伐异，那只是在高层的一些权臣之间才会有的事。因为朝廷集权度极高，所以利益的博弈必须体现到中央政府那里，这就使大明朝廷的党同伐异集中在一起，显得频繁了许多。而贪赃枉法，就成了一些习惯官场的人们的职业行为了。有些人以为是因为官员俸禄过低才会导致贪赃枉法，其实不管俸禄多少，官员职业化以后，不把从政当作事业的话，通过自己的权力谋得私利是必然的。

在整个封建时代，明朝的法律最繁杂严密，而实际情况却是明朝的官场最腐败，这也使人们百思不得其解。所以，近代以来凡有揭露官场众生相的著作和小说，首先被嘲笑的往往是明代，如《儒林外史》。不光是清朝人的作品写明朝官场，就是在明朝当时，也有好多讽刺官场腐败的民间作品。例如，明末的京师流传一首民谣：

儒生曳白，无如国子监；马匹驽下，无如太仆寺；天文固陋，无如钦天监；音乐舛謬，无如太常寺；帑藏空虚，无如太仓库；士卒老弱，无如三大营；书之恶劣，画之芜秽，无如制诰两房，文华、武英两殿。

最高学府国子监出身的交白卷；管马政的太仆寺养出的是劣马；钦天监不懂天文；太常寺管音乐的五音不全；太仓库没有库存；三大营多老弱病残；等等。这都是国家掌管文教、礼乐、财政、天文、军事的最高部门，竟然拙劣到如此地步，真是令人震惊。无德无才的当上高官，不可避免的是对人才的逆淘汰，无怪乎有人说："软脓包气豪，矮汉子位高，恶少年活神道。"这就真切地反映了政府机构的无能和衰败。

官员不务正业，忙于官场应酬，攀龙附凤，趋炎附势，更加剧了官僚机构的腐败。明中叶，太监汪直到边防巡视，负责接待的一方大员全副戎装，迎至二三百里之外，俯伏在地，犹如仆隶，被人耻笑说"都宪叩头如捣蒜，侍郎扯腿似抽葱"。

面对混乱一团的官场，张居正上台首先做的是树立榜样，奖励廉能。紧接着实行严刑苛法，依法处置一些贪官污吏，杀一儆百。这一张一弛，使得混乱不堪的明朝官场很快泾渭分明，清晰明了，官员争相向好，贪污腐败瞬间收敛。当然，一切执行都是在加强皇权的基础上以皇帝的名义作出的，这样既有很强的执行力又去除了很多阻力。为了使新政有条不紊地进行，他提出了自己的为政方针，即"尊主权，课吏职，行赏罚，一号令"和"强公室，杜私门"。

张居正一上马就加紧教育皇帝，他要培养的不是皇帝所谓的仁政情怀，而是法治思想。为此，他专门写了一本有故事有插图的《帝鉴图说》，希望从小培养皇帝的治国能力。万历元年，张居正让皇帝学习《帝鉴图说》，第二年就开始引导皇帝运用其中的思想。神宗这时才12岁，他和吏部尚书张瀚、都察院左都御史葛守礼说，要召见廉能官员当面嘉奖。张居正马上订了一套仪规，希望皇帝把奖惩联系起来，并且注重奖惩达到的效果，最终要以对官员起到督促监督警戒作用为目标，而不是传统意义上的展示皇威尊严或是皇恩浩荡。这种完全实用主义的态度充分地发挥了礼节仪式的现实作用，避免了流于形式的铺张浪费。他在奏疏中说："臣等窃惟致理之道，莫急于安民生；安民之要，惟在于核吏治。前代令主，欲兴道致治，未有不加意于此者。"

万历二年（1574年）正月，神宗在会极门召见了一些既清廉而又能做事的官员，浙江布政使谢鹏举等25人被皇帝特加奖励，不仅有荣誉的口头夸赞文书记载，而且还每人奖赏了一定数量的金币银两，这使得朝野上下一时形成了廉能齐聚的现象，张居正的奖励刺激效果也达到了。以后管你有多少廉能官员，你就好好保持这种好作风去吧，皇帝不可能再一一奖励了。这是张居正的心里话。

到了万历二年（1574年）九月，刑部按例进行秋审，开始整顿吏治时很多人被判定为重刑，按大明法律都应该被处死刑。但是按礼节，为了体现皇帝的权威，不管依法判定该如何，最终还要上报皇帝，经皇帝同意方可执行。

这次，张居正照例把要处决的名单报给皇帝，但皇帝却说："慈圣太后捎带发话，吩咐不要大开杀戒，在新政初期，希望彰显皇恩，暂时停刑。"一想到平时课堂上，张居正这个老师教他怎么依法治国不要存妇人之心而心慈手软，同时面对自己母亲的横加干预，小小的万历皇帝有点左右为难地问："先生以为怎样？"

"春生秋杀，天道之常，"张居正说，"皇上即位以后，停刑已经不止一次：稂莠不去，反害嘉禾；凶恶不去，反害善良。依臣看来，还是不必停。"

最后，皇帝只能按老师说的那样去做，奖惩有别，奖的时候不惜重金大讲排场，惩治的时候也毫不留情，不再网开一面。这使得好多习惯贪赃枉法，并等着被恩赦的官员们没有侥幸得逞，其他人也就收敛了一些。

张居正是主张严刑苛法的，他曾说过："使吾为刽子手，吾亦不离法场而证菩提。"他认为，各个朝代末期的大动乱完全是因为当局的宽纵，以致演变成不可收拾的惨剧。所以，他认定："君子为国，务强其根本，振其纪纲，厚集而拊循之，勿使有衅，脱有不虞，乘其微细，急扑灭之，虽厚费不惜，勿使滋蔓，蔓难图矣。"也就是要加强严刑苛法的惩戒作用，把一些即将发生的官场污流扼杀在摇篮当中。但严刑苛法是该对统治阶级内部的贪官污吏执行，还是面向一般的大众，历代执行者往往难以把握，最后激起民愤，酿成遍地烽烟的惨状。不过，作为一个只负责当朝生死的辅佐之臣，张居正没必要考虑那么多，也不可能考虑那么多。

他又说："盗者必获，获而必诛，则人自不敢为矣。"关于捕"盗"的事，在考成法中也有明文规定。后来，万历七年（1579年），因为"盗犯"中途脱逃的事，他说："张国用查系三月初间，已属顺天府着长解押发，乃至今尚未到，此必中途贿逃矣。顷已令该府捕长解家属监候，又行逐程挨查，于何处脱逃，务见下落，事系考成，期限已迫。若此时尚未到，执事亦宜上疏自白，请旨缉拿，务令得获正罪，庶足示惩。若已到，则照在京例，尽法处之，不可纵也。”

张居正的严刑苛法政策也引起一些人的非议，以至于在明史中记载说张居正当国的时候，大开刑罚，每年处置多少人有定额。《艾穆传》称艾穆为刑部员外郎，到陕西复审的时候，他决定只有两个人处死刑，同审的人却害怕数目不够，达不到指标要受到处分。艾穆感慨地说：“我可不会拿别人的生命保障自己的地位啊。”这当然是为了标榜艾穆仁慈的一家之说，但足以证明当时张居正的法制严厉程度以及人们对此有多么不适应。

官员腐败在历代王朝都不外乎贪婪和暴虐两大恶行，惩贪奖廉、除暴安良是历代王朝澄清吏治的主要手段。但是，依法惩治，维护封建法制的行为并非都具有改革的意义，因为廉、贪、暴、良往往是作为个人行为来对待，不论个人的昏庸残暴引发多大的社会风波，元凶一经惩治，也就烟消云散了。但不久便故态复萌，又出现新的贪官污吏，再进行惩治，如此循环往复，一直到王朝覆灭，新王朝又重蹈前代的覆辙。所以，惩贪奖廉并不是触及封建政治体制的变革。

张居正认为，外之豪强兼并与内之官府舞弊，这两股势力的勾结，是社会不安定的主要原因。要有效地约束不法权贵，打击违法活动，必须从吏治着手，整肃官府机构。但是，党同伐异，官官相护已闹了几十年，高拱对澄清吏治做过种种努力，可当某些革新的措施触及官员的切身利益时就捅了马蜂窝，高拱自己也陷入官场倾轧的旋涡，成为内阁纷争的祸首，很快被孤立，并被赶下了台。所以，整顿官府机构是一件冒风险的事。这在明代风险更大，内阁的内乱，内廷和外廷的争斗愈演愈烈，双方都以违背祖制为由攻击对手，各执一词，相互拆台，造成上层严重分裂，官僚系统失控，这是弊端丛生的缘由。可以说，正是这高度集权的祖制，酿成了体制性的裂痕，促发官场的党争，对官员的监督已经异化为互相打击、报复的借口，而致丧失监督的职能，更加剧了官场的黑暗。

明朝初期权力过度的集中，事无大小都由皇帝主宰的制度，也把皇帝推向处理政务的第一线。本来可以由宰相分担的事务，全都由皇帝一人承当，并以此作为王朝的祖制。洞悉驭臣之道的朱元璋认为，宰相居于一人之下，万人之上，这是最难驾驭的重臣。为了确保朱氏王朝子子孙孙的基业，他决心废弃宰相制，并留下政治遗嘱："以后子孙做皇帝时，不许立宰相。臣下敢有奏请设立者，群臣即时劾奏，将犯人凌迟，全家处死。"正是因为朱元璋把宰相视为皇权独揽的最大威胁，才对宰相制深恶痛绝。但凡有设宰相的动议都要处以极刑，做臣子的何敢妄言其他！这一条禁令也拖累了朱元璋自己，根据《明太祖实录》的记载，朱元璋每天要批阅公文208件，处理公务424件，这还只是文本的，另外不时的汇报、请示，非文本的训话、口谕，更是难以统计。这样的文牍大海即便是三头六臂也难以承担，何况皇帝也是人。勤政的朱元璋所能承受的，后代未必能仿效；即使是能决大事、断大疑的英主，也未必都能事必躬亲。制度的设置与皇帝的承受力本身就有难以克服的矛盾，因而不得不沿用历史上曾有的内阁制，以协助皇帝处理公务。洪武十三年（1380年）丞相被废，永乐元年（1403年）翰林院侍读解缙、胡广等七人就陆续参与政务，但官阶不高，只是八九品，到正统七年（1442年）形成内阁制，正式有了皇帝秘书班子的出台，官阶也升至二三品，历经成化、弘治、正德、嘉靖四朝的发展，内阁权力不断提高。

从制度上说，内阁只是奉命"票拟"起草文件，不是一级行政机构，没有实权，更不能向六部发号施令，这与宰相制有根本的不同。取消有职有权的宰相，设置有职无权的内阁，是朱元璋防范大权旁落的特别举措。实际上，皇帝处理公务离不开内阁的操作，内阁既要有操作，又不能违反既定的规则。所以，内阁在代行皇帝意旨中不断发挥权力的作用，提升自己的地位。嘉靖初年文渊阁大学士张孚敬的朝位班次已在各部尚书之上，嘉靖末年严嵩主持的内阁更是权势炙人。按祖制，内阁不能统率朝臣，事实上又高居群臣之首，这就给朝野上下的党争带来各自的口实，"按祖制"成为言官打击阁臣的有力武器。由于皇帝的意旨号令，分别由内阁的“票拟”和司礼监的“批红”来实现，二者缺一不可，这就将皇权分置于不相统属的内廷和外廷两部分运作，这就带来外廷和内廷的牵制和摩擦。所以，明代内阁的纷争与内外廷的冲突，其根源在于制度上对内阁的限制与权力在事实上的扩张所发生的矛盾，这是朱元璋不合理的制度设置遗留给后代的无穷祸患。

这种体制性的缺陷，带来了无休无止的争斗，并导致内阁首辅地位的不稳，官僚系统最高层处在分裂状态，有所举措都被内斗消耗了，又何以整肃百官？内廷和外廷，内阁与各部不相统属，而又相互争斗，长年不息。如果不从制度上弥合祖制的缺陷，无论怎样的高手也平复不了这种矛盾。高拱为收回司礼监的权力而栽了跟头，言官们对阁臣的弹劾，用得最多的理由就是不遵祖制，祖制已成为攻击对手的借口和压抑制度更新的磐石。生活在高度集权专制主义阴影下的官吏，不可能超越时代，搬掉这一磐石，就连张居正这样杰出的政治家也只能打着祖制的旗号以革新成规。反对祖制是行不通的，但弥补祖制的缝隙却是可能的。考成法即是张居正针对明王朝体制性弊端，进行正本清源的一大改革。

万历元年（1573年），张居正上《请稽查章奏随事考成以修实政疏》，这是他上台后的第一件大事。首先，他从诏令不行、有法不循的角度提出问题，以实施考成法来纠正弊端，具体而翔实地规定处理公文的过程。也就是由中央各部把拟办的公事一律登记造册，分别制成一式三份的公文簿：一本留部作底本；一本送六科备案；一本交内阁查考。大小事务根据轻重缓急、路程远近，严立期限，责令完成，逐一注销，如有欺瞒不实的，从严查处。按月进行考成，每年进行总结，吏部通过询事考言，以言核事，以事核效，评定官吏的勤惰，以督促公务，提高政府的办事效率和官员的执政能力。这一规定看似处理公文的流程，实际上是把那些不好把握、不易监督的处理方法具体化、明细化，使模糊的明确，使弹性的刚化，以实施制度的责任化，从制度建设中加大监督的范围和强度。

这一过程体现的是由内阁统领六部和都察院的新规则。明朝中央行政机构分设礼、吏、兵、户、刑、工六部，这六部又分别归相应的六科监察。部的尚书官阶可达二品，而科的长官给事中只是七品。但是，这七品官对于六部的公务却有封驳弹劾的权力。在明代的官僚体制中，大官统率小官，小官也可以牵制大官，甚至参倒国家的重臣。而六部和六科都直接向皇帝负责，内阁不得干预。张居正却通过考成法，改由内阁总其成，这表现在三方面：一是由内阁控制六科、都察院，进而控制六部，再由六部和负责监察的都察院控制地方政府、考察各级官员，使考察工作直接对内阁负责；二是对官僚机构和官员采取定期考勤和随事考核相综合的办法，检查名实，施行赏罚，奖廉惩贪，提高行政效率；三是处理公务分报三个机构审核，互相监督，以防范玩忽职守的现象。在《陈六事疏》中用尊主权和一号令来提高政府诏令的威权，以形成集权内阁的舆论。但这是思想性的，在法制上并未确认内阁居于百官之首的地位。考成法就通过处理公务的程序来改变明初内阁不干预六部权力的旧体制，通过六科的干预，使六部听命于内阁，各省抚按听命于六部，各省县令听命于各省抚按，从地方到中央的各级机构层层由内阁控制，加强中央政府的权力，权归内阁，从制度上提升了内阁的行政地位与监察责任，这就是“一方之本在抚按，天下之本在政府”的实质。

然而，让六科听命于内阁的举措，并非明朝的祖制，《大明会典》中明确规定由司礼监稽查章奏，统率六科，这有三个条款：一是凡六科每日收到各衙门公文，各具奏目，送交司礼监存档；二是各衙门已处理的文件，附写文簿，发落日期，在六科注销；三是各地方衙门，每年将注销的公事，填写底簿，送六科备考。司礼监通过六科掌控从中央六部到地方政府的监督权力，使外廷听命于内廷，这一程序突出的是宦官掌控六部的权力。实际上，在弘治十五年（1502年）修成的《大明会典》中并未有此规定，这些条款都是在宦官刘瑾当权的正德年间添加的，以此作为控制外廷的依据。由司礼监掌控六科，运作都在内廷，使其得以上下其手，暗箱操作，经常成为官场黑暗的策源地。考成法以考核官员、稽查章奏为形式，实施由内阁统率六科的新体制，从司礼监手中收回监督大权，一切政务都见诸章奏，使之公开化，增强行政的透明度，这是明后期政治体制中具有首创意义的改革，也是考成法的最大成效。张居正还力图把这一新体制载入明代法典，以取得合法地位。万历四年（1576年）时开馆重修《大明会典》，这一计划虽未完成，但在张居正实施考成法期间，内阁的地位大为提高，事实上已确立了辅弼的合法性。

失去监督的官吏，肆无忌惮地胡作非为，造成法度凌夷，纪纲颓废。官员们姑息怠惰，相互濡染，习已成风，其严重性远远超过唐末和宋末。主钱谷的不懂出纳，管监察的从来不弹劾贪官污吏，司刑名的不熟悉法律，等等。尸位素餐的混日子现象业已司空见惯。各种讽刺官员的民谣、笑话、故事在民间风行一时，这是历代王朝罕有的现象。

明代考核官吏，本有一套详尽的办法，任职三年要对政绩进行初考，六年再考，九年通考，考核结果分“称职”“平常”“不称职”三等，以决定职务的升、降、调、免。凡京官及外官，至三年、六年考满后，一律不再就任原职。此项以考核施行监督的规定到明后期已经名存实亡。为了恢复对官员的考察，张居正首先要求皇帝勤政，直接掌握官员的勤惰。万历二年（1574年），张居正联合吏部尚书张瀚和兵部尚书谭纶特制作屏风十二扇，绘制全国官员分布图，上粘浮帖，每十日更换一次，放置在文华殿皇帝读书的地方，以便随时掌握各地官员的升迁、调任，不论皇帝是坐是卧都可以一目了然。对于官员的章奏，则要求简明扼要，简化上报和处理的手续，务使上下及时通达。当时，万历皇帝还是小孩，不可能事必亲览。但这项勤政制度的确立，力纠晚明君臣怠惰之风，对皇帝有教育意义，对官场有警示作用，体现了张居正考核官员必须从上层做起，使上下同步改革的思想。

在对官员的各种考核中，以什么为准则是具有导向性的问题。古人素来以立德、立言、立功为三不朽，以忠孝伦理为准则。以军功业绩为准则的、以著书立说为准则的，都在激励官员方面起过积极作用，而张居正却提出“以钱谷为考成”的主张，明确提出以理财作为考核官员的准则，这在君子耻言利的时代是一个创举。

理财是推行考成法重要目的之一，张居正当政后，迫在眉睫的问题是要解决财政危机。官场上历来通行的是政府要增加赋税，就向小民搜刮，不敢提出督缴正赋田税的主张，因为隐田瞒税的都是不法权贵，追缴欠税是在太岁头上动土，谁也不敢出这个头。以理财为中心审核官员的业绩，促使官员想方设法去追缴欠税，凡是追缴欠税不足九成的都要受到批评、调离甚至撤职。这可是自讨苦吃的举措，要知道当官的虽然爱财，但作为官场的表面文章，莫不以施仁政、省刑罚、薄赋敛为立身的招牌，这一下赤裸裸地以追索田粮作为评定任职优劣的标准，对士大夫重义轻利的传统是一大震动。许多文人学士搬出仁义道德的说教攻击这项指令，张居正予以严正驳斥："今为侵欺隐占者，权豪也，非细民也，而吾法之所施者奸人也，非良民也。"这是从实际出发的由衷之言。地主向王朝缴纳田赋，虽然取自农民的田租，但地主的隐田瞒税并不意味少收地租，减轻农民负担，倒是挖了国家的墙脚，使王朝财政收入受到莫大的损失。所以，封建王朝同这些欠税地主的矛盾，是地主阶级内部争夺剥削农民收益的矛盾。考成法运用行政力量督缴赋税，也就是要官吏严格执行国家的法令，迫使地主把欺隐漏缴的田赋再吐出来。当然，这种做法也可能会损害一部分有地的自耕农的利益，官吏追索太急免不了会骚扰农民。张居正对此采取的办法是责成吏部悉心查访，遇有弄虚作假、剥下奉上、沽名钓誉的，一律置于下等给予严格制裁。同时，又在适当时期减免积欠，以示恩赦，逐步做到当年赋税当年清。对于官衙的日常用度，大力裁减，节省开支，利用考成法之机，扫除积弊。所以，以钱谷为考绩，制止了权贵地主的违法活动，惩戒了受贿的贪官，不用加税就增加了国家的财源，填补了国家的亏空，做到了"民不加赋而国用充足"。因此，这是一项成功的经验。

张居正在考察中充分发挥监察机构的作用，规定京官与外官分别以三年、六年考满，称职者提升，平常者复职，不称职者罢免。知府、知县六年一迁，遇有不宜于官或官不宜地的，都要量情更换。各地大员如布政使、按察使三年一迁，中央科道部曹六年一迁。这三年与六年的期限，使得从中央到地方的官员既不久任，又有相对的稳定性，既能随事随时进行短线考察，又能长线追踪功业名实。各级官员感受到不断被考察的压力，不敢不奉公守法，尽职尽力。内阁依据实绩裁汰冗滥，精简机构。根据《国榷》记载，在改革深入进行的万历九年（1581年），中央裁员419人，地方裁员902人，这在明王朝可谓是一桩大刀阔斧的举措。正因为有这样的大手笔，各级官府才能不断地吐故纳新，使官僚系统保持了一定的活力，有效地遏制了贪污腐败和玩忽职守的不正之风。

张居正最为恼火的是地方官吏隐瞒民情，不能据实上报。有法不依、司法混乱是嘉靖、隆庆时期的一大公害，对于种种不法现象，人们都已习以为常，在世人都已见怪不怪的情况下，张居正拍案而起，痛加斥责。江淮发生多起盗案，地方隐瞒不报；凤阳官银被盗，查无下落，诬指吏员侵匿；苏州治安不良，地方官闪烁其词，曲意隐匿。张居正愤怒地指出，凡有隐匿不报者"必从重治"。官场的惯例，都把治安的不良归罪于盗贼的横行。张居正却认为，地方动乱的祸根不在盗贼，而是"吏不恤民，驱而为盗"，是官吏作恶迫使民众沦为盗贼，这才是"酿祸之根"。所以，他强调："致理之要，在于安民，欲民之安，责在守令。"治安的良莠不在民而在官，这是非比寻常的看法！为此，他运用的是非常手段，即以凌厉的威力、严厉的法规，整肃官府，雷厉风行地纠正怠玩之风。对地方官是如此，在考察京官时更是一丝不苟，重申各种戒令，以图荡涤官场积习，大力扭转社会风气。他认为："人心陷溺已久，宿垢未能尽除，若不特行戒谕，明示正大光明之路，则众心无所适从。"为此，张居正特地代拟皇帝敕谕《请戒谕群臣疏》，要求官员恪尽职守，倘有疏怠，决不宽恕。在《请戒谕群臣疏》中，还对选将练兵、积饷修守等军务提出具体要求，如有因循怠玩，沿袭旧例敷衍了事的，都拿来"治以重罪，决不轻肴"。他还推出历史上的先贤典范，要求各级官员学习孙武、诸葛亮严明执法的精神，在朝廷重申法令之后，倘再有约束不明，申令不熟的，一律严惩不贷。在执法中，张居正有一句名言："法所当加，贵贱不有，事有所枉，疏贱必申。"这已成为赏罚严明的经典名言。

在一个法制不明的社会，要做到赏罚公正并非易事。在明代，有功名的士大夫犯罪往往有各种借口为之减免，平民告官也很难获胜。张居正深知其弊，对于犯法的官员与平民一视同仁。山东鱼台县有平民屈深状告乡官违法，这乡官还是告状者的老师。神宗认为该案是弟子告师长，要惩办告发人。张居正为此上疏，认为此案要公开审讯，如果告发属实，应将乡官问罪，若有不实之处，自当按诬告处理，重要的是让平民敢于说实话，讲出民间真正的隐痛，这在崇尚“为尊者讳”的时代，是不可多得的见解，一度反对他的赵世卿也不得不承认。张居正当国执政尚严，不合格的官吏都受到惩罚。时人评论说：“江陵用事，以严肃佐之。内外吏莫不惴惴。”这一句“内外吏莫不惴惴”的评论，说明考成法确实对不法官员具有震慑力。

从嘉靖、隆庆以来，官员玩忽职守，权贵欺瞒赋税，已经蔓延34年之久，几乎成为不治之症，在万历初年骤然改观，从怠惰成风到举职不废，这是不容等闲视之的转变，这是成功地利用传统官制而又结合现实情况，加以修缮、调整，强化监察的重要成果。焦竑在万历末年的《玉堂丛语》指出，在洪武、永乐年间，各级官吏被考核不称职而遭罢黜的不过数十人，至万历时期被罢黜的几近两千人，比明初多四十多倍，不法官员几十倍增长，一方面是明末官场风气败坏的表现；另一方面也是实施考成法对官员严加考核的结果。张居正也因此得罪了许多官员，以致身后很快遭受攻击，考成法也被废止了。张居正执法的雷厉风行、不留情面招致了时人苛猛的非议，但也有人对其进行了理性的辩护。明代著名学者沈德符在《万历野获编》中详细记载了考成法实施的过程，认为若论改变行政怠惰、玩忽职守之官场风气，首推考成法的实施，最明显的成效就是使法纪得以伸张，使正气得到弘扬。所以，考成法是政治改革之首，是新政之基。

另外，张居正在实施考成法以理财为中心考察在职官员的同时又不拘一格用能人，不断为沉寂的官场添加新鲜血液。改革必须改变不合时宜的法规，这是一场剔除积弊，推陈出新的变法运动，没有法规的更新就谈不上真正的变法，可随行已久的法规已形成传统的制度和社会意识，对新政往往造成很大的阻力；改革本身又要触动一批既得利益者，面临他们顽强的抵制。要突破这种阻力，首先要有一批勇于任事的革新的同道者去实践，改变现状。所以，不论古今中外，改革都需要重新组织力量，网罗人才，建立精干的班底。

张居正对此体会尤深，他认为："法之不行，人不力也。不议人而议法，何益？下流壅则上溢，上源窒则下枯。决其壅，疏其窒，而法行矣。"决壅疏窒，谈何容易？这是牵动全身的大手术，新的规章法度能不能实行，关键在人，突出"人"，表达了张居正对人才的渴望。另一方面，考成中不断淘汰失职的官员，也要及时补充官僚队伍。改革愈向前推进，对人才的要求愈加迫切。因此，张居正疾呼："非得磊落奇伟之士，大破常格，扫除廓清，不足以弭天下之患。"显然，原有的官僚队伍是不能满足这个要求的，有人还为此埋怨举朝人才不济。张居正对此不以为然，反驳说："天生一世之才，自足一世之用。""不患无才，患无用之道。"不是人才不济，而是掌权人遴选官吏有私心，这才是要害之所在。他一再告诫吏部对人才的物色，不论是否亲故乡党，也不论是否有过错，只要能办实事、忠于朝廷的就予以录用，一切都以能力为准，什么闲言碎语都在所不计。这是他一贯讲求效率、注重功实的表现。

张居正起自下层，深知出身寒门的疾苦。然而，他用能人思想的形成，是他通观历史，经过深思熟虑后提出的见解。他认为，魏晋以来用人唯门第、出身，到隋唐设科取士才得以从平民中发现人才，但大官要职还多为世家大族，有的从恩荫制度中也能获得高官厚禄。只有本朝，真正做到立贤无方，唯才是用。明太祖用人选才的范围最广，"僧道皂隶，咸得为九卿"。他搬出明初僧道皂隶都能成为国家大员的例证，来说明用才不拘出身是当朝的传统，这在以农民起义建立王朝的明初，并不是稀罕事。可在建国两百多年后的明王朝，这种事情就很少见了。权贵勋戚、大僚长吏已结成强大的关系网，主导了官吏的起用与升降。重视出身、资格和关系的亲疏，已成为选拔优秀人才的障碍。在这种情况下，很难再有僧道皂隶出山的机会。张居正运用开国之初的事例，为不拘一格选用能人寻找历史依据，就此还做了创造性的发挥，提出："采灵菌于粪壤，拔姬姜于憔悴。王谢子弟，或杂在庸流，而韦布闾巷之士，化为望族。"豪门沦为平民，布衣化为望族，以世家大族的兴亡盛衰，来说明到下层去发现人才是历史发展的必然性。综观一部二十四史，每当王朝末世，各种社会势力的冲撞和较量都为人才的造就提供了机遇，不论是颠覆旧王朝的起义，还是统治者力挽狂澜的改革，都有一批来自底层的佼佼者脱颖而出。陈胜一句"王侯将相宁有种乎"以不甘屈居下层的雄才心理，表现取而代之的追求；张居正一句"采灵菌于粪壤"则从治国理政的需求出发，表达到底层发掘人才的渴望。陈胜是以破坏秦王朝的现存秩序为手段，再造一个君主的替代者，而张居正却以革新朝政为目的，重整已经颓败的社会秩序。不同的时代和立场，不论是主观的诉求，还是客观的寻觅，都强烈地反映了社会变革时期人事代谢的历史需求。

改革时的人才涌现，不同于社会动乱时的自发闯荡，是靠自上而下有序的发现。张居正不愧是善于发现千里马的伯乐，这首先得力于他对人才的大度，选择人才不咎既往，不计前嫌，不以一己爱憎用舍，不轻信是非毁誉之说。他不仅在理论上有创见，在实践中也能不随流俗，做出表率。被委以清丈土地重任的张学颜，本是其政敌高拱的门生；礼部尚书马自强因为触犯张居正，本不敢再有晋升的奢望，但仍然被张居正推荐入阁；庞尚鹏在隆庆年间被贬为民，万历四年（1576年）又被起用，出任福建巡抚，成为经济改革的主将；被罢免的水利专家潘季驯由张居正重新起用治水，并给予充分的信任，给他经费以及人事筹划的大权，真正做到有职有权，从而保证了工程的顺利完成。在北方防务中，张居正起用了一大批英勇善战、严于治军的将才。出自行伍的李成梁、由南方北上的戚继光、善出奇招的王崇古，在任用时都曾遇到不同的阻力。善于水战的戚继光到北方主持练兵，最后有力地阻击了鞑靼的侵扰。出身贫寒，行为不检的李成梁出任总兵官。坚决支持王崇古对明朝的世仇俺答力主优抚的和议。他甘冒风险，力排众议，重用戚继光等人，终于赢得胜利，从此结束了北方的战争状态，恢复了蒙汉人民的友好往来。在南方，他任用曾省吾、殷正茂、凌云翼、张佳胤等一批有勇有谋之士，平息了多年的动乱，使边境晏然，人民乐业。《明史》在称赞边臣的功劳时，充分肯定了张居正的用人方略："委任责成，使得展布，是以各尽其材，事克有济。观于此，而居正之功不可泯也。"

对于地方官的考核，张居正尤为重视，亲自过问，毫不懈怠。他认为，哪里吏治不清，哪里就不太平。南方多祸乱，人们多怪罪民风强悍，他却说："广中患不在盗贼，而患吏治之不清，纪纲之不振。"地方官凡有虚文矫饰的，都列为不合格。他强调的是，能安民者就是致治之道。张居正的识才、爱才、怜才在史籍中留下许多佳话。

明代官场有一个不成文的规则，就是用人时往往要看容貌，英俊出众的因此占了便宜。曾经就有一名福建德化县的知县，三年任满，考核合格，文章也得了优等，因为其貌不扬，得到的批语是："文虽优而貌颇侏儒，不得列。"这知县一气之下写了首打油诗，张贴在衙门前："为官不用妙文章，只要胡须及胖长，更有一般堪笑处，衣裳秘得硬绷绷。"张居正也遇到过一个长相不佳的官员，嘉兴的同知黄清，他才思敏捷、处事有方，但因为长相丑陋，又是个独眼，因而官运不佳。张居正得知以后，破格起用，使他一展才能，取得良好政绩。

当时，有一个叫殷正茂的将领，他的声誉并不好，但为官严厉、强悍。在南方发生动乱时，张居正认为除了他之外无人能平定这场风波。果然，殷正茂一出师就马到成功。实际上，张居正所用之人的人品良莠不齐，对此他并非心中没数，有的全面放手，有的有限制地使用，有的加以牵制。殷正茂为官并不清廉，但在张居正的手下就不敢放肆。在用人方面，张居正有个理论："埙篪不同器，和鸣发宫商。方圭与圆璧，俱登君子堂。民生各有性，迭用异柔刚。"埙、篪是用陶和竹制作的两种乐器，质料不同，但相互配合使用却能奏出和谐的音乐；美玉有方也有圆，都可陈列在大堂；民性有柔有刚各不相同，用得其所就能发挥不同的作用。

对此，时人对张居正有个颇为中肯的评价，认为他素来少留人才，对人才的观察和使用，每每在常人之上，称赞他“夫能长百人者，必其才兼百人者也”。

确实如此，张居正在改革中之所以能所向披靡雷厉风行，关键是他的周围有一批得心应手的人才，群相呼应。能驾驭百人者，其才必在百人之上，宰相指挥的是千军万马。正是因为张居正有过人的胆识和气度，才能运筹帷幄，举重若轻，这也正是他个人魅力之所在。

抑制兼并，施惠于民

和历代改革中兴之臣面临的问题一样，张居正也面临朝廷财政收入严重不足，入不敷出的困窘局面。表面看来，是因为应征税的土地越来越少，税源枯竭。这对人口越来越多的大明王朝来说是一个悖论，怎么人越来越多，土地却越来越少了呢？原来，土地都被大户人家、豪族官僚兼并了，而按明朝法律，皇族及功臣后代还有当朝权贵是不用交税的。这使得一些小民为了避税，也不得不选择和这些特权阶层合作，将大量土地归到他们名下。

明朝中叶，贵族大地主兼并土地的情况相当严重。全国纳税的土地，约有一半为大地主所隐占，他们拒不缴税，严重地影响了国家收入，社会矛盾激化，农民起义接二连三地发生。明王朝处于危机四伏的境地。临危受命锐意改革的张居正面对这种现状，他不可能出台相应的法规，直接来抑制土地兼并。为了增加财政收入，又客观上阻止土地兼并，张居正开始提出重新清丈土地，而赋税的多少不分权贵平民，一律按地亩多少收取。这样就使很多被隐瞒的土地浮出水面，增加了税赋来源，一些权贵为了摆脱课税，也不愿意再随意兼并土地了。

明初田赋仍沿袭两税法，即按赋役黄册所载之田，按亩征税，分夏秋两次交纳；输纳日期，夏税不得过八月，秋税不得过次年二月（有时为当年十二月）。

明初，国家的赋税徭役还是比较轻的，明朝赋税规定，有田赋，有丁赋，但它的丁赋也多以田产多少派征，与实际人口并无大的关系。朝廷所要求的只是赋税要保证按期如数缴纳。明太祖出身于农民，深知农民遭受的剥削之苦，采取了轻徭薄赋，与民休息的政策。朱元璋曾说："农为国本，百需皆其所出。"为了发展农业，首先要把战后流散的农民固着在土地上。为此，朱元璋曾多次令民归耕，并以减轻赋税为鼓励措施。洪武元年（1368年），规定允许百姓垦荒田为己业，并免徭役和赋税三年。洪武三年（1370年），令苏、松、杭、嘉、湖五郡无田百姓到临濠垦种，官给钱、粮、耕牛、种子，免徭役三年。又因北方近城地多不治，"召民耕，人给十五亩，蔬地二亩，免租三年，有余力者不限顷亩"。"额外垦荒者永不起科。"又令四方流民各归田里，丁少地多者，不许多占，丁多地少者，验丁拨给荒田。这些措施召回了很多流散贫民，也有利于人民生活的安定和农业生产的恢复。明初的农业税只有三十税，这比欧洲同期的十一税要轻很多。由于明初吏治甚严，政府官员不敢随意增加苛捐杂税，明初的国家的赋税一直保持在一个比较正常的水平上，农民的负担也比较轻。但到了后期，因为土地兼并，应交税的土地越来越少，致使财政收入逐年减少，农民的负担也逐渐加重。

但在明朝，兼并土地最严重的恰是皇帝对皇亲贵族和官僚功臣的赐田。刚开始，这种赐田还有节制，如明太祖分别于洪武三、四年只赐给魏国公徐达、韩国公李善长等田658顷；洪武六年（1373年）只赐给亲王土田各百顷，并对赐田亲定祖训以戒之。到宣宗时仍得到一定程度的遵守，如宣德四年（1429年）皇叔请求赐田时未给。有节制的赐田发展到后来，成为最严重的土地侵夺。特别是自洪武九年（1376年）允许开辟庄田以来所形成的皇庄、王府庄田以及勋戚庄田所占夺土地最甚。如成国公朱允祯在赐田外又侵地9 600余顷；外戚王源原只有田地27顷，后占夺民产至2 200余顷；忠国公石享在怀来县豪取民田1 700余顷；孝宗一次就赏给建昌侯张延龄田16 700余顷。总计明代只是王府庄田（不含勋戚庄田和皇庄）就达二三十万顷之巨，而全国耕地面积，在洪武二十六年（1393年）才850

余万顷。到明熹宗下令赐桂、惠二王田而各州县无地可拔时，竟令各地人民分摊银租，叫“无地之租”。加上一般地主如江南豪绅富室也通过巧取豪夺，少者占田数百亩，多者上万亩，导致明末土地极度集中，比宋朝还厉害，广大农民倾家荡产，被迫沦为佃户、长工。在浙江和福建，有田者占1/10，其余9/10是佃农，安徽地区“绝无一亩者居十之七八”。田租也日益苛重。江南地区，农民每亩所收，多者不过三石，少者只有一石，而地主向农民征收的地租，一般在一石二三斗，个别地区高达两石。在福建地区，有田的地主可以“坐享七成之利”。

明朝中后期最突出、最严重的社会问题，莫过于土地兼并及由此导致的一系列社会危机。皇室、贵族和宦官大量侵占民田。明代皇帝带头兼并土地建立皇庄，使土地兼并之快之猛之多，均为历史上所罕见。皇帝带头，宗室、贵戚也不甘落后，分别通过“钦赐”“请乞”（求皇帝赐田）“投献”（农民被迫献出田产）“占夺”和“价买”（利用权势用低价购买）等手段攫取大量土地，辟为庄田。土地兼并使大批农民逃亡，成为乞食而活的流民，国家财政收入与载籍户口也明显减少。明朝统治者害怕流民“团聚为非”，经常派兵镇压，或强迫返籍，逼得流民走投无路，相继揭竿而起。

封建王朝的财政来源主要是以土地和人口为依据征收赋税，明初的赋税制度基本上是沿袭唐中叶以后的两税法，即向土地所有者征田税，按人头派差役，分夏秋两季征收。所以，土地和户口是王朝财政和劳动力的主要来源，这两者都要有相应的计量为前提。明初经过战争的重创，土地大量抛荒，人口成批逃亡，田地和人头都已失实，为此重新审核整顿，以户为主登记造册，用黄册记载户口，鱼鳞册绘制田亩，详列丁口、田产及应负担的赋役，一式四份进行登记，分置各级官府，作为定额征收的根据。随着岁月的更替，田地和户口都有变化，每十年要重新编订一次，增删补漏，这是税收的主要来源，其他如鱼课、盐课、茶课、桑丝、药材等商品生产的税收都有定制。有了确切的人口和田亩，也就稳定了王朝的税收。

两税法虽然使国家的财源有了保证，但在明中叶后，随着土地不断兼并，民间的土地和户口逐渐集中到勋臣、贵戚和大地主手里。他们倚仗特权，贿赂官府、隐占人口、瞒田偷税、逃避差役，到万历前夕法定的征粮地比明初减少一半，户口减少三分之一，大批的田地和户口流进私家，使国家财源日渐衰竭，这是明王朝主要的财政危机。国家财政收入不足支出，就用各种加派、加征的办法搜刮百姓，为了供应日益增多的宗藩禄米和官员俸银，在定额的税收以外，又加“岁派”，其后又因宫室建筑的耗费再加“坐派”，各种苛捐杂税接踵而来。国家依靠加大税收来填补亏空，其结果是国愈匮，民愈穷，形成恶性循环，这又加剧了社会矛盾。令人痛心的是，贪官污吏上下其手，为虎作伥，各级官员麻木不仁，纵容姑息，愈演愈烈，已到了难以收拾的地步。

忧国忧民者对解除王朝财政危机有各种建议和见解，张居正在比较各种意见后认为：方今言理财者，纷纷纭纭，都没有触及要害，要真正解决问题，必须制止土地兼并，堵塞瞒产偷税的漏洞。从嘉靖以来，官员勾结豪门，“割上肥私”，主政者姑息养奸，“政以贿成”，在官员的纵容下，大量民田、人口被豪门侵吞，造成“私家日富，公室日贫”的后果。只有“杜绝贿门，痛惩贪墨”，才能做到富国富民。豪门行贿与官员受贿是一场权力与利益的买卖，有买才有卖，“买”在前，“卖”在后，是需求决定行为；再从另一面看，有卖方的诱惑，才有买方的趋之若鹜。所以，这行贿与受贿又是权钱交易的双生子，双双结胎于制度的裂缝。有缝隙可钻才有贿赂的可能，如果把这门关死，使行贿者无缝可钻，有行贿的也就无从得逞，这就要堵塞由于制度的缺陷有可能造成的漏洞，并严加惩办贪官污吏，抑制兼并，这样才能使国家和民众上下受益。

在张居正看来，豪门与贿门是国匮民穷的根源，前者是财大气粗的权贵，有钱有势可依仗；后者是隐藏在官府的贪官，有种种权力可行使。两者钱权交易，一拍即合。贿门从豪门而生，豪门因贿门而愈益猖狂，他认为豪门权贵是“民蠹”“权蝎”，“此最大患也”。

豪门权贵之所以成为国家的大患，是因为他们拥有隐占土地和免除徭役的特权。土地和人口是政府财政收入的主要来源，土地和人口源源不断地流入豪门之家，致使政府收入锐减，引发财政危机，即古人所谓“公室”和“私门”的矛盾。这一矛盾在先秦曾经促进了分封制向郡县制的转型，私门一度成为新兴的封建生产方式的代表，具有历史的合理性。从秦朝确立中央集权专制主义的制度以后，私门的发展往往成为与中央王权争夺利益的对手，历代王朝都面临这一矛盾，历代改革家也都要在强公室、杜私门方面有所作为，在不同程度上使矛盾缓和。可纵观整个封建社会的历史，从来没有，也不可能根本铲除滋生这一矛盾的温床。

封建社会本是权力统治财产的社会，它以层层相隶属的等级关系建构统治体制，一姓王朝取得统治，立即拥有对全国土地的支配权，皇室、亲王、贵戚、勋臣都能分享到土地。明初，朱元璋赐给王侯、贵戚、功臣诸多庄田，这是载入“金册”的土地，享有免征赋税和差役的特权，虽然在法律上规定赐田以外的私产并不享受这种优惠，但在明中叶后法制废弛，豪强权贵肆无忌惮地兼并土地，倚仗特权不交税纳粮，官府无可奈何，形成不成文的潜规则。这种潜规则之所以能通行无阻，是因为官员也享有同样的特权，他们按照各自的品级，免除一定数量的差役，不仅是在职官员的家属悉免徭役，连生员除本人免役外，户内也可优免二丁。明中叶后又发展成按品级免税粮，到明末一品大员可免税田一万亩，按序递减，最末的生员也能免交八十亩的税粮。虽然法制规定只是免役，但明代役法是“以民为役，以田制役”，田亩和丁口都可作为征役的对象，由优免田而获得优免粮，这就给以免役为名而行逃税之实留下缺口。实际上，官绅与勋贵们一样无视朝廷法规，在优免田以外本应纳税的私产也能设法免征。利益的契合使政府官员与豪强权贵同流合污，三亲六眷都能沾光，一户势要之家获得优免权，投附者纷至沓来，意图得到特权者的荫庇。当然，这是要付出代价的，那就是奉献自己的田产，由此形成“投献”之风，大片土地被权贵兼并。

这投献之田，既有权贵强取豪夺的，也有百姓自愿奉献的。隆庆初年的首辅徐阶在家乡松江拥有田产24万亩，佃户上万人，家人数千名，“半系假借”，也就是，其中半数都是投献而来，这种情况在明末并不鲜见。为什么会出现一批批自愿投献者？这是因为明代的赋役愈来愈重，超过了一般农家所能承受的最大限度。因此，他们不得不投靠权贵得到荫庇，以避重就轻。

这宁可向私家交租，也不愿向公家供赋役的现象，揭示了以朝廷为代表的政府利益与农民的矛盾已超出地主与农民的矛盾之上，实际上是朝廷的赋税政策把大批农民驱向权贵地主。不论是“公室”朝廷，还是“私门”权贵，都是地主阶级的代表，但他们都分属地主阶级的不同阶层，拥有各自的权益，即使代表地主阶级整体利益的朝廷，也会走向反面，扰乱权益分配的基本原则，迫使农民的生活难以为继，不得不另寻生路。

明初的田税并不算重，每亩收二升至三升，与元代持平，远比宋代轻。后来，在正科以外又加“劝耗”等杂税，到正德时每亩已上升到七八升。尤其在江南，赋税更重，一亩的收成不过二三石，租税多至八九斗，甚至一石二三斗。元明之际，朱元璋攻打苏州受到江南张士诚的顽强抗拒。城破后，朱元璋为了报复，对江南实施高额赋税，以致有今日完税，明日流离他乡乞讨的事发生。顾炎武诉说江南农民的苦情时说：“农夫蚕妇，冻而织，馁而耕，供税不足，则卖儿鬻女。又不足，然后不得已而逃。以至田地荒芜，钱粮年年拖欠。”

比土地税更为严苛的是徭役。有田就有租，有田也有役，明朝的制度是“因赋定役”，每顷田出夫一人，不足一顷的与他户凑足，税之所出，役也相随。徭役是从里甲派遣，这有“正役”和“杂泛”两种差役。一甲十户，十甲为一里，里长多以富民担当。这种指派是强制性的，户数虽相等，但人数却多寡不一，拥有田亩的数量也有多少之别，此里的里长未必就比他里的平民富裕，但要承担相同的徭役，就有事实上的不均不平之弊。编制之初尚能维持，时日一久，随着户口的迁移、逃亡和自然减员，有的一里只剩下四五户，甚至只有一户，也仍按原样编派里长服役。此外，粮长也是一大苦差，明初设立粮长制本是朝廷委托民间征收田粮和解运的代办制度，粮长原由当地的大户承当。明中叶后，土地不断被兼并，优免户不断增加，农民相率逃亡，致使各地各区田粮经常亏欠，粮长就要负责赔垫。大户可以勾结官府逃避这个差使，粮长这一职务就被摊派到中小户的头上，不少粮长受此拖累搞得家道中落，甚至倾家荡产。里长和粮长制严重损害了中小户农民的利益。

处于社会最底层的农民，是贡赋和差役的主要承担者。官府向农民征收的有三办，即额办、坐办和杂办。额办为定期的，坐办是不定期的，这两者供中央朝廷和皇帝御用，统称为岁贡；杂办则是地方官府所需的差遣和花费。这三办成为勒索百姓的三条绳索。以岁贡来说，明初一地所贡有十多种地方特产，到明中叶增加到上千种，猛增数十倍，凡宫廷和中央各部之需，莫不由各地里甲无偿提供，仅太医院药材每年就要二十多万斤，织造原料则不计其数，有明一代，民间所贡物料究竟有多少，至今难以统计。

供给地方官府的杂办，也不胜其多。据《宁国府志》记载，这一地方的岁费项目，就有衙门办公费、春秋祭祀、乡饮酒礼、科贡盘缠、运船料钱、解扛脚钱、江海兵防、孤老衣薪、里甲供应、春牛桃符、决囚公费、器物案衣费用12项。《杭州府志》记载的杂办多达63项，三办共折银14 852两，杂办就占去2/3，这些都摊派到农民头上。差役有“正役”与“杂泛”两种，正役以户计算，按40亩或15亩派一丁，可折米一石或二石。杂泛差役是供地方政府差遣的役夫，如甲首、轿夫、伞夫、解户、狱卒、应捕、隶兵、土工等，名目繁多。冗官愈多，耗费愈大，明末的官吏猛增十倍，为衙门、官吏服务的白役、防夫、快手人等又增加十倍。白役是不领工食，白干的，官吏们争相派遣、使用，毫不痛惜，这无疑是对民众敲骨吸髓。

从中央到地方的各级官府层层加码盘剥，农民承受不了苛重的赋役，就抛荒土地外出逃亡；或向权贵献出土地，以极低的价格出让所有权，从自耕农沦为庄佃或奴仆，以减少官府的杂役。在投献的土地中，很多是农民从荒地野陌中辛辛苦苦开垦的家园，这是农民的私产。按明初的法律，这所有权当归开垦者所有。如今献出自家世代耕种的土地，是很悲痛而又不得已的选择。权贵地主依仗政治特权兼并土地，再以闲地的名义申请皇帝批准归其所有，这就变掠夺为合法所有，毫不费力地将占有的土地合法化，再倚仗特权或是隐瞒不报，以逃避赋税。因此，私家兼并的土地愈多、愈富有，政府可控制的土地和税收就愈少、愈匮乏。官员与权贵相互勾结，瞒产逃税，花样百出，有的乘机造册把田产飞洒在他人户头上，称"活洒"；有的暗藏在绝户中，称"死寄"；有不过户或过户一二成的称"包纳"。还有畸零"带管""寄庄"等，总之用种种隐瞒、转嫁的手段逃脱本该担负的赋役。这也使得登记人口的黄册、记载田地的鱼鳞册完全失实，而官府对这种弄虚作假和舞弊的现象视而不见，依然按照原有的账册，征收如故。被征的农民一旦逃亡，就要邻户赔偿；邻户逃逸，就要里长赔偿；里长再逃，则要粮长赔偿，邻里相牵，户户株连。被逼无奈的百姓，逃亡他乡，流移载道，贫困交加，由此引发盗贼横起，奸诈公行，这在江南更为严重，有的良民被奸民所累，重复被征，逼不得已，只能卖儿卖女完纳赋税。比正税更严重的是各种变相的加派，征税的公差一进门，要了路费要红包，另外还有酒钱、饭钱、买差钱、雇役钱、门子掣签钱、吏房销名钱、粮房欠数钱、数书还库钱、经催常例钱、府厅解比钱、内衙公费钱等。各种各样的敲诈勒索，不胜枚举，交不出的就被责骂、鞭打，甚至被杀害，因而造成许多冤案。

土地兼并，瞒产逃税，已成为危害国家和民众的一大祸害。对于这样重大的社会弊病，张居正旦夕为念，忧心忡忡地指出，各地方税重差繁，无名之征过多，以致民穷财尽，反不能完成国家的赋税，对于豪强侵占民产，偷税逃役的种种恶行，官府不敢过问，反令下户贫民包赔。良民被逼无奈，有的逃亡，有的沦为盗贼，南方因而作乱不息。历来的统治者都把盗贼视为祸乱之由，很少对执政者进行反思，可张居正却能清醒地认识到："粤地所患，不在盗贼，而在人心不公，是非不定，纪纲不振，法度不行，可恨！"豪强兼并，人心不公，法度不行，他以“可恨”一词充分表达他的愤慨，发泄他的不满。他斩钉截铁地说，敢于欺隐的是权贵，不是小民；官府执法要打击的是奸人，不是良民。通观历代治乱兴亡之故，从来没有官清民安，田赋均平而发生动乱之事。贪官污吏，田赋不均才是致乱之由。他力行考成法，惩治贪官，整顿官府，打击不法权贵，为纠正这一弊端作了种种努力，但要从根本上治理，必须解决田产失实、赋役不均的源头。对隐占田地者加以清理、追究，解除农民无辜赔偿之累，使民众安于田里。这一切都有赖于重新清丈田地，按实有田亩征税，才能消除病根。

万历五年（1577年），张居正决定着手调查田地、户口。在政治改革已取得初步成效的情况下，不失时机地把改革的重点转移到经济领域。次年正式通令重新丈量全国田亩，并由户部尚书张学颜亲临第一线，主持清丈各府州县所有的庄田、民田、职田、屯田、荡地、牧地等一切生产用地。按照实际田亩分上、中、下三等纳税，从严惩办欺隐之罪，对于最狡猾的江南豪强，特别选派精悍的大吏督责，一定要做到详审细核。

国家向地主征田赋，田多的多征，田少的少征，按田亩的多少核算赋税，从法制上说是公平的，这也就是封建土地所有制的条件下均税的实质性内容。如果田多的纳税少，或田少的多纳税，甚至田地已被豪强占有，而田赋仍留在原田主的名下，造成田去税存的现象，这就会发生赋税不均的社会公害。清丈的出发点，就是要做到“粮不增加，而轻重适均，将来国赋既易办纳，而小民如获更生”。农民既为逃避赋税而投献，就要由受献者承担赋税，清丈查出隐占的土地，一律补交税款。万历九年（1581年）又规定，凡是功臣之家，除朝廷调拨赏赐的公田以外的田土，尽数报官，与庶民一样纳粮。谁有田谁交税，使得兼并者无利可图，从而达到抑制兼并的目的，这在16世纪的中国不失为力求赋役均平的最佳办法。可是，要真正做到按亩征税，就要强迫权贵暴露已侵吞的土地，这在明后期是震动朝野的大举措，其阻力可想而知。从张居正的一系列信件中，可知其事的艰难与他必行到底的决心。在这期间，他屡屡敦促各地：“清丈之议，在小民实被其惠；而于官豪之家，殊为未便。”这是“百年旷举”，是“均天下之大政”，“非精核详审，未能妥当”，“诸公宜及仆在位，做个一了百当，不宜草草速完也”等。

按田主实有的田数核算田赋，这个设想得到实现。史书记载说，当时丈量后全国的田数有700多万顷，比明中叶弘治年间统计的400万顷，多出300多万顷，在北京、河南、山东等畿辅之地，勋贵集中的地方，清出51余万顷之多。这个数字未必准确，施行中也有新的弊病，有的地方官为迎合朝廷，以多报为政绩，为求田多，把计算工具“弓”的长度改小，甚至将街衢、河道等公共用地都作为纳粮的田地上报，出现一股浮夸风。但是，这个弊病比遏制兼并和克服赋役不均的成效来说，还属于次要的问题。清查的结果，是严厉打击了权贵大地主，迫使他们守法，不敢轻易兼并土地，瞒产逃税，里甲乡邻免受贴累之苦，小农户也不至再有虚粮。在福建地区清查后的田数还略有减少，免除这部分不实的浮粮，减轻了农民的负担。国家不用加赋即能增加收入，扭转财政亏损，确实做到了公私两利。对此，明人有诸多议论，这在明代的笔记中屡有记载。有的说减少了税额：“太仓田旧额每亩三斗三升，今止二斗九升。”有的说：“田政既清，他政自举。”也有非议或不同意见相互斧正的，当初有人责怪张居正对清丈土地操之过急，也有人为其辩解说：“何尝是操切，自我看来，还是操而不切。”有的指责清丈中有不实之处，也有人认为：“豪奸巨室，大肆欺隐，代书算做了一场大买卖，何可尽归咎江陵！”从明朝建国以来，这是两百多年没有的大规模清丈土地运动，涉及全国各地，千家万户，各地发展并不平衡，施行的结果未必都圆满，但确实使多年的积弊得到清理，不愧是一场利国利民的盛举。在张居正身后四十年，户科官应震在追忆这一清丈的社会效果时，连连称赞：“既不减额，亦不增赋，贫民之困以纾，而豪民之兼并不得逞。”

此前的土地兼并不是因为生产的需要，而是为了避重就轻逃避社会责任。也就是所谓的趋利避害，懒惰猥琐的农民，为了躲避税收自愿把土地归到拥有免税权的皇族功臣后裔。当朝权贵乃至一般的朝廷官员的名下。一次次上演这样的官民合作欺骗君主搜刮国家的自欺丑剧，逐渐使得皇权难以维系，权威不再，法令不行，社会陷入困境和混乱。重人情而轻法规，做事无原则，进而信义难以立足，信义不行，商贸难以兴盛。商贸不兴，民不得自由择业，不能自由择业则依赖附庸之风盛行，附庸之风不断树立、腐蚀，利用权贵，以公谋私，权臣哄骗皇帝，皇帝不知下情。长久如此，国势衰弱，皇权又一次难以维系。由此不得不通过再次的改朝换代得以重新确立皇权的尊严，保证权威的存在。而在这个过程中，不免要发生战乱，最终受苦受累的依然是这些曾经不愿辅助皇权的民。辅助皇权和利用、依赖皇权是不同的概念，在中国历史中，只有对皇权的利用、依赖以及无法依赖和利用皇权谋得私利时的唾弃和重建，从来没有建立在自立自强的基础上的对皇权的辅助，这才是历代王朝更替循环往复，历史悲剧不断重演的根本原因。民无独立自主的谋生选择权力，因而造成了没有自立自强的国民奴隶心态，由此进入循环往复的权与利的勾结。

要想走出这个怪圈，就必须发展商业，使得民有自由择业的可能。不要使他觉得坚守了自己的立场就会死路一条，使人不要为生存而出卖一切，有保留自己人格独立的可能和权力，进而获得独立自主的行为能力，逐渐走向辅助权威、规范社会秩序的良性循环道路，而不是阿谀附庸依赖权威，以公谋私的老路。张居正深知，要从根本上解决这种历史必然的途径，那就是促进商业发展。为此，他开始了中国古代财政乃至整个经济领域最伟大的改革举措——用货币征税，实行一条鞭法。

一条鞭法促进商业兴起

以土地为主要经济来源和财产的明朝农民不仅要面对以土地和人口为标准的

赋税，而且还要接受一定的徭役，也就是不光要出物，还要出力。只不过出物每人每亩地都有份，而出力则是按田亩的数量，几家人轮流合出。张居正在通过清丈土地规范了土地的所有权归属问题，明晰了土地数目，扩大了财政来源之后，又对徭役采取减免措施。一方面，为了扩大政府财政收入，削减收税成本，另一方面，也为了减轻民众负担，张居正将之前在局部地区试行没有成功的一条鞭法推行全国，最终获得成功。这不仅直接方便了政府的收取，也促使农民参与市场交换以获得交税的货币，从客观上促进了商业在更广范围内的兴起。

赋税不均的现象初步克服后，随之需要解决的是徭役问题。清丈土地的告成，为全面的赋役改革准备了条件，张居正立即于万历九年（1581年）在全国推行一条鞭法（又称一条鞭）。起初叫条编法，后来民间为了形象起见，就以讹传讹叫成一条鞭法了。

明朝的赋役除正赋田税外，其他各种杂税和力役的名目繁多，重叠征收。弘治时夏税秋粮多达41项，万历时又增至50多项，额外增收难以计数，税粮交仓，一石米要三石米的运费，田粮折银，每两要加火耗2钱到5钱。所谓一条鞭法，即是将赋役中的各项名目如杂泛、均徭、力差、银差等项合为一种，将力役归入田赋，一律按田亩核算，统一征收。除了上缴朝廷的漕粮外，都可改折银两，以货币税代替实物税，允许被征调的差役出资雇人代役。同时，简化征收的手续，减去由里甲征收的中间层次，改成官收官运。

一条鞭法的施行，将徭役归入田赋，虽然同样都是由民众承担，但以身服役，此人身就不由自己支配，以银充役却使人身有了自由支配的选择，这是封建社会历史上从未有过的创举，这已大大超出均赋役的意义，进一步减轻了土地对劳动力的束缚。自此以后，在全国通行计亩征银的同时，又具有了以银代役的机制，只要出钱就可以免除力役，削弱了人身依附，扩大了货币流通的范围，使农民可以脱离土地到城镇打工，商贩和工匠获得自由迁徙和自主经营的可能，这对促进商品经济的发展和资本主义生产关系的萌芽起到了积极的作用。在资本主义已经在西方崛起的16世纪后期，这是促进中国经济发展的重大革新，在客观上顺应了世界发展的潮流，在中国经济发展史上有不可磨灭的功绩。

一条鞭的起源可追溯到宣德五年（1430年）。当时，浙江巡抚周忱和苏州知府况钟建议按民田起科调剂赋役不均，被户部指责为变乱成法，不了了之。嘉靖十八年（1539年），于应天巡抚欧阳铎和苏州知府王仪在苏州府内创行征一法，“以一田为母，以户为子”。计亩征收田赋，受到豪门的反对，没能继续下去。此外，还有纲银法、一串铃等近似一条鞭的措施，都受到阻挠，难见成效。嘉靖、隆庆之际，海瑞、庞尚鹏又在江南一地区推行一条鞭法，遭到户部尚书葛守礼的反对，上疏：“乞正田赋之规，罢科差之法，使小民不离南亩，则流移渐复，农事可兴。”这种观念主张农民不离田亩，永远附着土地，才能使农业兴旺。户部是主管财政的，连这财政部长都持反对态度，可见阻力之大。有些官员虽然认为“徭赋之一法，盖莫善于今之一条鞭矣”，但鉴于屡行屡停的教训，又担心虎头蛇尾，虑其不终，疑虑重重。

张居正非常关注这些议论和历史教训，并不讳言一条鞭有不尽如人意之处，但他强调的是，行法在人，既然这方法在南方施行，民众称便，那就可以试行到北方。他雷厉风行地推行新政，并非一意孤行，不看可能发生的副作用，而是注意民意，权衡利弊，找出问题的症结所在：“条编之法，有极言其便者，有极言其不便者，有言利害半者。仆思政以人举，法贵宜民，势此例彼，俱非通论。”又说：“法当宜民，政以人举，民苟宜之，何分南北？”他坚定地以“宜民”作为衡量新法的准则，突出“政以人举”的思想，把补弊救偏的希望放在官员的选择和提高执行能力这一环节。事实上，一个正确政策的出台，并不能包打天下，关键是在于能否有得力的人才，正确进行贯彻，及时纠弊补偏。他反复考察一条鞭法执行情况的反响，主张精选人才，谨慎行事，于万历四年（1576年）先在湖广地区试行，进行示范，一年后得到多数人的称道，再推向北方。等到土地清丈完毕，又不失时机地将一条鞭法推向全国。这项改革从明中叶酝酿，至万历九年通行，一百多年来，几经周折，时行时止，最后定为国策，不能不归功于张居正的努力。

起初，张居正将一条鞭法在福建试行，因为那里历来受倭寇的侵扰严重，民生凋敝，急需减轻负担，作为旨在减轻人民负担的一项税赋改革措施，在那里试行当然再好不过了，果然初次试验就大获成功。但一向小心谨慎步步为营的张居正没有马上在全国推行，而是紧接着又在自己的老家湖广地区试行。这里地处中部，农业基础好。如果新政策真的有效，就会立即显示出来。在进行了两次试行之后，张居正仍然没有向全国大面积推广，而是选择山东这个具有代表性的北方地区进行试验。结果，施行效果很不理想。经过细心查证，张居正发现原因在于地方官怕得罪权贵望族，不敢推行新政。

张居正当机立断，一方面运用考成法作为强力后盾，严格督促地方官员执行新政；另一方面他又注重做地方要员的工作，加强与他们的沟通，申明大义，强调自己的坚决态度以及改革新政的切实好处。如此上下兼顾各方突击，软硬兼施势推力导。为此，他专门写信给当时的山东巡抚李世达，恳切地表达自己的看法："条编之法，近旨已尽事理……仆今不难破家沉族，以殉公家之务，而一时士大夫乃不为之分谤任怨，以图共济，亦将奈之何哉！计独有力竭而死已矣。以公知己，敢布区区。"

张居正在信中情诚并叙，不光诉了苦，还把对方拉为知己，也让对方看到了自己作为京官的决心，扫除了地方官的后顾之忧，最终使得一条鞭法在北方也推行开来，之后又进一步推向全国，最终取得初步成功。

一条鞭法是建立在清查土地和户口基础上的新税制，有四大优越性：

一是赋役一律按田亩征收，这对拥有土地最多的封建地主来说，增加了本该由其负担的赋税，追交漏税，增加了国家的财源；

二是国家税收的一部分得以从农民转移到大地主身上，相应地减轻了农民的负担；

三是将劳役归于土地的政策，使商人得以摆脱徭役的牵制；

四是以银代役的举措，扩大了货币使用的范围，促进了商品流通，有利于松弛土地对农民的束缚，对商人、工匠、农民等各阶层提供了可以流动的人身自由。

这些都是有利于促进商业经济发展的，达到了立竿见影的成果。比这些影响更深远的是，一条鞭法将赋税改折白银征收的政策，使白银成为广泛的支付手段。这就方便了人们的支付，有利于增加货物的流动，在很大程度上促进了贸易的繁荣。商品交换越是打破地域的限制，对白银的需求愈加迫切，白银货币的广泛使用，使商品经济有了更为广阔的天地，有助于形成全国性的市场。在这以前，中国虽有使用贵金属货币的历史，但时断时续，范围有限，明初又一度禁止用银，自一条鞭法实施后才沿用不衰，这是商品经济发展的必然趋势。人们用白银交纳赋税，领取俸禄，支付工资，买田造屋，购买一切生活日用品。白银成了财富的象征，成为人们争相追逐的对象。这进一步稳固了银本位的货币流通体系，有助于商业的长期稳定发展，但这种好利鄙农的现象又和中国传统重农轻商的观念不相协调。所以，在没有上层坚决推行的情况下又很快回到原来的状态，最终没有促成资本主义的发展，也没有促成工业时代的到来。

一条鞭法作为国家的税收政策，将力差全部并入田亩划一征收，商人没有田产因而得以免除差役。仅此一项，就足以吸引人们弃农从商。有民间谚语说："将钱买田，不如穷汉日安眠。"羡慕商人"浮宅泛宅无牵挂，姓名不累官籍中"，"只将生事寄江湖，利市何愁远行役"。自古以来，商人经商盈利后，往往买田成为地主，坐收地租，商人资本因而源源不断地流入土地，转化为封建生产方式的固守者。在一条鞭法施行后，一批批商人发财致富，刺激了士大夫经商的欲望。在明代以前，读书人多埋头功名，很少涉足商业，士大夫耻言利的传统使他们对商人也多有偏见，到晚明情况大有改观，"缙绅仕夫多以货殖为急"，这句话充分反映了士大夫们争先恐后下海经商的心态。在新安地区，"士大夫之家，皆以畜贾游于四方"。在苏州"士大夫家多以纺织求利"，连一向被士人唾弃的典当铺也成为热门的行业。文人经商的大有人在，明末东渡日本传道讲学，被奉为日本儒学之父的朱舜水，士农工商兼而行之，是个成功的商人；启蒙思想家唐甄是个“牙人”，即中间商；当时的叛逆英雄李贽出身海商世家；东林党的领袖顾宪成是商人子弟；明朝最富裕的官员李三才本人就是大富商，他有480万两银子，相当于明朝中央一年的财政收入，他还以官员的身份作为漕运枢纽通州地区的商会总头目，也利用自己手中的财富支持东林党和其他派系的党争。著名的明代地理学家、探险家徐霞客的母亲主办纺织工场，率领女工纺纱织布，其精巧的手艺、优良的产品受到顾客欢迎，产品经常供不应求，人们称赞她的纺织品“轻弱如蝉翼”，用今天的眼光看，可称为杰出的女企业家。士大夫经商日益增多，在实践上突破了“君子谋道不谋食”的信条，从而在认识上改变了对商人和金钱的观念。李贽驳斥瞧不起商人的观念，为商人呐喊：“商贾亦何鄙之有？”唐甄以身为中间商而自豪，说：“吕尚卖饭于孟津，唐甄为牙于吴市，其义一也。”他公然把自己的商业运作与先秦圣人姜子牙相媲美。

在明末出现种种宣扬商人和商业的言论和活动，是对重农抑商传统的叛离，这一切莫不与张居正采取一系列的惠商、利商的政策有关。保守派攻击这是“变法乱常”，“力争其不可要”。张居正力摧传统偏见，坚持惠商政策，是因为他在青年时期就已经酝酿“资商”“厚商”“商农之势，常若权衡”的思想。他还在翰林院时，就与工部都水司官员讨论农商关系问题说：“商通有无，农力本穑。商不得通有无以利农，则农病；农不得力本穑以资商，则商病。故商农之势，常若权衡。”把商业在国民经济中的作用提到新的高度，待他掌权后，形成政策，付诸行动，有力地促进了商品经济的繁荣。以他内阁首辅的权位和魄力，作出这样的论断和决策，其影响面就不仅是一行一业，而是整个国民经济的发展。人们都知道“三百六十行，行行出状元”，这是明代的民间谚语，“行”是商业行当的简称，殊不知在这以前并没有三百六十行。在元代关汉卿的戏剧中，只有“一百二十行，门门都好着衣吃饭”的说法。从一百二十行到三百六十行，经营的行当多了三倍，民间话语生动地反映了明代商业的繁荣超过前朝历代。

然而，这样一项有利于国计民生的国策，其推行之路并不平坦。众所周知，开源节流是封建社会通行的经济原则，张居正比先辈技高一筹的是，他不拘泥于节流，而是把开源列为重中之重，这才有推行一条鞭的决心。在他看来，堵漏节流并不能从根本上摆脱财政的匮乏，必须在政策上突破耻言利的局限，以理财作为国本，使百姓得到实惠。因此，他倡导以理财“植国本”，这可不是明代的祖训。明初有人提出“理财以纾国用”的建议，遭到明太祖的严厉驳斥，说：“宋神宗用王安石理财，小人竞进，天下骚然，此可为戒！”从此，再也没有人敢以财利建言。后来，又有人说河南有银矿，可以开采以资国用。明太祖大怒说：“君子好义，小人好利，好义者以利民为心，好利者以戕民为务，故凡言利之人，皆戕民之贼也。”固然“罕言利”“重义轻利”是儒家的传统，但儒家只是少说和轻重而已。朱元璋却把“言利者”视为“戕民之贼”，杜绝一切言利的主张，这是把“罕言利”的传统恶性扭曲到极端的结果。经济改革离不开言利，朱元璋此论作为开国皇帝的祖训，给反对者提供了言之凿凿的依据，这给一条鞭法带来的阻力何其沉重！以银折算也遭到强烈的抵制。由此可知，一条鞭法从局部施行到推行全国，为什么会经过一百多年的反反复复，真是举步维艰！

从明代的祖训和诸多反对的言论中，可以理解为什么张居正在谈及清丈和一条鞭时说出这样的话：“苟利社稷，死生以之！”以这样的重誓来表白决心，以超乎常人的魄力，毅然把一条鞭法推行到全国，促进了商品经济的发展和资本主义的萌芽，在一定程度上确实达到了张居正所设想的厚农资商的目的。这是他的远见卓识，也是他改革中最有价值、最有影响的重大决策。

一些有识者并非只言好事而无视其中存在的问题，有的指出，一条鞭法不失为良法，遗憾的是：“书吏为奸，奉行无状，一丈量之余，征口有大小，册籍有虚伪……呜呼！除一弊，滋一弊，改革之难，诚难哉！”对此，张居正不是没有清醒的认识。诚如时人所叹，改革之难，太难了！经济改革实际上是改变财产和利益的再分配，一旦涉及财利，很容易滋生新的弊端。俗话说，吏弊如鼠穴，此塞彼又通，这是经济改革中的通病。王安石的新政不可谓不佳，但被各种弊端淹没，无力自救，被后人骂了几百年。张居正却把弊端减少到最少，这是一个改革家所能做出的最大努力。

公道自在人心！顾炎武这样评论一条鞭法的施行："百姓完此外无一事矣，法，诚良哉！""一条鞭法，最称简便直捷。"

在张居正的经济思想中突出开源，并不是不注意节流。为此，他做了许多努力。在国家各项开支中，以宫廷耗费最大，扰民最多，要节流就要从上层抓起。皇室的日用器物都由地方作坊生产，在苏州、杭州就有染织局供给各种绸缎衣料，这本身就是地方的沉重负担。万历七年（1579年），南方遭灾，大臣纷纷上疏要求撤销织造，神宗不准。张居正苦口婆心地劝说："索之库藏，则库藏已竭；加派小民，则民力已疲。"除了赏赐异邦有利于睦邻修好以外，凡属宫廷所需的绸缎都要减少供应。这一年，宫廷采办酬鱼。对此，举张居正又指出，为了皇帝要吃时鲜，采办者沿途骚扰，到一处就索要水钱二三十两，上百名夫役，地方受到祸害也不敢声张。如此铮铮言说，堪为百姓伸张正义。其时的神宗已是17岁的青年，大婚以后，享受的欲望日益膨胀，内库积钱再多也不够穷奢极欲的花费，索性下令铸钱，此事非同小可。张居正严正指出，前朝铸钱是为了通币便民，只有少量样品供皇帝使用。万历二年（1574年），新铸钱已增至一半，这已不合规定，现在又要铸新钱供内廷使用，小民会受到拖累，要求皇帝"蹲节财用"，凡是无益之费、无名之赏，一概都要裁减。

张居正又很是保守，始终坚持在封建时代的民本思想当中，他的一些举措只在于减少务农的成本，而没有促进人们弃农从商的意思，这就无疑重新回到了以往的老路。改革失败，旧规矩复辟已成必然。因为新的规则必须有新的阶层来维持它的正常运行，张居正虽然用一条鞭法将税务的收缴方便了许多，但没有及时地、更深层次地进一步出台有利于商业发展和商人阶层存在发展的法规，最终使得一条鞭法成为没人收养的弃儿，在实行一段时间后又被废止。

张居正要求皇帝节省开支，对农民则主张轻徭薄赋。隆庆年间税收拖欠有七成之多，在此情况下，他并不主张对百姓催科。他认为："出赋税以供上者，下之义也；怜其穷困，量行蠲免者，上之恩也。"你有义我有恩，百姓出赋税供养朝廷是有义，朝廷就应该施惠于民以施恩，把朝廷征税这一强制性的规定道德化，以相互的道义和悲天悯人的情怀，讽谏皇帝减轻农民的负担。这种不离人情的传统做事原则没有丝毫的严格性，遵与不遵不会带来什么法律责任，也没有相关的机制作为保障，最终达不到促进历史发展到另一个新的层面。

为了使新税赋制度下的农民减少压力，免得在新政策执行初期在受到上层保守派的阻碍之后又受到关系到其切身利益的纳税人——农民们的反对，张居正制定了许多相应的措施，以皇恩浩荡的名义减免不交者的税赋或者奖励积极交税者。万历六年（1578年）夏季，免去湖广、四川的欠税，秋季又规定江北诸府，凡年满十五岁的无田者，由官方供给牛一头、田五十亩供其耕种，免税三年。接着，又规定苏州诸府开垦荒田者可免税六年。万历十年（1582年），再次提出免去积欠以安民生的主张，认为百姓财力有限，丰年的收成尚可供一年之需，遇有灾荒，免不了父母冻饿，妻子流离，哪有余力交纳累岁之积欠？张居正以减钱粮来实践他"安静宜民"的思想，清代学者对此有很高的评价，认为"足国裕民，一举兼得"。

总之，张居正执行一条鞭法的目的是为了缓解大明王朝的财政紧缺，这项举措是他的一系列经济改革政策的一部分。所以，它的地位没有凸现出来，由此带来的深远影响和开创革新的意义也被当时乃至以后清朝的统治者们所忽略，最终没有起到促进生产力的发展，完善和改变生产关系的作用。这无疑是这项伟大举动留给历史的一个巨大遗憾，也因此对当代的人们更加有了借鉴意义。

合流法治理黄河

在中国古代，面对脆弱的生产力水平，各种自然灾害就成了历代执政者必须面对的重大问题。而在一系列自然灾害问题当中，黄患又成了一个难以征服的障碍。在定都北京的明朝，北方的稳定尤为重要，加之皇都的一切物资都要靠运河的输送，而黄河的泛滥势必影响运河的畅通，进一步影响京城的物资供应。张居正的新政必然要面对这个积弊繁多的问题，而他却初生牛犊不怕虎，以一个外行的身份参与到治理黄患的事业当中。起初有一两次小小的失误，但他并没有灰心，而是起用治水方面的专家，最终取得突破性的进展，获得了巨大的成效。

张居正在调整经济政策的同时，还把兴修水利作为发展农业生产、厚农利商的重要任务。水患素来就是明朝的心腹之患，当时的政治、军事中心在北方，经济资源主要靠南方，国家官僚机构和数十万边防军的给养全靠南粮北运，主要的运输干线就是纵贯南北绵延1 700多千米的大运河。政治中心和经济中心分离的格局，使得南北的联系离不开运河这一主要渠道，运河一旦发生故障，不仅400万石漕粮面临断绝的危险，中央王权也可能失去对南方的控制。运河是分段连通几大水系的通道，没有固定的流向，在过了徐州之后，有一段黄河就是接替运河的，这一段黄河和运河重合。因此，黄河一旦决堤就会冲塞运河，治运河实质上就是治理黄河。

历来治河的方针是以保护漕运为重，这在朝廷是作为国家大事来抓的，而对黄河水患带来的民生问题，相比漕运来说，只是兼顾的问题。“治黄”中是突出民生还是以保漕为先，实际上是治标还是治本的问题，不同的选择对治河的方法有重要的影响。以保漕为先，必然运用急于见效的办法，这就是历史上常用的分流法，在河水汹涌的下端开出河汊，用分流的办法来减缓水势，以分散黄河对运河的冲击力，由于长期使用此法，河汊愈开愈多，明中叶时只分流两三支，到嘉靖末年已有十三支。分支虽可缓解一时之急，但不能解决容易淤沙的难题，下游一旦沉积泥沙，河床垫高，就不能再行分流，又要重开新支流泄洪，河汊愈多，愈易淤塞，不利于保护河道。但是，此种方法往往能在短期内见效，便于官员们救急邀功，官府也可借此"渔利"，一直用传统的办法治理，但却使分支愈开愈多、愈多愈淤，这已是屡分屡败的教训。

在明中叶以前的治水工程中，以分流法治河的思路长期居于主导性的地位，当然这里也有对黄河泥沙认识不足的科学水平问题。此外，还有过新开河道的设想。隆庆年间漕运受阻，海运又不安全，高拱主张开凿胶莱河，以解决漕运。张居正委派工科给事中胡玉吾去山东实地勘察，发现水源不足，不得不作罢。

分流既然是屡行屡败，与此相对立的合流说，相应而起。该学说以正确认识黄河水性为特点，切实注意泥沙的治理，运用筑堤束水、以水冲沙的办法，维护河道的畅通。这就把治河的重点从单纯的防水转向积极的治沙，抓住了泥沙淤积才是水患频繁的要害。此后300年间，黄河能保持河道的稳定，不能不归功于合流法的成效。从分流说到合流说，这是中国水利史上的一大转折，其代表人物就是潘季驯。

潘季驯，明正德十六年（1521年）生于太湖之滨湖州府的书香门第，自幼受到严格的家教，28岁获得乡试第一名，30岁成为进士，嘉靖四十四年（1565年）总理河道，几度浮沉，治河27载，比较圆满地解决了明末的水患，其合流法标志着中国治水思想的成熟。他提出的"河之性宜合不宜分，宜急不宜缓""水合则势猛，势猛则沙刷，沙刷则河深"等理论，已成为近代中国治水的经典命题，在国际上享有很高的评价。他也被现代学者认为是"我国近代五百年来最杰出的治河人物"。

张居正大力支持潘季驯摒弃传统的分流旧方案，采取漕运与民生兼顾的治水方针，运用其以水攻沙的办法，疏浚黄河。三年间，筑堤三百多里，塞决口130多处，用完备的堤防把滔滔黄水约束在原来的河道中，利用奔腾的河水全力冲沙入海。沙刷水深，河循轨道，畅流无阻。自此数年没有大患，使得黄河两岸十年弃地转为耕桑，河上万艘船舶川流不息。

潘季驯在不长的时间内取得这样大的成就，与张居正排除官场干扰，调整体制，放手使用专业人才有着极为密切的关系。明代水运的管理机构，素来是河道、漕司分理，治河属河道，漕司管运输公粮，这两者各有专务，各司其职，相互牵制，互不统属。但河道和漕司这两个衙门，面临的往往是相同的问题，一有水患，河道失修，漕运被阻，经常发生相互推诿、指责的矛盾。两司之间难以协调，是缘于相互分割的设置不尽合理，这是制度本身的缺陷。对这种矛盾的处理历来都从人事方面调解，例如万历元年（1573年）河道总督万恭与漕运总督王宗沐的矛盾，万历五年（1577年）河道总督傅希挚与漕督吴桂芳之间的冲突，此起彼伏，都被视为人事纠纷。张居正却洞察关节所在，从体制着手，撤销河道都御史的设置，统一河道、漕运的管理，让潘季驯全权处理，并发布敕谕，明确规定，其后在南北直隶、山东、河南等地方事务凡与河道有关的，都要听命于提督潘季驯的安排。这不仅使潘季驯获得人才、经费、技术和民夫的调拨、任免、使用的权力，还能超越地域界限，拥有跨地区的自由调动权，使得黄河和淮河沿线的工程实现系统化和统一指挥。这是一项大工程中最难获得的权力。在重重叠叠、内耗不已的封建官僚机构中，能做出这样的决断不是一件易事。后来，张居正在《答河道潘印川论河道就功》中追忆了这件事，道尽其中的甘苦。

为了给予潘季驯一定的权力，张居正将治河不力的海安府通判王宏化、海安水利道、河南佥事杨化龙革职查办，以儆效尤。张居正还驳倒种种讹言浮议，断然处治带头反对潘季驯的御史林碧潭。在事关技术性的问题上，历来不是武官仗着暴力执行，就是文官互相推诿拒不执行，从来没有专业技术人员按照科学规律进行的决策。这也就造成了历史上一个很奇怪的现象，往往在一些暴政朝代反而会有大的作为。例如，最早开凿运河的隋朝，以及进一步完善运河的元朝，这些时候都是武官当政，用强迫的手段完成了平时难以想象的艰巨工程。但因为这些工程只注重政治影响力而不注重经济效益等一系列其他因素，最终使得这些工程只是兴盛一时，之后便逐渐被废弃。而此时的潘季驯作为一个水利专家要是没有张居正这个有魄力的领导者的全力支持，使他能够全权管理，很可能在内耗中一事无成。对此，潘季驯曾深有感触地说，张居正的支持是他获得“成功之一大机轴也”！

张居正并不是水利专家，难得的是他有发现人才的眼光、判断是非的智慧、放手用人的魄力。尤其可贵的是，遇有不同意见的争论，他能审时度势，在众说纷纭中做出正确的判断。万历三年（1575年）淮河决口，漂没千里，漕艘梗阻，他一度同意挽淮河入长江的办法。但当他发现此法有误时，马上改弦更张。在给河道吴自湖的信中，他沉痛地谴责自己：“仆今谬当大任，一闻愁叹哀号之声，痛心疾首，虽智力短浅，济时无策，然不忍坐视民之失所，而不思以拯救之也。”当即改行支持疏浚海口的方案，并以“决其淤，疏其窒，虽弃地勿惜”的决心，纠正原判断的失察。身为堂堂首辅，勇于向自己的属下认错，不是常人所能做到的。正是他知错必改的勇气和全力支持，使得工程进展顺利，不足两年，疏通海口1万1千余丈，塞决口22处，终于平息水患，使得“淮扬之间，欢声雷动”。

在大运河的沿线，京师、临清、淮安、扬州、镇江、苏州、杭州等地都是商船辐辏、人口密集的重镇。运河的畅通促进了商品经济的繁荣，黄河水患的平息使周边民众得以安居乐业。这足以说明，从一条鞭到兴修水利，不论是政策还是实践，都达到了厚农利商的目的。

而在起初，为了避免黄河对漕运的影响，有人主张开凿胶莱河，用海陆兼用的方式解决漕运的问题。当时，张居正就予以否决。胶莱河早在元朝就开凿出来了，因为水源不足加之沿路崎岖，运行费用过高就被废弃了。这条河是通过一段人工水渠将原来由一个分水岭隔开并分别流入胶州湾和莱州湾的胶河和莱河连通，最后使得海运可以横穿山东半岛避开了海上的大风大浪。当时，作为张居正上司的高拱看好这个路线，希望重启胶莱河。无奈之下，张居正请高拱的亲信工科给事中胡檟去山东实地考察。初次归来的胡檟也认为这条线路行不通，最后重新开凿胶莱河的建议就渐渐沉寂下去了。随着新开凿的疏通黄河的出海口的贯通，黄河对运河的影响减少，人们也就不再提胶莱河的事了。

万历三年（1575年），黄河暴涨，水量特别大，在砀山决口了，甚至直接流到长江。如此一来，江淮和扬州一带就面临水灾的危险。这场大水让张居正寝食难安，他既担心百姓的安危，又担心漕运事务将因此停止。在这关键时刻，南京工部尚书刘应节和右侍郎徐栻上疏请求再次开通胶莱河新河。这两人和张居正是同年进士，互相比较熟悉，而且刘应节本来就是山东人，对胶莱河流域的情况比较熟悉。这次为了解决水源不足的问题，他们提出开挖新的河道，而且挖深河道将海水引入河道以弥补水源不足的问题。

上次开凿胶莱河的议案被搁置是因为黄河水患的暂时减轻以及新河水源不足，而更重要的是因为开凿新的胶莱河将会把途经山东西部的大运河架空。这样一来，大运河沿线的贸易势必会随着漕运的转道而衰落。所以，山东沿大运河的一些官员和当地大户权势力量都极力阻碍开凿胶莱河。这次因为黄河的泛滥，为了漕运的畅通必须想一个其他的办法。迫于形势，朝野上下对开凿胶莱河的议案达到初步一致，张居正也趁热打铁。他派了徐栻前往山东，会同山东巡抚李世达一起开凿新河。在给刘应节的信中，张居正表达了自己的决心和抱怨："胶河之可开，凡有心于国家者皆知之，独贵乡人以为不便，皆私己之言也。读大疏具见忘私殉国之忠，已奉旨允行。又承教凤竹公肯身任之，尤为难得，今即以属之……故宜与之会同，且委用属吏，量派夫役，亦必借其力以共济也。至于一应疏凿事宜，及工费多寡，具俟凤竹公亲履其地，次第条奏。"

不仅张居正铁了心要全力支持开凿胶莱河，而且神宗万历皇帝也是大力支持。神宗在批注反对开凿胶莱河的奏章时，严厉地说："朝廷屡议开河，止为通漕，与治河事务不相干涉，再有造言阻挠的，拿来重处。"

朝野上下一致期待刘应节和徐栻的举动，看他们能不能按计划打通一条新的南北大通道，解决南方物资北调的老问题。其实，南方物资北运不光是因为北方产粮不多，需要南方粮食补给的经济问题，而主要是鉴于朱元璋从南方起兵的教训，作为战略物资的粮食不宜留在南方的军事和政治部署。为的是防止一旦发生民变，起义者冲入粮仓，就会很容易得到物资保障，并迅速发展起来，对中央朝廷构成威胁。这才是明朝不遗余力花费巨大代价把集中在南方粮仓的粮食北运的最大原因。所以，以往的漕运都不顾及成本问题，直到后来为了减少朝廷的支出，开始注重运输成本的时候才想起开凿胶莱河。

但是，开河的决策下达没多久，就碰到巨大的阻力。山东民意普遍反对开凿胶莱河，一方面是大运河沿岸的民众怕失去以往的优势；另一方面其他地方的怕因为开河要增加徭役，一致反对开河。在此情形之下，张居正又一次给徐栻写信，坚定他的信心。没过多久，徐栻就把初步预算上报给张居正，说要开凿新运河估计得花费90万两银子，而当时朝廷一年的收入才200万两，这个预算显然有点难以支付。为了表达朝廷对这件事的重视程度，张居正把已经升任戎政尚书的刘应节调到山东，让他会同徐栻一起开凿新河。

但徐栻和刘应节又一次因为新河水源问题发生了意见分歧。正在僵持当中，一个更严重的问题凸显出来了。奉命勘察开凿工程的山东巡按御史商为正得出一个惊人的结论，他说要想开凿新运河，重新打通胶莱河，“虽200万金，不足以了此”。这对热心于开凿新运河的各方无疑是当头一棒。就在张居正为此事犹豫不决的时候，治河专家潘季驯走进了他的视野，以合流治理黄患的策略使张居正又一次把解决漕运和治理黄河联系到一起。

就这样，在面对因为黄河泛滥引起的漕运危机的时候，张居正通过对开凿胶莱河的两次态度不同的尝试，最终又回到重新治理黄河上。不过，这次他选了一位有思想且很专业的治水专家，用合流的方式治河，最终达到了多重效果，既保障了漕运的畅通，又治理了黄河，使数万百姓过上了安稳平顺的日子。

第六章　便民为本，铁腕治国

“变”字当头，近民为要

孟子曾说过：“民为贵，社稷次之，君为轻。”就是说，一切政治权力与政治制度，都是来自人民、治于人民、为了人民，执政者要以民为本。人民的地位与权力，是至高无上不可动摇的。

这就是我们所说的民本思想，张居正的“为百姓安乐，家给人足虽则有外患，而邦本身固，自可无虞”就是其中的代表。

但是，这样的民本思想与当时的官僚风气格格不入，很多执政者为了奢靡的生活，不断提高赋税，从老百姓那里搜刮。这样的王朝始终逃不掉灭亡的结局，这也就是“杀鸡取卵”的后果！真正聪明的执政者不会靠提高税率来增加财政收入，更多的是采取“轻徭薄赋”。老百姓没那么大的负担，自然会加紧生产，农业发展了，经济就繁荣了，老百姓的生活水平就提高了，国家的税收自然就会增长了。

张居正正是这样的执政者，他深知只有让人民过上好日子，国家才能强盛，自己富国强兵的政治理想也才能得以实现。张居正深深懂得安民养民后国富的道理，想要实现自己的改革目标，就一定要以民为本，近民为要。所以，在张居正的改革中，我们可以看到很多利民的政策和措施。他通过多种渠道去设法减轻人民的赋役负担，有时还直接提出减免人民的税赋。

张居正出生于下层阶级家庭，自始至终都非常关注平民的生活情况。在入翰林后，他就曾利用三年的休假时间广泛接触下层人民，目睹民间疾苦，对那些负担沉重的平民表示深切同情。当时，张居正说道：“欲物力不屈，则莫若省征发。”张居正执政后，在遇到官民利益出现矛盾的时候，他更多地选择平民，充分体现出一个政治家的远大胸襟。虽然他因此得罪了很多上层官僚，但张居正丝毫不惧怕那些官僚和富豪对他的攻击。

在张居正变法中，最有威力而又脍炙人口的思想是：“法制无常，近民为要，古今异势，便俗为宜。”以“民”的需要，阐明了变法的正义性和合理性以及改革的指导思想。张居正知道，能不能富民是衡量他改革是否成功的基本标尺。只要变法有利于天下、有利于人民，自己最终会得到老百姓的支持。所以，在改革中，张居正非常重视农业的发展和农民的利益。

农业是中国古代最重要的生产部门，以一家一户为一个生产单位并以农业和家庭手工业相结合为特色的小农经济，是封建生产方式的夯实基础。封建社会民本思想的核心，就是要保护小农经济的基础。但是，随着私有制因素的增长，这种小农经济被打破，出现了“富者田连阡陌，贫者无立锥之地”的局面。频繁的自然灾害、繁重的封建赋税徭役和地主阶级的土地兼并使越来越多的农民丧失土地。他们不是成为地主豪强的劳动力，就是外出逃荒成为流民。自耕农数量的减少不仅使得封建国家征发赋税徭役的源泉日趋枯竭，而且大规模的流民浪潮还往往会引发严重的社会危机，威胁封建国家的统治。历代王朝都想方设法维护小农经济，减少国家版籍上农民户口的流失，因而劝课农桑就成为封建国家的一项重要经济职能。

到了嘉靖后期，每一个贵族都拥有几十万亩，有的甚至多达几百万亩的田地。这些权贵富豪占有大量的土地后，通过各种关系偷偷地篡改土地登记簿，缩小占有土地的真实数量，导致纳税的土地数量明显下降。要知道，当时明王朝的庞大机器都由田赋支撑，但田赋收入因土地兼并和负担不均而很难增加。

面对这样的严峻局势，张居正指出："窃闻致理之要，惟在于安民。"在增加国家的财政收入方面，张居正坚决反对"开利源"的方式。在他看来，"天地生财止有此数，设法巧取，不能增多"，妄图通过加重农民的负担来增加收入是非常不可取的。

为此，他提出了惩办贪污，清理欠赋和清查田亩等三项措施来解决问题。在他的利民政策中，尤以清查田亩声势浩大，作用最大。"上损而下益，私门闭则公室强。"只有杜绝官僚富豪非法营私，老百姓的生活才能宽松一点。

到万历五年（1577年），张居正开始在全国范围内丈量土地，包括皇庄、屯田，只要是大明疆土内的土地，不许有一点隐瞒。对于那些阻挠改革的人，无论是皇亲国戚还是官僚豪强，"国典具存，必不容贷"。

第二年，张居正派湖广老乡耿定向出任福建巡抚，以福建为试点，开始丈量土地。为了支持耿定向的工作，张居正写信告诉他说："苟利社稷，生死以之。仆比来唯守此二言，虽以此蒙垢致怨，而与国家实为少裨。愿公之自信而无畏于浮言也。"三年内，福建就清出23万亩隐漏土地。

在取得初步成功后，万历八年（1580年），张居正上疏并获准在全国陆续展开清丈土地，并在此基础上重绘鱼鳞图册。全国大部分地区根据户部颁布的《清丈条例》对田地进行了认真的清丈。虽然有一些地方官吏缩短弓步，溢额求功，导致"数亩之家，出愈增而田愈窄焉"，但由于大部分州县清丈彻底，革豪右隐占，额田大有增加。万历八年，全国田地为7 013 976顷，比隆庆五年（1571年）增加了2 336 026顷。

随着额田的增加，加之打击贵族、缙绅地主隐田漏税，自然就实现了"民不加赋"而财政收入大为增加的目的。

尽管张居正清丈田亩、平均赋税的做法被海瑞等人认为是下策，并不能真正解决民间赋税不均的问题，但从理财的角度看，清丈田亩对于朝廷比较全面准确地掌握全国的田地数额，增加财政收入起到了积极作用，更为重要的是它还为推行一条鞭法的赋税改革创造了条件。

随着清丈土地的完成，又一个问题呼之欲出。张居正发现虽然查处了两万多亿亩的田地，但农民的生活并没有得到明显的好转。张居正深知，仅靠清丈田亩还远远不能彻底改变赋役不均和胥吏盘剥问题。如果不进一步改革赋税制度，就无法保证中央财政收入的稳定增长，将会有更多的贫民倾家荡产，不利于社会的安定。

老百姓身上本来就承担着繁重的赋税压力，而那些有权势的官僚富豪为了逃避赋役，暗中与官府勾结，篡改户口册，把沉重的负担全部转嫁到老百姓身上。每当官府征收赋税时，老百姓们有田的卖田，有房的卖房，甚至有些人被逼得要把自己的子女卖了才能交上赋税。遇到荒年，很多农民都交不起税，出于无奈，他们只能一路乞讨流亡他乡。张居正知道，如果再不改革，这些老百姓就活不下去了！

所以，赋役改革是一件势在必行的事情，也是一件十分棘手的事情。一旦过多触犯权宦土豪的利益，弄不好就会引起强烈的反对，使自己的所有心血前功尽弃。

为了减缓改革的压力，张居正选择在部分地区实行自己的赋役改革方案。一条鞭法最早是由南赣都御史陶谐在江西实行的，并取得一定的成绩。当时，御史傅汉臣曾上疏说："顷行一条鞭法……通将一省丁粮，均派一省徭役……则徭役公平，而无不均之叹矣。"此后，王宗沐在江西、潘季驯在广东、庞尚鹏在浙江、海瑞在应天、王圻在山东曹县也都实行了一条鞭法。海瑞在应天府的江宁、上元两县"行一条鞭法，从此役无偏累，人始知有种田之利，而城中富室始肯买田，乡间贫民始不肯轻弃其田矣"，做到了"田不荒芜，人不逃窜，钱粮不拖欠"。

正如张居正所料，一条鞭法虽然为农民带来一定的实惠，但由于触犯了官僚的利益，遭到他们强烈的反对。面对着巨大的压力，张居正还是选择站在农民这一边。用他自己的话来说，就是任凭"谤议四起"，自己"终不为动，任之愈力"。

万历五年（1577年），山东东阿知县白栋推行一条鞭法，全县钱粮均按地丁起科。官绅们对此非常不满，便制造浮言污蔑知县白栋。户科部给事中光懋说："至嘉靖末年，创立条鞭，不分人户贫富，一例摊派……然其法在江南犹有称其便者，而最不便于江北。如近日东阿知县白栋行之山东，人心惊惶，欲弃地产以避之。请敕有司，赋仍三等，差由户丁，并将白栋纪过劣处。"张居正在调查完真相后，为了遏制那些官僚的反对力量，马上拟旨答复："法贵宜民，何分南北？各抚按悉心计议，因地所宜，听从民便，不许一例强行。白栋照旧策励供职。"此后，又致书支持白栋的左都御史李世达："条鞭之法，近旨已尽事理，其中言不便十之一二耳。法当宜民，政以人举。民苟宜之，何分南北。"这就表明了张居正改革的决心。

万历十年（1582年），随着清丈田亩工作的完成和一条鞭法的推行，明朝的财政状况有了进一步的好转。这时，太仆寺存银多达400万两，加上太仓存银，总数达七八百万两。太仓的存粮也可支10年之用。这年二月，张居正上疏请求免除自隆庆元年（1567年）至万历七年（1579年）间各省积欠钱粮。

一条鞭法解民于水火之中，确确实实减轻了老百姓的负担。直到张居正死后，一条鞭法仍得以保留，并继续扩大实行。

另外，张居正还反对传统的"重农轻商"观念，认为应该农商并重，并提出"省征发，以厚农而资商……轻关市，以厚商而利农"的主张。因此，他也反对随意增加商税，侵犯商人利益。这些做法顺应了历史的发展潮流，在一定程度上减轻了百姓的负担，缓和了一触即发的阶级矛盾，对历史的发展起到了积极的推动作用。

除了减少开支，张居正还要求封建社会的最高统治者皇帝注重节俭，不能浪费。他不仅多次向神宗提出"节用爱民""以保国本"，而且在皇室的奢侈性花费上，也是锱铢必较，寸步不让。万历七年（1579年），神宗向户部索求十万金，以备光禄寺御膳之用，张居正据理力争，上疏说，户部收支已经入不敷用："目前支持已觉费力，脱一旦有四方水旱之灾，疆场意外之变，何以给之？"他要求神宗节省"一切无益之费"。张居正的努力使封建统治者的奢侈消费现象有所收敛，下面的官员也不敢太放肆。

张居正在整顿吏治、厉行节约的过程中，不仅严格要求别人，自己更是以身作则，廉洁奉公，对家属也严格要求。一次，纂修先皇实录，按例要赐宴一次。张居正为了减少支出，向皇上提出了辞免赐宴。他说："一宴之资，动之数百金。省此一事，亦未必非节财之道。"儿子回江陵应试，他吩咐其自己雇车；父亲生日，他吩咐仆人带着寿礼，骑驴回乡里祝寿。万历八年（1580年），居正次弟张居敬病重，回乡调治。保定巡抚张卤例外发给"勘合"（使用驿站的证明书），张居正立即交还，并附信说要为朝廷执法。

实用为本整学风

政治家向来是比较务实的，对于像张居正这样的改革家当然更是提倡实干，反对空谈。在他看来："学不究乎性命，不可以说学；道不兼乎经济，不可以利用。故通天地人，而后可以谓之儒。"真正的学问是靠切身体验和实际运用的，而不是夸夸其谈！

嘉靖时期，理学家们只尚空谈、不务实际的学风，充斥于官吏之间，主宰着当时的官场习气。这与明代以经义取士的选才制度有着直接关系。那时候的科考，只重视理学，而对经世、杂学、术数、辞章等学问一概摒弃，那些有益于国计民生的实学也被排斥在门外。士大夫们为了金榜题名，踏上荣身之阶，大多沉浸在四书五经之中，培养出来的都是一些不识名臣奏议、不会经国济世、只会高谈仁义的迂夫子。这些人很少接触实学，脑子中只有"之乎者也"，缺少实际操作的办事能力。除了科考制度的影响，由于人们对时局的失望，对理学信仰的动摇，更是加剧了此风的盛行。士大夫们一味奉迎谄媚，敷衍了事，把国事当儿戏，当时的朝廷成了"士无节义之守，而奔竞成风；吏乏廉静之操，而贪污日著”。这种是非不分、善恶颠倒的风气，使整个社会都处在一种混乱的状态中。

此时正处在新政改革时期，张居正对这种理学盛行、空谈成风的风气深恶痛绝，表现出推动思想革新的历史胆识。张居正强调“凡事务实，勿事虚文”，倡导务实精神。他深知没有务实的精神，说话办事尽做表面文章，改革就难以收到成效。

对此，他提出了“扫无用之虚词，求躬行之实效”，反对说空话、图形式的不良风气，强调学问要联系社会实际，解决国计民生问题。要求官吏不得弄虚作假，对官吏的考察也着重看其实绩，看其言行是否相符。

张居正年轻的时候为了获得徐阶的青睐，曾经钻研过这方面的书，但那时他是另有目的。事实上，张居正对维护纲常名教的道学和破坏纲常名教的学说感到很不满。

万历五年（1577年），张居正给湖广提督学道金学曾写过一封信。信上这样写道：“夫以孔子之圣，平生所志，惟在东周，生今反古，深用为戒。老不得行其道，犹修《春秋》以存周典，此岂以周之法独善于前代哉？盖为天下之礼宜尔也。今世俗皆称‘愿学孔子’，乃不务遵祖宗之典，以服官寡过。而好言上古久远之事，以异趋为高；动循衰世苟且之政，以循情贾誉。此岂圣人所谓‘为下不倍’哉，恶在其遵孔氏也！不谷素无学术，谬膺重任，思所以鼓驽钝佐明主者，惟日取我祖宗之法度修明之，然十犹未二三也。窃以为今之教士，与士之为学，皆如不谷之所以事上致理者，而后有得于遵也之义，不识高明以为如何？”这封信的大致意思就是说，学孔若仅拘泥于字句，则非遵孔，而是抑孔、损孔。西哲有言，一切历史皆是当代史。袭其意而用之，则一切学问皆是当世的学问。张居正特别强调“好言上古久远之事，以异趋为高；动循衰世苟且之政，以循情贾誉”，这正是他学术致用，学见于用的主张。

后来，张居正又给南京国子监司业屠平石写了一封信，对如何治学作了进一步的阐释：“《记》曰：‘凡学，官先事，士先志。’士君子未遇时，则相与讲明所以修己治人者，以需他日之用。及其服官有事，即以其事为学，兢兢然求所以称职免咎者，以共上之命。未有舍其本事，而别开一门以为学者也。孔子周行不遇，不得所谓事与职者而行之，故与七十之徒切磋讲究。其持论立言，亦各随根器，循循善诱，固未尝专揭一语，如近时所谓话头者概施之也。告鲁哀公曰：'政在节财'，齐景公曰：'君臣父子。'在卫曰：'正名。'在楚曰：'近悦远来。'亦未尝独揭一语，不度其势之所宜者而强聒之也。"在这封信中，张居正进一步肯定孔子因地献策、因材施教的特点，但他认为孔子之所以与七十门徒探求学问，坐而论道，是因为他周游列国而谋不到经邦济世的差事。对于如何治学，张居正提出了自己的看法，他把研讨学问分为两个阶段：第一阶段是为官之前，此时学习就以"修己治人"为主；为官之后，其研修学问则应以"称职免咎"为主了。总之，张居正的治学观是崇尚务实而厌恶空谈的。

当时的理学大师王守仁，既是朝廷的重臣又是著名的学者，十分热衷于讲学，提倡创办学院，在嘉靖时期书院大盛，王门弟子遍布天下。面对十分盛行的聚党空谈的风气，张居正认为这些人只会空谈，无益于国家，"比来士习人情，渐落晚宋窠臼"。不仅浪费了大批士大夫的精力，也影响了政治的安定。加之当时有些生员包揽诉讼，挟制官府，欺凌百姓，俨然成为"学霸"。更有甚者，利用讲学为名，大敛民财。为了改变这种学风，张居正制定了18条规章，决定严厉整顿学政。

万历七年（1579年）正月，张居正下令"毁天下书院，将书院旧址改为公廨或衙门，书院良田归还当地百姓"。他认为，书院为那些整天空谈的人提供了场所，这些人游手好闲，不仅影响了学业，也会导致经济荒废。在当年，从应天府开始，总共64处书院被封。

不可避免，张居正此举引起许多士人的不满，而且直接激发出一桩"何心隐事件"。

这个何心隐，原名梁汝元，字夫山，江西永丰人。他以诸生的身份，放言时政，品评学术，正是“空谈”的代表人物。他还非常热衷于政治，据说嘉靖年间蓝道行智逐严嵩，就是听从了他的密计，时人称赞“以计去宰相”。后来，他来到张居正的故乡江陵做起了设馆讲学的事业，并且与张居正的父亲张文明关系很好。

其实，何心隐并不是一个反对新政的人，在一些方面，他和张居正的思想还是一致的。他深知明朝的官学这时已经腐败不堪，科考的内容主要就是复述圣贤之言的八股文，这样培养出来的官员从政后，根本就不能适应现实社会。所以，必须改变这种情况。为此，何心隐还专门研究了一种经世致用的学问，并在家中开办书院。

在张居正看来，何心隐的学说和自己的改革是背道而驰的。他下令不许生员议论政治，禁止开办书院和聚众讲学。

何心隐一气之下，写了篇《原学原讲》来驳斥张居正的改革政策，并且还拟伏阙告状，要与张首辅辩论一番。张居正对他非常不能容忍，便授意湖北巡抚陈瑞将其逮捕入狱。后来在万历七年九月，何心隐被定了个通贼密谋造反的罪名被处死。

何心隐一死，名声反而更加响亮。当时，著名的思想家李挚写了一篇长文悼念他，称“人莫不畏死，公独不畏死”，且直言“武昌上下，人几万数，无一人识公者，然无不知公之为冤也”。他高度赞美何心隐“斯道之在人心，真如日月之不可覆盖矣”。当时的武昌城各条大街小巷的墙上，几乎都出现了揭帖。处决何心隐的那一天，成千上万的人聚集在街头为他送行。尽管当时的官府罗列了何心隐的种种“罪行”，但得到的只是老百姓的嘲笑和抨击，甚至有人公开发表言论指责衙门，指责张居正！

虽然遭遇了这样的“难堪”，张居正还是一如既往地坚持“实用为本”的学风改革。出于维护国家的利益和改革的需要，关闭书院对当时排除改革道路上的障碍，推进改革的深入都起到了积极的作用。

张居正反对空谈，并不是仅仅局限于学派之见，更多的是着眼于对官员执政作风思想的整肃。因为士大夫是后备的官员，今日之学风即是明日之政风，只有杜绝这种脱离实际的学风，才能为国家培养出更多更有执政能力的官员。他说："学问既知头脑，须窥实际。欲见实际，非至琐细、至猥俗、至纷纠处，不得稳贴。"在张居正看来，学问要做到关心琐细、猥俗这一步才算到家。因此，他大力提倡"人情物理不悉，便是学问不透"。他要求必须改进读书的内容，要求士人不仅要攻读明太祖规定的四书五经，还把历代名臣奏议、治国经世之论、典章制度的沿革列为教材，大大突破理学的禁锢，这是他尊崇实学的重要内容。除此之外，他还要求做学问、当官的要走出书斋和衙门，面向实际，把治学理政与解决国计民生结合起来。这一理论的提出，深刻地影响了当时人们的思想。

作为皇帝的老师，张居正也是坚持实用为本的教育，他不主张死读四书五经，而是积极引导小皇帝参悟经书背后的内容，契合孔子发言时的心境与语境。

张居正大力提倡扫无害之虚词，求躬行之实效，不仅出于当政的需要，也出于他务实的事功观念，这就是"祛积习以作颓靡，振纪纲以正风俗，省议论以定国是，核名实以行赏罚，则法行如流，而事功辐辏矣"。面向实际，力求务实，是张居正精明强干、重视实绩的禀赋，他立足于现实政治的需要，重视对历史的借鉴和阐发，形成了许多极具价值的历史思想，诸如变通思想、经世意识以及安顿民生、严肃吏治、重视教化、反对迷信的务实精神等。这些不仅与当时的空谈学风形成鲜明对比，也对后世产生了积极而深远的影响。

张居正的务实思想具有深刻性，他对各家思想广纳博采，兼收并用，并将历史进化论、朴素的唯物主义思想与当时的社会变迁和发展相结合。这就促使其对明朝的统治危机有了比较清醒的认识，而且在改革中始终保持着治国兴邦的坚定信念和经世济民的深谋远虑。正因为他有符合历史发展的进步思想，并形成了自己的理论系统，在与反对派的斗争中，能够以犀利的锋芒、雷厉风行的魄力，破除阻挠，把改革推向前进。

正是他这种"万事务实"，大力倡导的务实精神，使他的十年改革一扫积弊，使国家出现了令人鼓舞的中兴景象。

在张居正身死名毁后不久，各地书院便纷纷复兴，最终汇成明末的清流大潮，但这并不影响张居正的学风改革对当时乃至后世的影响和他伟大的改革成就。

父亲去世，“夺情”之礼惹争议

身在官场，才知道有如此之多的无可奈何，就算是高高在上的首辅张居正也感到无能为力。他是大明朝的重臣，更是张文明的儿子，可在此时却陷入“忠孝不能两全”的争议之中，这也许是他执政后唯一一次感到彷徨吧！

万历五年（1577年）九月十三日，张居正的父亲张文明因病去世。几天后，张居正在内阁中接到父亲病逝的噩耗，不禁泪流满面，失声痛哭。对19年没有见过面的父亲的忽然去世，张居正心中的内疚和思念可想而知。

张居正的父亲张文明，原是一位学无所成、屡试不中的乡间穷秀才，乡试一连考了七回都是名落孙山。直到儿子张居正有了出息，被点入翰林，他才把功名看淡了，在家里享起清福。看着儿子的官越做越大，张文明感到由衷的欣慰。儿子日理万机，没有时间回乡看望自己，张文明也非常理解。在年初的时候，张文明生病卧床，张居正本来是要请假回家，可当时正忙着准备皇帝开春的结婚大典。李太后听说张居正的父亲生病了，就马上派太监带了大量御赐的礼品不远千里地赶到江陵去看望张文明。看到太后这样重视自己的儿子，张文明硬是从病床上爬起来，提起笔给张居正写了一封信，信上说道：“肩巨任者不可以圭撮计功，受大恩者不可以寻常论报。老人幸见未衰，儿无多没不然之虑，为老人过计，徒令奉国不专耳。”也就是告诉儿子要以国事为重。

回想起父亲在世时对自己的支持和理解，张居正更是难过。他擦干眼泪，准备向皇帝辞别，尽快赶回家为父亲布置灵堂。

可是，就在踏出内阁大门的时候，张居正忽然意识到一个重要的问题——现在自己能离开吗？按明代礼制，张居正的父亲死了，他必须辞职回家守制两年。明代，内外官吏人等都有丁忧的制度，在遇到重祖父母、亲父母的丧事时，自闻丧之日起，守制27个月，期满起复。除非碰到特殊情况，尤其是在朝廷需要的时候，可以由皇上特别指定，不许辞职，这也就是所谓的“夺情”，夺了理学认为最重要的孝道和情感。按照规定，张居正要在长达27个月的时间里离开内阁，远离政治。

这对张居正而言，不能不说是个巨大的挑战。万历皇帝年纪还小，他们母子都离不开他这个深谋远虑的顾命大臣，整个朝廷的运转也离不开他这个内阁首辅。而且自己多年的改革梦想已经到了关键时刻，推行开的尊主权、课吏职、行赏罚、一号令的举措及准备着手进行的在全国范围内丈量土地、改革赋税制度、推行一条鞭法等改革方案还有待进一步谋划和执行。如果现在自己忽然离开，政敌就会趁机把他从相位上拉下来，以终止新政，自己的心血也会功亏一篑。想着自己数十年从湖广江陵的乡间奋斗到现在的权倾朝野的地位，看着来之不易的成功，张居正实在不甘心就这样放下。

这时候的张居正面对着的是两座难以跨越的大山，一座是血浓于水的父子亲情，一座是终生奋斗的政治梦想。他的心开始彷徨，开始犹豫。

此时的朝野也是一片慌乱，所有人听到张居正的父亲去世的消息后，反应都非常强烈。

内阁的两位辅臣吕调阳和张四维考虑到如果张居正离开，他们无法控制朝中的局面，于是引用先朝杨溥等夺情的旧例，请求皇上准许张居正继续任职。几乎同时，朝中支持新政的官员纷纷上疏请留首辅。万历皇帝和李太后当然也明白，现在朝廷根本离不开深谋老练的张居正。

反对改革的人在得到这个消息后，则盼着张居正赶快离开。心想就算皇帝再怎么重用他，也不能坏了规矩，而张居正身为首辅，更不能公然违背伦理道德，定会辞职回乡。

当朝中两派人士争论不休的时候，张居正也在犹豫。此时，万历皇帝下一道圣旨："安定社稷，朕深切依赖，岂可一日离朕？父制当守，君父尤重，准过七七，不随朝，你部里即往谕着，不必具辞。"至此，最终的结果是——坚决不能让张居正走！

接到皇帝的圣旨，张居正的心里感到一丝轻松，因为就在他因丧没有上朝的第四天，官员竟都去祝贺次辅吕调阳。根据明朝不成文的规矩，首辅去位三日以后，次辅便可把座位从右边移到左边。这天，内阁僚属和翰林院的学士、侍讲读学士、修撰、编修、庶吉士们纷纷穿上红袍到内阁道贺。这让张居正感到非常气愤，自己的去留还未确定，他们却向次辅吕调阳道贺，真是人未走茶已凉！他心想如果自己离开两年之久，那地位就更不保了。所以，在得知皇帝的心思后，张居正决定暂时把感情放在一旁，相信父亲的在天之灵也会理解自己的苦衷。

可是，摆在"夺情"面前的是祖宗传下来的伦理道德，张居正知道那些士大夫和卫道士是不会这样轻易放过自己的。但令他万万没有想到的是，第一个站出来反对他的竟是自己的得意门生——礼部尚书张瀚。身受张居正知遇之恩的张瀚虽然很感激张居正的赏识，对恩师的才华也非常佩服，但张居正"夺情"之事还是让他不能接受。历代讲究"百事孝为先""以孝治天下"，张瀚认为张居正身为首辅，更应该在伦理道德方面做个表率。所以，当皇帝要他出面参与"夺情"之事的时候，他不仅死活不肯遵旨，更是带动一大批吏部官员联合起来反"夺情"。这事不仅惹恼了张居正，更让万历皇帝深恶痛绝，心想张瀚竟敢明目张胆地挑战自己的权威，一气之下就勒令他回家休息了。

为了给祖宗一个交代，更为了堵住百官的嘴，张居正写了一封《乞恩守制疏》，在叙述了一通父子人伦当守制的道理后，又说自己年纪只有53岁，丁忧的时间也不过是27个月，到那时，身体尚还康健，只要皇上不嫌弃，还可再召回任用。年纪轻轻的小万历并没有悟出张先生的深意，他此时只有一个念头，就是不让张先生离开京师回籍守制。于是，他又给先生下了一道圣旨：爱卿笃孝至情，朕非不感动，但念朕十岁上先皇辞世，先生受托尽心辅导……朕于幼冲之年，垂拱仰成，顷刻离卿不得，安能等得三年？况且爱卿身系国家安危，又岂是一般的金革之事可比？请强抑哀情，勉遵前旨，以不负我皇考委托之重，勿得固辞。神宗朱翊钧抬出死去的先皇，希望张先生就此而留下。

通过连日来的几辞几留，“夺情”的事情总算定了下来。但朝臣中的分歧和争论并没有停息，反而更加激烈地展开了。支持其留下的人固然不少，但加以阻止和明确反对的声势也没有因为张瀚的离开而变小。

在张瀚罢官之后的第四天，张居正的又一位得意门生将他告到皇帝那里。这个人就是吴中行，因为文采出众，很得张居正赏识。那天，张居正正在家中的灵堂为父亲守孝，吴中行忽然拜访，并将一本奏折的副本交给自己的恩师。张居正打开一看，竟是弹劾自己的文章，说“夺情”的人就不能担任国家的领袖，这不是要罢他张居正的官吗？还说如果自己一味不顾纲常伦理，一定会被后人耻笑，并在历史上留下千古骂名！

无独有偶，第二天张居正的另一个学生，翰林检讨赵用贤再一次上疏攻击张居正的“夺情”，说首辅既然能为君臣之义效忠数年，难道就不能为父子之情多尽责任义务一天吗？他请令让张居正奔丧归葬，事毕回朝。

这不是往自己伤口上撒盐吗？自己竟一而再地被自己的学生弹劾，这让张居正感到了一丝无助。难道自己真的做错了吗？他们为什么就不能理解自己的为国之心呢？

这时候的张居正面对着巨大的舆论压力，似乎连老天爷都在和他作对。这年的十月初五，天上出现彗星。按当时的说法，这是不祥的征兆，是上天在示警。按以往历代帝王的习惯做法，朱翊钧诏修省，上自皇帝下至百官都要反省。而这一次，有不少大臣把它与张居正的“夺情”问题联系起来，对张居正的攻击更加猛烈。

让张居正心寒的是这些带头反对自己的人竟是自己的同乡，他们这是要把张居正逼到绝路啊！

行部员外郎艾穆丝毫不念同乡之情，奏请令张居正回籍守耕。他将矛头直指张居正，还引经据典地说："徐庶以母故辞于昭烈曰：臣方寸乱已。居正独非人子而方寸不乱耶？"这不是骂张居正不是人吗！据说张居正听到艾穆竟这样侮辱自己之后，含着泪悲愤地说："当年严嵩误国殃民，也没有哪个同乡这样恶毒地攻击过他，我这样尽心尽力地为国为民，难道连严嵩都不如吗？"

张居正发怒了，他实在没有料到，挺身而出反对他"夺情"的都是些自己的门生或同乡。

小皇帝朱翊钧更是龙颜大怒，他觉得吴中行四人的矛头不只是对着张先生"夺情"问题，也是对自己权威的藐视！他决定效法列祖列宗对直言犯谏的建言大臣所惯用的手法，对此四人执行廷杖。

明代的廷杖是专门对付这些士大夫的，用刑非常残酷，很多人当场就被打死。但朝臣中还是有不怕死的，那就是刑部观政进士邹元标。

这位来自江西吉安府的青年进士，对张居正素无好感。就在四人挨杖的当天，他义无反顾地将自己的奏疏呈上，矛头直指张居正的诸般过失。在他看来，张居正虽然有才有志，但学术偏隘，自用太甚，他的设施乖张，用刻深之吏、沮豪杰之才等行为，不胜枚举，何况朝中除他以外，也不是没有能人。张居正自称非常之人，其实亲丧不奔，别人视他为禽彘。此外，他更是大胆地调侃起小万历，说："且幸而居正丁艰，犹可挽留；脱不幸遂捐馆舍，陛下之学将终不成，志将终不定耶？"意思就是说，皇帝你离开了张居正就不活了吗？你未免也太没志气了！这个邹元标竟敢如此揶揄皇帝，自然不会有什么好结果，后来被廷杖并且遣戍都匀卫。

同时遭廷杖的还有一位来自浙江余姚的布衣姚韩，他也上了一封万言书指责张居正，被抓来打了一顿后，发送回原籍。

虽然反“夺情”的斗争被镇压下去，张居正保住了自己的地位和权力，但他并没有尝到胜利的喜悦。在这次斗争中，他为此在道义上付出了巨大的代价。在镇压的过程中，张居正赶尽杀绝的做法，引起更多人的反对，更为政敌指责其“擅权”留下最好的口实。无论如何，这场伦理风暴至此已经落幕了。

经过“夺情”事件的张居正，更加坚定了改革的决心，他绝不允许自己呕心沥血的万历新政断送在反对者的手中！这也许就是历史的选择吧！

甘受诟骂，铁腕治国

这世上做官能做到不顾毁誉、不计身家而勇于任事的人是屈指可数的，而张居正就是其中一个，而且是最具有代表性的一个！如此赞美，对于张居正这样一个甘受诟骂，以天下为己任的贤臣实不为过！

在“夺情”风暴中，面对着整个士大夫阶层的指责，张居正理直气壮地说了一句话：“苟利国家，生死以之，况区区訾议非毁之间乎？”意思就是自己为了国家，早已将生死置之度外，何况是世人的非议！

此时的张居正站在人生的十字路口，前方似乎遍地荆棘，可他还是义无反顾地走了下去。因为他已经没有后路了，既然选择了“与世为敌”，那就看看谁笑到最后吧！

原来的张居正虽然强势，但却讲策略，讲方法，人事上、工作中都小心谨慎沉稳得很。可是，现在的张居正心中只有“苟利国家，生死以之”的强大信念。除此之外，他再也不想顾及任何其他的东西，哪怕是整个时代的非议！他知道，只有权力才是自己最忠实的伙伴。此后的张居正充分集权，进而紧握强权，排除异己，工作上再无情面可讲。

在张居正回乡安葬父亲的时候，发生了一件震惊朝野的疑案——长定堡大捷。听来这本是一场振奋人心的胜利，可当真相大白后才发现这场“胜利”是如此荒唐可笑!

故事的主人公是辽东副总兵陶成訾，此人很有军事头脑，靠着累累军功坐到副总兵的位子上。可是，他对此并不满足，自认为文韬武略无所不能，却一直被总兵李成梁压制着，觉得大志难伸。

一天，自怨自艾的陶成訾站在长城上，感叹着：既生李，何生陶！正在这时，一个士兵上来向他汇报说有几百鞑靼武士正朝关隘的方向而来。

正愁着没处去施展身手呢，这可是个天大的好机会啊！区区几百人，看我不好好收拾他们！我定要把他们全部拿下，立件奇功给皇帝看看，让他知道我陶成訾也不是吃干饭的!

于是，他马上下令，准备好兵马，等待“敌人”。过了不大一会，远处走来一群鞑靼武士，可这些人不像是打仗的。他们不急不忙，根本就没有要冲杀的样子。更让陶成訾吃惊的是这些人还赶着大群的马和羊，对于蒙古人而言，那马和羊就是他们的身家财产啊，难道他们准备骑着羊来打仗吗?

看着这个架势，陶成訾琢磨着这些人是不是来投降的。此时期，张居正为了分化蒙古人，一般对这些投降的人都是收留的，特别规定不能残杀这些人。可是，看着这到手的功劳就这样没了，陶成訾还真的不甘心，心想反正没有人知道他们是不是来投降的，不如一不做二不休把他们全部杀掉。

于是，陶成訾拔出佩刀，大喊道：“兄弟，随我出关杀敌！”带着浩浩荡荡的人把那些所谓的“敌人”杀得个片甲不留，除了一小部分逃跑之外，大部分被陶成訾的军队杀死了。

其实，这些鞑靼人确实是来归降的，他们是个小部落，因为不堪忍受土蛮的欺压，就来投奔大明政府。他们本来以为可以在这里安居乐业，却没想到城门打开后迎接他们的是残暴的杀戮。

看着自己的战争“成果”，陶成訾迫不及待地修书上报朝廷，称经过奋战赢得长定堡大捷，杀敌献首478人，而自己无一伤亡。

接到这份辽东紧急战报，万历皇帝高兴坏了，马上召集兵部和内阁的大臣来商量如何奖赏这些边关将士。可能因为张居正不在，也没有人敢拿个准确意见，说了半天都没个结果。万历皇帝心想，看来还是赶快请示张首辅才行啊。于是，派人快马加鞭地把奏折呈报给正在路上的张居正。

当张居正刚刚看到长定堡大捷的奏折后心中一喜，但紧接着眉头又皱起来了。这不可能啊！蒙古人向来英勇善战，战斗力与大明将士相比可不差多少啊。就算是打仗以“狠”出名的李成梁，也没有说哪一仗可以不损一兵一卒的。这个陶成喾虽然有点本事，但好大喜功，怎么可能把这场仗打得如此漂亮呢？这不正常啊！

虽然张居正觉得不合常理，但所有的人都在等着他点头签字，心想那些常年守驻边关的将士们在等着朝廷的奖励和赞赏，何况他现在也只是怀疑，什么证据都没有。所以，张居正还是在奖励决定上签了字。

但同时，无暇分身的张居正写了一封信，让自己的学生辽东巡按安成凯秘密调查此事。

很快，安成凯便将长定堡大捷的真相呈报给张居正，这让张居正非常恼火，这个陶成喾竟然无视我的命令，擅自杀降，而且还谎报长定堡大捷，真是吃了熊心豹子胆了！

如果换作从前的张居正，虽然生气归生气，但会从大局出发，对此事睁一只眼闭一只眼就过去了。毕竟长定堡大捷已经成为朝廷定论，各级官员所授的奉上奖励都已经落定了，就连张居正本人，也因为长定堡大捷而“沾光”被万历皇帝加了封赏。而且边关的将士们除了陶成喾，其他的可以说都是张居正的亲信。如果真的要翻案，这不是要伤了自己的左膀右臂吗？何况人已经死了，而且这些人都是世代为敌的鞑靼人，如果因为此事而让小皇帝下不了台，让自己的亲信受罚，这真的不值得啊！

可“夺情”后的张居正已经不是那个谨慎隐忍的张居正了，他不会因为顾及朝廷的名声和政治的稳定就把此时大事化小，小事化了，他不会只在暗地里责罚陶成喾就算了。

他的心里只有国家利益，无论是谁伤害了国家利益，都是不可原谅的！

张居正安葬完父亲后回到京城，立即着手处理此事。他指派安成凯上疏弹劾陶成喾谎报长定堡大捷，然后据实查处此事。结果可想而知，陶成喾受到重罚，内阁、兵部、辽东各级官员的封赏一律革除，这其中涉及很多张居正的亲信。

这时候的张居正真正形成了自己的执政风格，敢于做事，雷厉风行，成为名副其实的“铁腕宰相”！

在改革中，张居正依然保持着“铁腕宰相”的风范。

在整顿吏治中，以“尊主权，课吏职，信赏罚，一号令为主”为宗旨，以铁腕的手段解决了官僚争权夺势、玩忽职守的腐败之风，淘汰并惩治了一批官员。明令规定对四品以上官员实行考核，凡贪官、庸官、冗官一律裁汰。面对着强烈的反对之声，张居正更加自信豪放，秉持着“知我罪我，在所不计”的态度，不惜得罪权贵，提拔锐意改革的循吏。此时的张居正用一个改革家的勇敢气魄顶住了流言的袭扰，大声地喊出让那些反对派汗颜的“世不患无才，患无用之之道”的豪言，这种气度让所有人都为之臣服。

钢铁般的意志是张居正性格中的精粹，是他铁腕执法行事的精粹。面对着动乱和反对派的破坏，他推行以杀止杀、以刑止刑，“盗者必获，获而必诛”的主张，给敌对势力以无情的镇压。他就是以这样的铁腕手段，镇压动乱和打击反对派的。

他崇尚军事家孙武用兵法治理国政，遇有镇压不尽力的，一概杀无赦。所谓：“约束不明，申令不熟，是将领之过；约束已明，申令已熟，而士兵不尽力，是士兵之过，杀之无赦。”这一杀气腾腾的指令，以立法的形式驱使官吏肆无忌惮地镇压一切不服从朝廷的政见和动乱。

对边远地区的管理，张居正也是坚持酷吏治理的方式。为此，他任用了为人贪酷，名声不好且心狠手辣的枭雄——殷正茂。虽然很多人都反对重用他，但张居正力排众议，执意任命他为两广总督。殷正茂一上任就大张旗鼓地镇压蓝一清、赖元爵起事，残忍地杀害上万人，才平息了这一风波。面对血腥的以暴制暴，张居正竟对此大力表扬，在给殷正茂的信中，不无得意地说："南方乱事，立下大功，官员士大夫都佩服公之雄才，也相信我的知人之明。"万历五年（1577年），徽州织丝机工抗税。张居正认为：此事虽然由于殷正茂处理欠当，引起骚乱，但既然圣旨已出，就不准申诉。他明知这是由官府处理不当而引起的纠纷，本可以协调解决，却坚持不让申诉，只是因为旨令业已颁布，为了不使天下效尤并保住朝廷的颜面，照样施以镇压，闹事的机工因此冤沉海底。在面临广东一带的反朝廷势力的叛乱的时候，张居正更是这样嘱咐道："南方盗贼犹如野草，铲除又复再生，自古以来南方将领做不到一举荡平。今当申严法令，调动兵力，斩草除根，'见贼即杀，勿复问其向背'，倘有违反者，一律按军法处置，斩首示众，让怀有异见之人胆战心惊，不敢不听命。要不惜一朝之费，确保永世的安全。"

如此强势残酷的镇压，也许对张居正这样一个铁腕人士而言是再正常不过了。不过，客观上说，这也是形势所迫。在那个满是反对和诟病的时代，也许只有这样，他才能坚持下去。

这个积弱已久的国家，这个混乱不堪的时代，确实需要像张居正这样一个雷厉风行的领导人为其带来一丝曙光。这是那个时代的幸运，更是那个时代的悲哀。因为正是反对者的反对和阻碍，讽刺和诟病造就了那个时代，造就了那个时代的"铁腕宰相"张居正！

第七章　人亡政息的人治悲剧

因病去世，神宗变卦

万历九年（1581年），时年57岁的张居正本来可以功成身退。但是，长久的操劳以及对生活细节的大意使得他重病缠身，已经走到了人生的尽头。就像他起初承诺的那样“苟利国家生死以之”，他在最后的关头还担心着大明王朝的安危。虽然他在边防、经济、学政和驿递等领域作出的一些改革对积弊深重的大明王朝起到了一定的积极作用，但根本的体制仍然没有改变，人治的弊端不断涌现出来。随着张居正亲自参与的减少，当初的一些法规难以执行，新政的好多措施开始处于停滞状态，这无疑又加重了视此为生命的张居正的病情。

在关系大明王朝命运的一系列问题中，张居正最关心的当属边防问题。在升任首辅之初，他就提出了富国强兵的治国策略。之后十余年的一切努力，无不是围绕着这个中心目标进行的。外患问题严重地威胁着明朝的统治，对于这一点，亲身经历过一系列边疆危机的张居正是十分清楚的。在他进入内阁之后，顺利地解决了鞑靼部落的威胁，使它的首领俺答答应和解，并且开创了封贡和互市和平共处的边疆局面。但是，这并不意味着明朝的边疆危机不存在了。此时，西方的航海帝国已经崛起，葡萄牙人早在1535年即嘉靖十四年，就取得了在澳门停靠码头，进行贸易的权利。

在对外政策上，张居正采取两种策略。对于像投诚议和的俺答这样的首领，他采取“一味羁縻，但绝不屈从”的方针；对于那些誓死与大明王朝作对的任何力量，张居正采取铁血政策，从不手软。

正在张居正为边疆问题坐卧难安的时候，北边同样进入暮年的俺答为了给自己的子孙留下一点可以盘踞的据点，一改往日的游牧状态，要修城，请求朝廷给予人夫、车辆、物料。本来鞑靼的优势及威力全在他们迁徙无常，使得明朝廷难以追踪，无法掌握攻取的主动权，所以不得不改变战略方针，由以攻为守转变为以守为主。现在俺答却要筑城，这对明廷来说再好不过了。张居正听说之后很是高兴，他在给宣大巡抚的回信中这样说：“在称虏之难制者，以其迁徙鸟举，居处饮食，不与人同也。今乃服吾服，食吾食，城郭以居，是自敝之道也。”对于俺答的请求，他采取了顺水推舟的策略：“夫、车决不可从，或量助以物料，以稍慰其意可也。”事实上，鞑靼也不傻，他肯定知道明朝对自己是个什么态度。他这样做也是顺便想再获得一些物资而已，到底是谁忽悠谁还不一定呢。这边张居正可乐坏了，他暗自为俺答的愚笨而幸灾乐祸。他很是自得，认为俺答居然觉察不出来自己只是个被利用的工具而已。

可没过多久，一条意想不到的消息又从北边传来，俺答去世了。这样鞑靼部落的领导权将发生变动，到底花落谁家还是个未知数。到时候，新的鞑靼首领能不能继续保持和好的政策等一系列问题使得张居正马上又焦躁不安起来。这时，曾经在上次边疆危机中扮演主角的三娘子又进入张居正的视野。当初这个女人为封贡互市的实行起过重要作用，现在张居正希望再利用她来维持鞑靼部落的内部统一。

起先为了削弱鞑靼部落对明朝的威胁，通过历次反间、册封等一系列措施，最终使得鞑靼部落东西分裂，互相对峙，起到了制衡的作用。但现在俺答一死，西部鞑靼的领导权有可能归于东部，鞑靼部落有可能再次统一，这将对大明王朝构成巨大的威胁。起初西部鞑靼实力比较强的时候，张居正乘机策动把汉那吉和俺答对立，但此时如果西部鞑靼因此又分裂的话，东部鞑靼将一家独大，并乘势再次统一鞑靼部落。

在静观事态的变化过程中，张居正发现俺答的小儿子黄台吉最终获得了主导权，将要代替俺答的地位，继位成为西部鞑靼部落的首领。张居正代表明朝廷发去贺信，对黄台吉的上台表示支持，但同时要求黄台吉归顺朝廷，并告诉他说，只有归服朝廷才能得到顺义王的尊号。经过考虑，黄台吉答应了这个条件。可是，鞑靼部落并没有因此得到安宁，因为在黄台吉接受袭封之后，三娘子带着自己的部众走了。此时，黄台吉为了防止三娘子支持把汉那吉东山再起另起炉灶，于是派兵追赶三娘子。此时，明朝宣大总督赶快派人说服三娘子，使她和黄台吉成亲，继续保持自己的位置。三娘子最终答应了这种安排，鞑靼部落的继承权就这样顺利地过继了，没有使早先的对峙格局发生大的改变，张居正也终于放心了。

北边刚刚平息，东北又出现了危机。万历九年（1581年）三月，辽阳副总兵曹簠在长安堡被土蛮部落打败，死伤三百多人。最后，朝廷决定按规矩将曹簠处置，把他关进监狱，并对辽东军务人员进行了改换，将兵部左侍郎吴兑改任为蓟辽总督。这次兵败让张居正很是揪心，在吴兑赴任后不久，他就去了一封信：“前辽阳事，损吾士马甚众，今亟宜措画以备秋防，若曹簠之轻躁寡谋，免死为幸，亦宜重惩。勿事姑息也。”可以看出，张居正忘记了思考双方对峙的根本原因，没有想着从战略上彻底解决这些边疆问题，他仍然停留在投机取巧和注重军纪的战术改动上，这样的解决思维无疑难以彻底解决边疆问题。

在处理完边疆危机的两个重大事件之后，张居正又对朝廷内部的人员安排做出提前部署。内阁除了张居正之外，此时还有张四维和申时行两人。对于他们，张居正还是不敢轻易动手，只能通过改变六部的人员任命来牵制这两个和张居正貌合神离的人。六部人员大多是张居正自己提拔上去的，只是礼部尚书潘晟在万历八年（1580年）结束任期辞官回家了，这里空出来一个位置。张居正决定，让极力支持他改革的刑部侍郎徐学谟继任。

但是，这个安排马上引起朝野上下的轰动，因为按当时的惯例，礼部尚书一般是最先进内阁的人选。所以，要当礼部尚书，必须是翰林出身，但徐学谟却不是翰林。这样就有人质疑张居正以权谋私，违规提拔徐学谟必定有什么特殊原因。还有人不满，因为不管是因为什么，这种行为都是违规操作。不得已，张居正站出来解释了一番，表示自己和徐学谟毫无关系，对他的提拔仅仅出于他的基层工作经历，这有助于改善上层官员对时事的了解程度，有助于更好地处理朝政，对一些相关事项及时提出应对策略。这一招果然见效，非进士不入翰林、非翰林不入内阁的做法，使得明朝高层管理官员大多是学者出身，没有基层工作经验，往往参政议政的态度及方法以及提出的策略都与现实脱节。张居正本人就是这种类型的官员，这种弊端是他自己的切身体会，做出这样的安排也是有意弥补这一体制缺陷的举动。最终他据理力陈，一些表示不满和怀疑的官员也就无话可说了。

在临走之前，张居正做的另一件大事就是，万历十年（1582年）二月，他上疏请求“蠲除宿逋”。也就是请求减免税赋，对于积欠的税款不再追究。自从万历年间张居正执政初期，考成法实行以来，在赋税方面，经过一系列整顿，朝廷的财政收支不均的状况得到很大的改观，暂时获得一个万象俱新的中兴局面。好多人一致认为，应该减少苛捐杂税休养生息。最先提出减免税赋的是应天巡抚孙光祜，他上疏请求减免税赋。张居正回信说：“蠲除宿逋，责完新赋，仆久有此意，拟俟皇储大庆，覃恩海内，今皇女生，则事不果矣。大疏即属所司议处，亦可推之各省也。”他想借着皇帝得子这个比较吉庆的时机提出减免税赋的议题，好让皇帝显示隆恩，很快地同意并执行这个议案。但是，没想到等皇妃的孩子出生了，却是个女孩，这样隆重的喜庆气氛就减了一大半，张居正不得不推迟这项议题。这时的张居正想出了一个好办法，那就是和推行一条鞭法一样，先在各省或某几个省试行，然后再逐步推广全国。万历十年初，陕西巡抚萧廪写信给张居正，再次请求豁免带征往年税赋的举措，希望减轻农民负担。张居正给他回信说：“承示，带征逋赋，苦累有司，仆亦久知之，目下方欲面奏，请恩蠲豁，不必具疏矣。”意思是，意见是恰如您所说的那样，代征往年积欠的税赋这项政策确实使农民吃了不少苦头，我也早就知道了，现在刚刚准备亲自给皇帝当面请奏此事，希望能得到蠲免，你们就不要再具体上疏了。

万历十年（1582年）二月间，张居正写了一份叫《请择有司蠲逋赋以安民生疏》的奏章，希望说服万历皇帝减免税赋。奏疏全文如下：

窃闻致理之要，惟在于安民，安民之道，在察其疾苦而已。迩年以来，仰荷圣慈，轸念元元，加意周恤，查驿传，减徭编，省冗员，惩贪墨：顷又特下明诏，清丈田亩，查革冒免，海内欣欣，如获更生矣。然尚有一事为民病者，带征钱粮是也。所谓带征者，将累年拖欠，搭配分数，与同见年钱粮，一并催征也。夫百姓财力有限，即一岁丰收，一年之所入，仅足以供当年之数，不幸遇荒歉之岁，父母冻饿，妻子流离，见年钱粮尚不能办，岂复有余力完累岁之积逋哉！有司规避罪责，往往将见年所征，那作带征之数，名为完旧欠，实则减新收也。今岁之所减，即为明年之拖欠，见在之所欠，又是将来之带征。如此连年，诛求无已，杼轴空而民不堪命矣。况头绪繁多，年分混杂，征票四出，呼役沓至，愚民竭脂膏以供输，未知结新旧之课，里胥指交纳以欺瞒，适足增溪壑之欲；甚至不才官吏，因而猎取侵渔者，亦往往有之。夫与其敲扑穷民，朘其膏血，以实奸贪之囊橐，孰若施旷荡之恩，蠲与小民，而使其皆戴上之仁哉？昨查户部，自隆庆元年起，至万历七年止，各直省未完带征钱粮一百余万，兵、工二部，马价、料价等项不与焉。而苏、松两府，拖欠至七十余万，盖以彼处税粮原重，故逋负独多，其间固有豪右奸猾，恃顽不纳者，然穷民小户，不能办者亦有之，而有司之令但能行于小民，不能行于豪右，故催科之苦，小民独当之。昨该应天巡抚孙光祜具奏请用，户部以干系国计，未敢擅便议复。臣等窃谓布德施惠，当出自朝廷，若令地方官请而得之，则恩归于下，怨归于上矣。臣等愚见，合无特谕户部，会同兵、工二部，查万历七年以前，节年逋负几何，除金花银两，系供上用，例不议免外，其余悉行蠲免：止将见年正供之数，责令尽数完纳，有仍前拖欠者，将管粮官员，比旧例倍加降罚。夫以当年之所入，完当年之所供，在百姓易于办纳，在有司易于催征，闾阎免诛求之烦，贪吏省侵渔之弊，是官民两利也。况今考成法行，公私积贮，颇有盈余，即蠲此积逋，于国赋初无所损，而令膏泽洽乎黎庶，颂声溢于寰宇，民心固结，邦本辑宁，久安长治之道，计无便于此者，伏乞圣裁施行。

在这个上疏里，张居正指出了带征钱粮制度的危害。他先向不了解实际情况的皇帝解释了带征钱粮制度，也就是“将累年拖欠，搭配分数，与同见年钱粮，一并催征”。这种制度是极不人道的，因为老百姓即使遇上丰收年，所收获的粮食也仅够交纳当年的钱粮。如果遇上灾年，当年的钱粮都凑不齐，家人饿死，哪里还有钱粮交纳上年的。这样的时候，征收钱粮的人为了完成任务，就将当年所收的钱粮虚报为包括往年钱粮的，实际上减少了当年的收入。如此一来，一年接着一年的拖欠，就会越积越多，老百姓欠的钱粮也越来越多，只好疲于奔命。

如此看来，带征钱粮制度危害多多，必须废止！在分析了这种制度的害处之后，张居正还指出了具体的解决办法：那就是一年就交该年的钱粮税，不再追交过往年份的。这样做，既减轻了百姓的负担，同样也减少了征收机关的事务以及连带而来的吏治弊病。

在生命的最后阶段，张居正处理的另一件事情就是平定浙江的兵变。这件事发生在万历十年（1582年）的二月，当时的浙江巡抚吴善言奉皇帝的诏书裁减了浙江东、西二营士兵的月饷。士兵们不服气，就闹了起来。由于没有及时控制局面，使得两个士兵，一个叫马文英，一个叫刘廷用，聚集其他士兵，闯进巡抚大院，捉住吴善言痛打了一顿。军营顿时失去秩序，一片混乱，并演变成兵变。

与此同时，由于士兵的造反，使得当地的一些无业游民也趁机哄抢市民，形成了“民变”的局面，情势非常紧急。张居正听到消息后，立即将已经内调为兵部右侍郎的张佳胤改调为浙江巡抚，并派他立即赴任，平定动乱。

和以往的准确用人一样，张佳胤果然没有辜负张居正的期望，很快就解决了问题。还在到浙江去的路上，张佳胤就向逃难的人打听消息，当知道“变兵”和“变民”还没有联合起来时，他立即快马加鞭，迅速赶到杭州，期望在“变兵”

和“变民”联合前将他们分开。新任巡抚张佳胤到杭州后，看见“乱民”在城中放火抢劫，就对将军徐景星和东、西二营造反的士兵说：“你们不要害怕，虽然有前面的罪过，但只要把‘乱民’平下来，就可以免去你们的罪过。”这些士兵们在痛打吴巡抚后，本来就怕得要死。这下上面来人了，没有责怪他们，反而给了一个将功补过的机会，他们当然很高兴。于是，他们立即振作起来，马上上街对付那些“变民”。

没有多久，就捉住150个造反的无业游民。张佳胤下令将这些人杀去1/3，同时把马文英和刘廷用召来“领赏”。这两人高高兴兴地带来另外7个造反头目，都是事变的首领。谁知，徐景星在席间埋伏兵丁，把他们捉住就地处决了。就这样，浙江的“民变”与“兵变”都得到了镇压。

一年时间，张居正似乎将十年来所处理过的政务都重新梳理了一次，虽然每件事都很妥善地解决了，但依然留下很大的隐患。在北边，清已经取代了鞑靼即将成为大明王朝最大的死敌。内政方面，虽然取消了追讨上年累积税赋的法规，但实际的税赋却越来越重，加之嘉靖皇帝穷奢极侈，大量搜刮，使得民众在法规以外的隐性负担急剧加重。这种重负和日益腐败衰落的朝政形成了鲜明的对比，即使在物质负担上人们能够承受这种重负，但在精神上人们极度压抑，在感情上已经站在朝廷的对立面，由此各地民变风起云涌。

张居正死后的第14年，神宗就疯狂的掠夺，破坏了国家机器的正常运转，给王朝带来了一场空前的灾难。官僚体制被破坏，国家库藏被耗尽，平民百姓被摧残，终于激发城市民变，此起彼伏多达四十多次，东到苏杭、西至西安、南至云南、北到辽东，怒火烧遍全国。最大的一次民变，是由云南指挥贺世勋领导的，结果是杀掉了宦官杨荣及其党羽两百多人；武昌民变时，封锁进京道路两个月，弄得神宗惊魂不定，几天吃不下饭；临清民变时，居民上万人走向街头示威游行。政治、经济、社会的危机，使得统治者犹如陷身火山，惶惶不安。反对矿监税使的奏疏纷纷呈送，有的痛切地指出，这是“割肉充饥”；有的声泪俱下地诉说“一旦土崩势成，家为仇，人为敌，众心齐倡，而海内以大溃”；有的甚至痛骂神宗酒色财气四毒俱全。由此可见，不是没有不怕死的官员冒死犯谏，也不是没有能人想改变局面，但任你哀哀苦求，慷慨陈词，甚至破口大骂，神宗对这一切都无动于衷。这种无限扩张的贪欲和不受限制的权力本是皇权至上的产物，作为附着皇权的臣子又能奈何？又从哪里再拥戴一个磊落奇伟之士，打破常规，扫除廓清天下之患？无情的现实是，世上再也没有了张居正，世人对张居正的怀念就是在无可奈何情况下的一种呼唤。这种呼唤带着深切的悲怆情怀！

然而，一切都不可挽回了，大明王朝的一系列颓废乱象，张居正都没有看到，他提前走了。万历九年（1581年）九月的时候，张居正的病情突然加重，他只好上疏，既感谢皇上对他病情的关心，也希望请假休养。张居正再三要求退休回家，神宗都不允许。无奈之下，张居正只是希望自己能完身归葬，以免在死后尸体受到侮辱和残害。作为一个叱咤风云的人物，张居正已经感到了自己树大招风的危机，希望极力避免，但已经无力回天，只能听任命运安排。明神宗看到上疏以后，派了文书官太监孙斌前往探病，带去了很多慰问品。但他还是担心张居正会因病耽误政事，又下圣旨叮嘱：“宜慎加调摄，不妨兼理阁务，痊可即出，朕眷怀。”意思就是要张居正在家里办理公务。

张居正从生病一直到死，不止一次地上疏请求退休，他知道自己权力太大，恐怕会功高震主、权重欺君。在张居正的《杂著》中，他如此写道：“赵、盖、韩、杨之死，史以为汉宣寡恩，然四子实有取祸之道。盖冲道贵顺，文王有庇民之大德，有事君之小心，故曰：‘为人臣，止于敬也。’四臣者，论其行能，可为绝异，而皆刚傲无礼，好气凌上，使人主积不能堪，杀身之祸，实其自取。”

在张居正看来，汉宣帝手下的赵、盖、韩、杨四大臣就是因为不尊敬主上，没有礼法，甚至欺凌君主，使得主上难以忍受屈辱，才招致杀身之祸。而此时的张居正虽然不像汉宣帝手下的赵、盖、韩、杨四大臣那样刚狠，但这四人的权力可没有张居正此时的权力大，汉宣帝对这四人的依赖怎么也赶不上万历皇帝对自己的依赖。而且皇帝一天天长大，自己掌权的欲望越来越强烈，只是碍于师生情面暂时对张居正依然恭敬有加，但私下已有自己的打算。这无疑使张居正更加担心自己生前身后的安危了。

从万历八年（1580年）起，张居正就不断地提出退休请求，为自己的将来打算。他还是想像传统的上古能臣那样功成身退，得到一个好的归宿。最好的办法就是，趁生病的机会早日辞去官职，既打消了明神宗将来的嫉恨，也保全了自己。但是，一方面朝廷重要事务确实必须他来解决，另一方面万历已经开始有意折磨这个压抑了他十几年的“权霸”了。果然，在张居正死后不久，神宗就开始倒算张居正，把他抄家，子孙发配充军。这是后话，但其根源由来已久。

万历十年（1582年）二月，张居正再次病重。这次因为医生检查说他得了痔疮，对他进行了割治手术，但手术后的情况并不见好，伤口不仅没有快速愈合，而且开始溃烂，最终致使张居正放弃了治愈的希望。张居正在写给徐阶的一封信中描写了自己的身体状况：“贱恙实痔也，一向不以痔治之，蹉跎至今。近得贵府医官赵裕治之，果拔其根。但衰老之人，痔根虽去，元气大损，脾胃虚弱，不能饮食，几于不起。日来渐次平复，今秋定为乞骸计矣。”

到了万历十年（1585年）三月以后，张居正就只能待在家里了。可是，他还是没有闲着，该办的重要公务还是在家办理。这样一来，他的病情就越发严重了。无可奈何之下，他只好再次上疏请假：“缘臣宿患虽徐，而血气大损，数日以来，脾胃虚弱，不思饮食，四肢无力，寸步难移，须再假二十余日，息静休摄，庶可望痊，盖文书官所亲见，非敢托故也。”他的身体状况实在太差，就算有再多的假日，整日养病，也已于事无补。从血气亏损到脾胃衰弱，张居正的病情日渐严重。

到了四月，看着天气渐渐回暖，病入膏肓的张居正神情恍惚，似乎出现了回光返照。他做了一个梦，梦到皇上让他去接见一位女神。他竟然相信祈求神灵可以保住自己的性命，为此还派人去了一次山东。在做了这个梦之后，张居正自己试着解释了一下，并对山东巡抚去信说明了一下，希望对方帮忙。那封信是这么说的：“残恙一向不以痔治，迁延十有余年，故病日深。近访得一名医，仰蒙圣恩，赐假治疗，乃得拔去病根。今病虽除，而血气亏损已甚，脾胃虚弱，不思饮食，四肢无力，寸步难移，按之生理，尚属艰难。前梦皇上使仆持双节往祀一女神，盖欲吁神以祈佑云。窃思女神之贵者，莫如泰安之仙妃，今遣小儿赍香帛往祀焉。恐执事不知其由，敢敬以闻。”也就是说，自己的病一直没有按痔疮治疗以至于拖延了十来年，按照生理状况已经没有治愈的可能了。但是，前不久梦到皇上命令我去祈祀一位仙女，可能是皇上以天子之尊想呼吁神仙为我祈福吧。我自己想，女神中最伟大的当属泰山上的仙妃了，现在派儿子拿着香和帛等祈祀神仙所用的东西前来求祈。但是，我怕他不知道相关的礼节规矩。在此想问您一下，希望到时候给予指教。

到了六月份，从山东为他祈福的人已经回来了，但病情仍没有好转，反而加重了。张居正再次上疏请求退休，结果如同以前一样，明神宗再次下旨表示不放手：“朕久不见卿，朝夕殊念，方计日待出，如何遽有此奏！朕览之，惕然不宁，仍准给假调理。卿宜安心静摄，痊可即出辅理，用慰朕怀。”明神宗的意思自然是希望张居正安心调养，不要想什么辞官的事情。并且，只要张居正身体一好，他就要出来辅佐自己。张居正想退休也退休不了，病情却已经到了极其危险的时候。到了六月十八日，张居正已经病得昏昏沉沉了，神宗派了司礼太监带来手谕慰问：“闻先生糜饮不进，朕心忧虑，国家大事，当为朕一一言之。”昏沉之中，张居正上疏推荐了大量的人才：推荐前礼部尚书潘晟、吏部左侍郎余有丁进内阁；推荐户部尚书张学颜、兵部尚书梁梦龙、礼部尚书徐学谟、工部尚书曾省吾等。对于张居正推荐的人才，神宗都予以重用。这之后，张居正进入完全昏迷的状态，没有再说过话，就此一命呜呼了。

万历十年（1582年）的六月二十日，张居正终于走完了他艰辛不平的治国安邦的从政之旅。如果不从政的话，作为一个融汇儒道法墨杂释等各家于一炉的全才式人物，张居正一定会成为划时代的思想家。但是，命运似乎和他开了个玩笑，直到生命的最后一刻，他才意识到，但为时已晚。

不过，令张居正欣慰的是，在他弥留之际，万历皇帝下诏封他为太师，张居正成为明朝仅有的在还活着的时候就获得太师官位的人。在他死后，被以最高规格安葬，也算死得其所。

但不久之后，随着朝廷官僚体系的重新洗牌，张居正以前提拔起来的一些官员相继被弹劾下去，以致权倾一时的大太监冯保也遭到弹劾，曾经声称先生恩重难以报答，只有帮着照顾您的子孙的神宗此时却翻脸不认人，对张居正进行了清算。

冯保遭弹劾，铁三角三去其二

冯保和李太后虽然都是和张居正形成权力铁三角的主要角色，但他们毕竟不是真正的政治家，他们只是出于自己的私利和权位的考虑，一味地依赖张居正，忽视了在张居正铁腕政策下的反抗潜流，甚至也没有意识到，被他们的权力铁三角架空、掌控的万历皇帝这时也正在跃跃欲试，随时准备走上前台。随着张居正的病情加重，各种力量已经开始重新活跃起来，大明朝廷的权力场又要进行一次大的洗牌。而不管怎么样，太后永远是皇帝的母亲，她犯再大的罪过，对谁有多么不公，人们也不敢拿她怎么办。这样所有的矛头就首先指向无依无靠的冯保。

作为一个有计谋、知书达理的太监，冯保也不是吃素的，在张居正病危时，他在背后极力阻止皇帝批准张居正的辞退请求，以求获得张居正的最后荫庇。当此同时，他也在思考张居正之后的权力格局。他想上演一次和架空高拱一样的权力阴谋。为此，他借助张居正为神宗推荐官员的时候，将在家赋闲的潘晟安插进了内阁。潘晟很有资历，比张居正还要老，张居正中进士时他就是主要监考官。

他两度出任礼部尚书，但最终没有进入内阁，都因为碌碌无为而且有贪污之嫌，被两次罢官。冯保把他拉入内阁无疑是想让他扮演曾经的张居正的角色，在内阁中与自己里应外合。但是，如今的万历皇帝不再是曾经的毛头小孩，他已经是一个20岁出头的青年小伙子。对于一些朝政事务，他已经有了自己的打算，李太后的地位和影响也大不如从前。这一切都被只会玩弄雕虫小技的冯保给忽略了。

因为潘晟的资格较老，如果把他放进内阁，按论资排辈的惯例，他必然要担任内阁首辅。这是对这一职位窥伺已久的张四维和申时行所不能容忍的，本来将要为这个职位争个面红耳赤的两人及时看出了冯保的用意。他们马上从竞争对手变成联盟，一致向官场发表意见，无论如何也不愿意让潘晟捡了便宜。

六月二十三日，也就是张居正死后的第三天，御史雷士桢首先响应张四维和申时行的号召，上疏弹劾潘晟，说他秽迹昭彰，不足以委任重职，希望皇上收回成命。

万历皇帝接到奏疏后很是为难，也很震惊，怎么张居正还没入土就有人要提出否定他作出的安排呢。为了不使自己显得太薄情寡义，万历决定继续执行张居正的推荐，没有把潘晟入阁的事情否定。

但是，所有的言官已经在张、申二人的安排下做好了充分的准备。第二天，给事中张鼎新、王继光、孙玮、牛惟柄，御史魏允贞、王国等人接连上疏，致使朝野上下议论纷纷。已经离开原籍，行走在半路上准备来京任职的潘晟听到这个消息，一向奸诈狡猾的他知道肯定是得罪某些权势人物了。按惯例，如果一个新任官员在没到位之前遭到弹劾，他必须原地待命。潘晟抓住这个台阶赶紧停步，很知趣地停在杭州待命。此时，张四维和申时行也直接走到前台，要求将潘晟“放之归”！也就是发配原籍。面对权臣的蛊惑和众臣的弹劾，万历只好依了张四维的草拟奏章，把潘晟重新发配回家。这对于一个很有资历的老官员来说，是无论如何也难以接受的。为了安抚他的情绪，只是说“着以新衔致仕”，增加了他的退休待遇，达到内阁次辅的水平。

请病假休息的冯保得知潘晟被重新发配回家的消息，感到很不愉快，跺脚大骂："我小恙，逮无我焉？"意思是，我刚得了小病，你们眼里马上就没我啦？但此时他的意见已经难以发挥效力了，这样的事只是一个即将失去宠爱的信号而已。

让冯保难以预料的是，李太后的态度也早已转变了，这也已经由来已久了。随着改革的推进，张居正和李太后的关系也出现了裂痕。李太后信仰佛教，她为了积善，多次要求刑部停止行刑。张居正则从治国的实际情况出发，认为这么做会危害百姓，有害而无益，更谈不上什么积善行德，他一再反对李太后的"积善"。万历七年（1579年）二月，神宗得了病，李太后迷信，想请僧人为神宗设坛作法，保佑神宗早日恢复。张居正又抬出禁止设坛作法的祖制来劝阻李太后。李太后虽然勉强接受了张居正的意见，但心中却不太高兴。

张居正的一系列改革除了得罪朝臣，也越来越引起内宫中宦官们的不满。张居正主要依靠自己跟冯保的私人情谊来维系他和宦官之间的关系。因此，他一边通过冯保来约束宦官，避免宦官过多地干涉朝政，一边压制朝中的不满意见来维护冯保的体面。他再三地劝神宗，要尽量减少宦官借天子的威严来谋取钱财的机会。张居正还利用特务组织"锦衣卫"来监视宫中的宦官。这使得很多宦官对张居正的行为非常不满，就连冯保也因为和张居正关系密切，而招致一些宦官的指责。张居正与神宗，太后和冯保之间的关系，也越发地扑朔迷离。

这些内在矛盾使得他们三人组成的权力同盟，不像过去那么牢固了。万历十年（1582年），张居正病得很重，神宗下诏书为张居正请名医，还为张居正求神拜佛，但张居正的病势丝毫没有好转的迹象。感到自己权大震主的张居正多次上疏请求辞职养病。李太后命令神宗必须和冯保商量这个事情，冯保极力反对让张居正回家休养。最初，他听说张居正得的是一般的热症，就没有放在心上。后来，又听说张居正得的是痔疮，就更不当回事了。没想到因为他为自己位置着想延误了张居正的治疗，使其更早地离开了人世。

冯保虽然是一个宦官，但以公谋私的观念在他的脑海里不比别的大臣差。一看到自己已年岁渐高，又没个子嗣，等到老了岂不是要看人脸色，仰人鼻息？为此，他趁自己手中现有的权力赶紧帮助自己的侄子。万历九年（1581年），冯保把自己的侄子冯邦宁叫到北京，并让张居正帮忙给找个差事。最后，冯邦宁被张居正安排在锦衣卫当上了左都督。

张居正一去世，铁三角的权力同盟便少了一员主将。这个时候，原本坚如磐石的权力结构也开始摇摇欲坠。作为一个长期被屏蔽在权力中心之外的皇帝——神宗，便要趁机重整权力格局。为了稳住大权，他首先要做的当然就是清除张居正的势力。此时，孤身一人的冯保就开始危机重重了。

面对这种情景，冯保仗着自己在十年前和张居正密谋赶走高拱的经验，丝毫不把新内阁首辅张四维放在眼里。他决定先下手为强。三个月后，冯保精心策划的反击开始实施了。起初，张四维赶走潘晟后顺利地坐上了首辅的位置，但冯保不希望他待在那里。

十月十三日，云南道御史杨寅秋发难，弹劾吏部尚书王国光滥权纳贿。两大后，御史曹一夔跟进，在弹劾王国光之外，还牵涉到张四维。此时的王国光是管人员委任的，也就是人事部的一把手。他正在联合张四维和申时行悄悄地清洗张居正以前提拔起来的一些人，而且极力阻挠张居正推荐的一些官员到位就职。

因为新内阁才刚刚上任，一些权势还没有勾结到一起，冯保出其不意的一击很快就挽回了一局，获得暂时的胜利。王国光被弹劾下去之后，冯保推荐梁梦龙继任吏部尚书。

但是，冯保万万没有想到他的后方不稳，内廷二把手司礼监秉笔太监张鲸想赶走冯保，自己做掌印太监。而此时的万历皇帝对此却睁一只眼闭一只眼，坐山观虎斗。

次辅申时行认定冯保是杨寅秋等人的幕后主使，便对张四维说：“事迫矣！”新内阁的力量实际上还是脆弱的，因而也格外敏感。前哨战让他们很紧张，为了维护刚到手的权力，他们必然不惜殊死一战！

十二月初七，山东道御史江东之上疏，弹劾冯保的亲信书记官、锦衣卫同知徐爵。

十二月初八，又有江西道御史李植上疏，直指冯保“当诛十二大罪”。

江东之首先揭了徐爵的老底，指出徐爵是一名以诈骗被充军，后从戍所逃出的逃犯，混到冯保的门下，成了锦衣卫南镇抚司军官。身为军官，却没有一天待在锦衣卫机关，反而是随便出入宫禁，在宫内日夕与冯保密议，不知道要干什么——“为谋叵测”。

又揭发吏部尚书梁梦龙以三万两银，托徐爵贿赂冯保，谋得此职。任命下来后，竟然前往徐爵家拜谢——“受命公朝，拜恩私室”。

江东之感慨：“清明之世，岂容有此举动。”如此狐假虎威，“人心由之不正，节气渐以堕颓！”此疏名义上指向徐爵，实质则直指他的后台冯保。

万历大概觉得他搬开冯保这座大山的时机已经成熟了，便毫不犹豫地批示将徐爵逮入诏狱审讯，后移交刑部拟斩。

徐爵这人，史称“善笔札”，也就是擅长写公文，熟悉公文套路，以前凡是皇上表扬张居正的手谕，实际都是由他拟的，世称“樵野先生”。在饶恕了他的死罪之后，给关死在监狱里了。

对梁梦龙，万历则暂时没动。但又有人穷追，万历不想再保了，勒令其辞官，回家算了。

徐爵一倒，张四维他们觉得冯保基本上没有再反抗的能力了，就加大了弹劾力度。李植的上疏尤为狠毒，桩桩指控都是要命的。

其一，冯保的亲信张大受、徐爵都是逃犯，冯保明知道还收为心腹。

其二，徐爵参与批阅奏章，凡重要机密、紧急军情，皇上还没看，徐爵就已知道，抢先泄露于外。在宫内窥伺皇上起居，打听太后动静。听到宫内的戏言亵语，就出去宣扬。人家以为他神通广大，争相攀附，竟致其门庭若市。

其三，公主选驸马，入选者是靠贿赂冯保才被顺利选中的。

其四，皇上赐给乳母田庄银两，冯保先勒索两千五百两。

其五，御用监买来的珠宝，冯保挑选低劣的给皇上用，贵重的尽入私囊。连罚没的赃物，他也据为己有。

其六，冯保的房子店铺遍布京师，数不胜数。原籍深州造有私宅，规模之大，可比王府，有房间五千多间。

其七，冯保之弟冯佑在太后居所内高声辱骂太监，冯保之侄冯邦宁兄弟在皇帝所选的九嫔之中，挑了两个绝色美女做妾（享受皇上级别待遇）。

其八，冯保竟敢僭用皇上才能用的黄帐。

奏疏还捎带了一笔，说冯保“密迩辅座，掌握中枢”，就是亲近辅臣，控制外廷。这是明显向已故张太师的威名挑战了。

万历拿到奏本后，同样反应很快，马上有批示下来。据说他大喜，连拍膝盖说：“吾待此疏久矣！”

万历此时究竟是何心情，后世史家多有推测。一般是说冯保对万历管束过严，引起万历反感，必欲除之。这个因素是有，但另一个因素也不可忽视。万历此时已开始亲政，他急于想打破原有的政治格局，自己来放手施展一番。张居正未死时，因有李太后钳制，万历不敢做如此想。现在，只要把冯保逐出政治中心，就可如愿以偿。

万历批示，冯保罪恶深重，本该杀头，但念他是先帝托付，效劳日久，姑且从宽，发往南京闲住。而且还令“赏银一千两，衣服两箱”。这个处理的实质，是褫夺权力，算不上什么严惩。后面的那个赏赐就更有意思了。以明代皇帝的吝啬来说，这简直就是慷慨施舍。万历大概以为冯保靠这些钱就可以养老了。

弹劾冯保的罪状多涉及宫内事，万历并未反驳，可见是事实。这样的罪，只判了个回南京闲住，如何说得上是严惩？其亲信冯佑、冯邦宁都革职发回原籍为民，张大受发往南京“净军”司香火，处理得都不是非常重。

而李太后为了给自己的小儿子潞王举行婚礼，急需大量银两，听弹劾冯保的人说冯保有那么多财产，很想马上抄回来以补急用，便对冯保的弹劾案置若罔闻。但抄家之后，冯保的家产少得可怜，这让李太后很是失望，万历也后悔自己轻信人言，将自己的“大伴”处置得太突然了。幸好没有将他杀头，万历便又庆幸自己还是有情有义够哥们的，总之没有太过亏待他。冯保也因此在历史上留了个好名声，成为少有的内廷忠宦。

但是，一切都随风而去了，来到南京的冯保揣着一大把银子，俨然一个归乡的成功商人。作为和张居正一起走向权力中心的风云人物，随着张居正的离去，他也迅速黯淡下去了。虽然很快消失在当时人们的视野中，但却和张居正一起永远留在历史当中。

反攻倒算，家破政息

随着冯保的彻底失败，万历皇帝开始了对张居正彻底的清算。张居正之前的一系列改革措施很快便灰飞烟灭，以至于自己的后代也难以保全其身，受到无情的牵连。一代救世宰相最后却落了个家破人亡、人亡政息的悲惨结局。

冯保作为一个太监，他的起落并不是人们关心的。一些深受张居正打压的官员们只是想一步步把罪责引导到张居正身上。现在，张居正已经死了，他的得力同盟冯保也已经被发配到南京去了。所以，他们也就没有什么后顾之忧了，便一窝蜂似的，都去弹劾张居正，奏折像雪片一样飞到万历皇帝的脚下。

实际上，在言官弹劾冯保的奏折上，早就已经把张居正引出来了，只是还没人敢直接指责张居正。大家都在等待机会，看皇帝到底是什么态度，或者是要找机会慢慢说服皇帝。总之，在冯保失宠之际，对张居正的反攻倒算已经开始酝酿了。而当时的皇帝也竟然把冯保的罪责归结到张居正身上。当皇太后问怎么把冯保发配到南京去了，万历顺口说，冯保受到张居正的蛊惑，做了很多不该做的事情，现在群臣议论很大，我先把他发配到南京去避避风头，等以后事情平息下去时，我再把他请回来就是了。可见在权力铁三角中，万历认为所有的罪魁祸首都是张居正。但念及旧情，他只是想适可而止，不愿把事情做得太绝，希望就此了结，马上进入自己主政的新时期。

但是，在改革之中被张居正打压的那些官员誓死不休，在张居正死后三个月，就有人提出对他的弹劾案，罗列了一系列罪状，而且有根有据，显然已经准备很长时间了。万历皇帝没有对这些罪状一一纠察，只是就张居正本身发表了一点意见，对群臣的弹劾做了个交代。

“我虚心委任张居正，待他不薄，可他却以权谋私，辜负了我对他的期望。”在自己的批示中，万历对张居正的其他罪状避而不谈，只是列了一个模糊不清的“以权谋私”罪状。而对张居正打压排除迫害异己致使多人被贬、多人致死的事情却避而不提，这显然不能达到弹劾者的目的。于是，他们强烈要求严惩张居正。皇帝只好和大臣们玩起文字游戏来，你一句我一句。无奈之下，万历说：“虽然他罪大恶极，但考虑到他是先帝的顾命大臣，又有十年辅佐之功，而且人也已经死了，就不再追究了吧。”

但没过多久，又有人提出了对张居正的弹劾案，这次的主要目的是平反冤案，还有就是想让被张居正贬黜的一些官员重新复职。皇帝虽然受到张居正和他的权力同盟的牵制和压抑已久，但现在张居正人都死了，冯保也被发配了，没人再能管束自己了。要反攻倒算张居正也可以，但当时被张居正贬黜的都是皇帝签发同意的啊。如今再过来平反，岂不是要让皇帝自己打自己耳光？万历皇帝很是为难，不管吧，肯定难得人心，众怒难平。照办吧，那自己作为一个皇帝的尊严何在？怎么能出尔反尔呢？而与此同时，众多言官也同时提出了同样的弹劾案，这使得万历皇帝不得不作出令人心服口服的表态。

于是，在张居正死后不到半年的时间，万历皇帝改口了。他下令取消对张居正的各种册封名号，包括活着时候的“太师”称号和死后追封的“文忠公”谥号。同时，下令将张居正做锦衣卫的儿子张简修革职发配回家为民。各部门也趁火打劫，将张居正在北京的居所查办，把他手下的几个门客拉来审问，核对张居正的罪状。

没想到张居正的那个曾经被弹劾过的门客游七罗列了一堆罪状，要深入弹劾张居正的人可高兴了。但是，为了增强皇帝参与惩治张居正的积极性，他们又发动辽王朱宪㸅的遗孀出来，说张居正抄了辽王府，“财宝无数，尽归张府”。万历皇帝不光有皇家血统里的精明而且有普通老百姓的贪婪，一听说有无数财宝在张居正家里，对张居正的兴趣就更加浓烈了。但是，要想拿到那些财宝必须得抄家啊，按目前的罪名还不足以抄家。因为按明朝的法律，犯了叛逆、谋反或者团伙奸佞党羽这三项罪状中的某一项才能被抄家。但是，张居正是忠心于朝廷的啊，给他怎么也定不到谋反的罪名。想来想去，万历皇帝终于想出了个好主意。谋反的罪名不光指威胁朝廷本身，危害皇族也算谋反叛逆，他把这个罪名扩大了。这样一来，再结合张居正参与废掉辽王一事，万历就为抄张居正家做了充分的准备。但这一切发生得太突然了，所有人听到皇帝下令抄张居正家时都惊呆了。

这时，朝野上下无不人人自危，连张居正这样的人物都被抄家了，那些比张居正罪过更大的贪官污吏就更加害怕了，下一个会不会是自己？为此，他们赶紧上疏，希望皇帝三思，不要开随便就抄家的先河。顿时为张居正申冤讲情的奏章和曾经弹劾张居正的奏章一样飞来了。万历皇帝实在不是为了打击张居正，而仅仅是想抄他家的“无数财宝”。他知道自己不会做得太过，把财宝抄来就行了，没什么大不了的，便下令抄张居正远在荆州的老家，把他在北京的官邸占为己有。

抄家队伍抵达荆州张居正老家时，可把张居正的儿子们吓坏了，他们仅仅沾了父亲的一点点光，只不过是中了个进士而已，又没有让父亲给安排什么重要官职，为什么会遭到抄家的灾祸啊。于是，他们便认为一定是被父亲打下去的高拱在报复。但当时高拱已经去世好几年了，是不是他已经不要紧了，注重名节的张居正后代只希望在历史上澄清自己的清白，至于有没有冤枉别人也就不管了。于是，他们便写起血书了，大书自己的无辜，以及假想的陷害者们多么卑鄙。为了不出错，他们把能假想的敌人都拉进来了，一个痛斥高拱，另一个责骂被张居正提拔起来的张四维。其实，当时张四维也已经被发配回家了，但那时通信条件太差，他们对这事也不知道。总之，他们认为自家被抄肯定与别人的陷害有关，但是万万想不到最重要的主谋其实就是贪财的万历皇帝。

抄家队来问有多少财宝，张家弟兄傻了眼，他们家从来没有多少财宝，有也是他那个仗着自己儿子们位高权重横行乡里的爷爷的私财，或许早被其他的亲戚拿走了，他们作为读书人，而且刚从北京被发配回老家，哪里有什么财宝啊。实在逼不出口供，抄家队怕完不成任务得罪了皇帝，就教他们说已经把多少万银两转移到谁家谁家了，而所提的这些人都是曾经张居正的亲信。在张居正老家搜不出来银子，抄家队只能将简单问题变得复杂，实在没办法就出此下策，想牵连更多的人。

与此同时，上疏弹劾张居正支持抄家的呼声也越来越高，皇帝更觉得理直气壮了。但抄家行动实在没有什么新的进展，皇帝也觉得难以收场。于是，便将所有人都抓起来，不给吃不给喝，开始逼供。这时，张居正的一个儿子实在受不了了，认为这些都是侮辱污蔑，于是决定自杀以示众人，以此来表明自己父亲的清白和冤枉。其他的下人也被饿死了好几个，最后仍然没有结果，只好草草了事。万历皇帝下诏通知抄家行动就此告一段落，张居正的后代一律被发配充军。

万历皇帝最后对张居正的盖棺定论是："张居正诬蔑亲藩，钳制言官，蔽塞朕聪。私占废辽地亩，假以丈量遮饰，骚动海内。专权乱政，罔上负恩，谋国不忠。本当斫棺戮尸，念效劳有年，姑免尽法。伊属张居易、张嗣修……俱令烟瘴地面充军。拟都察院还将张居正罪状标示各省直地方知道。"万历皇帝为何突然对张居正恨到如此地步呢？而和张居正一起的冯保为何又能完保自身呢？有野史记载，张居正与万历皇帝的母亲李太后有私情，而这些冯保都了如指掌。为了避免秘密泄露，万历自然不敢轻易对冯保下手太狠。而张居正此时已经没有还击的可能，万历便开始在他的后代身上发泄积累已久的怨气。

晚明时期，社会的发展与当政者的利益以及延续已久的封建专制制度已难以协调，张居正的一系列改革虽然有利于保持朝廷的统治地位，但已经不能顺应时代潮流的要求了，大多是背离时代潮流的举动。比如，当时高拱坚决支持开海禁，不开运河直接从海上运粮。但张居正极力推动疏导大运河，最后虽然妥善地治理了黄河，维持了漕运的正常运行，但却耽误了中国航海事业的发展。另外，按当时中国极度不平衡的经济发展状况，一条鞭法只能在商业经济发展比较成熟的地区推广，但张居正却及早地推向全国。最后，因为落后地区的抵制，在他去世后不久就停止执行了。另外，他废除书院的做法给中国的思想发展带来了沉重的打击，将一代思想先驱何隐心迫害致死，更使得不管对他有多么崇拜的人都感觉他做得太绝太过了。

面对旧有的延续了几千年的封建人治社会及其体制，张居正是一个悲情的替罪羊，是和众多有才干的人一样的牺牲品。这正是在历史上人们对他褒贬不一的原因。在平稳的时候人们丑化他，在危机的时候人们又崇拜他。

在清军入关之际，万历皇帝的孙子崇祯皇帝又马上给张居正平反，并将他的曾孙张同敞提拔为抗清首领。和上祖当年在朱元璋帐下进行平叛天下起义队伍一样，张居正的后代在大明王朝的最后一刻仍然忠心耿耿，直至南明时代，张同敞仍然是抗清的主将，最后被围，惨死在广西。

郭沫若曾经作诗称赞张居正的曾孙张同敞：“的是奇男子，江陵忠烈张。随师同患难，与国共存亡。臂断何曾断，睛伤并未伤。万人齐仰止，千古整冠裳。”

下篇

第一首辅处世技巧

张居正

第八章　位闲人不闲，为成功时刻做准备

身在职场，面对激烈的竞争和残酷的淘汰，我们总有着或多或少的无可奈何。也许自己满腹才华，却毫无用武之地，在一个有名无实的职位上浪费时间和精力。面对这种“郁郁不得志”的情况，很多人做出了不同的选择：或事事抱怨，牢骚满腹；或接受现实，安于现状；或愤然离开，另谋出路。难道对于竞争，我们只能默默接受吗？难道对于不尽如人意的现实，我们只能“俯首称臣”吗？

不！成功的人，永远不会这样甘于平庸！他们在未成功前，都有着一种追求忘我的工作态度和锲而不舍的学习精神，他们总是积极进取，开拓创新，不断挑战自己。

所以，最正确的选择就是潜心学习，努力提升自己。只有坚持不懈地努力，才能使我们抓住可遇不可求的机会，成为“幸运的宠儿”。

要知道，是金子总有一天会发光。如果自己确有才华，就要学会等待机会。明代的“国器”——张居正，就为我们做了最好的示范：张居正作为一位杰出的政治家，不仅机巧善谋、处世有方，而且善于积累、善于总结、善于等待。

嘉靖二十六年（1547年），张居正登上了科举的最高台阶，跃登龙门，进士及第。从此，开始了其漫长的仕途生涯。

按照常规，新科进士必须有一个见习的过程，张居正也不例外，被分配到翰林院担任庶吉士。论品级，翰林院只是个五品衙门，但因为涉及参与国家大事、盛大庆典以及各式文件的起草，成为国家大员的参谋部和储备军，是所有士大夫

们进入内阁的必经之路。张居正成为人人羡慕的庶吉士，虽然没有官品，但前途可谓一片光明。

因为庶吉士是个闲职，闲暇时那些新科进士或沉醉在歌台舞榭，或痴迷于吟风弄月，倒也轻松自在。可是，身处权力的中心，也免不了奔竞趋迎，争名逐利，向高处攀升。这时候的张居正并没有随波逐流，而是选择了独善其身，倒不是因为他有多么清高，而是因为舞文弄墨的生活并不是他的志向所在。张居正入选庶吉士后，在重视经邦济世的徐阶的引导下，努力钻研朝章国故。在清闲的时间里，他更多的是闭门谢客，攻读历朝典章制度，思考救国兴邦之道。这为他日后走上政治舞台打下了坚实的基础。

按照期满后赐编修的惯例，张居正后来被分派担任翰林院的编修。在他担任翰林院编修、忙于撰写史书之时，仍然不忘关注现实，剖析政务。为了做到“足不出京城而能知天下事”，他总是找机会向别人打听各地的山川形势、风俗民情以及民众好恶。如果听说有官员从边塞或地方巡视归来，他常常提着饭菜前去探望，在与这些官员边饮酒边聊天的时候，详细询问当地的情况。回家后，他便一一追记在案，进行归纳整理，并提出自己的见解。为此，他常常挑灯写作，彻夜不眠。

初登政坛的张居正虽然并无大作为，但雄心勃勃的他却是“位闲人不闲”，自他步入政坛后的第一天起，他就在不断学习、不断思考。昏君如虎，权臣似鹰，他张居正怎会甘心就做一只任人宰割的兔子呢！

就算是在他三年的休假中，张居正也是始终保持着学习的姿态，不断积累。

作为休假的官员，张居正回乡本可不必下田劳作。但为了体恤民情，他毅然身体力行，在家乡亲自下田，种竹植树，与老农切磋农艺，同悲共欢。看着在田间辛勤劳作的老百姓，看着本是富庶之地的荆州如今这样凋敝，张居正为朝政的安危感到忧虑。在和家乡父老的聊天中得知在成化、弘治年间，“民各安其乡里，亲爱长吏”，尚能称得上安居乐业，法度严明。可是，在这以后情况大变，那些豪强权贵以权扰法，霸占农民的土地，并且把赋税转移到老百姓身上，那些农民不仅没有农田种地，而且还要为那些有钱人出力出钱，沉重的压力让老百姓的日子苦不堪言。这段经历对他后来的改革有着重要影响，并奠定了新政的民本思想。

此时的张居正身在山林，但念念不忘的依然是官员的职责和治国安民之道。经过休整、反思和对农民疾苦的考察，张居正对消除社会弊端已有深思熟虑，心中重新燃起了一股报效朝廷的热情。

张居正的耐心和智慧在实践中得到锻炼，这种“位闲人不闲”的精神和态度更为他将来成功执政和进行改革打下了良好的基础。

想要成为像张居正那样成功的人，我们必须理智积极地面对工作中的困难和挫折，万万不可怨天尤人。

身在成功的始端或者途中面对困难，很多人总是以非我力可达而放弃。一般而言，这种人只能平平凡凡而不能有所作为。就如一张白纸上点一个黑点，如果问这类人在白纸上看到了什么，答案肯定是只看到了一个黑点。可是，白纸的空白部分那么大，黑点那么小，为什么只能看到黑点，而看不到空白的部分呢？所以说，怨天尤人会让人变得盲目，这样的人又怎么会有大作为呢？

我们身在职场，很可能因为种种原因被“雪藏”在一个有名无实的职位上，满腹才华得不到发挥，晋升似乎总与自己擦肩而过，在煎熬苦闷中度日如年。面对如此尴尬的局面，我们必须冷静下来，把心态调整好。虽然我们暂时无法身居要职，实现自己的目标，但我们的才华依然还在，我们的梦想依然还在。只要我们坚定自己的理想，耐心等待，总会得到盼望已久的机会。

所以说，无论我们在职场中遇到什么困难，身处什么位置，都要保持积极向上的心态，不能因为暂时的不得志就搁浅了自己的奋斗目标。要知道自古英雄多磨难，从来纨绔少伟男。想要成功，就要学会用耐心和智慧去应对逆境。

不是所有人都可以一步登天，那些一步一个脚印走向成功的人都会像张居正一样——位闲人不闲，不断学习和积累，时刻为成功做准备。

历史证明，生活绝不会辜负一个辛勤的耕耘者。一个人想要发光发热，就要不断高速运转。只有坚持自己奋斗的方向，我们才有成功的可能。如果怀才不遇，我们不仅不能泯灭自己的志气和追求，更要激发自己的韧性。

我们认识游本昌是从电视连续剧《济公》的播出开始的，可早在三十多年前，游本昌就已投身演艺事业了。少年的时候，他就精于模仿，热爱表演。凭着良好的表演天资，他被保送到上海戏剧学院深造，并在大学毕业后极其幸运地进入中央实验话剧院。本以为迎接他的将是似锦的前程，不料却是三十多年的默默无闻！

在三十多年里，游本昌所扮演的都是一些无足轻重的小角色、小人物。这对于一个专业演员来说，不能说不是一场悲剧。他与其他演员明星同台演出时，总是被冷落一旁，那种凄凉对于一个从影多年的人是何等无奈。虽然在三十多年的平静时光里，他也曾有过不少的辉煌，如他曾在首都舞台上领衔主演了我国第一台哑剧，他的《流逝》和《淋浴》等作品也获得一些奖项，但这些荣誉并没有让广大的观众记住他，他还是一个默默无闻的演员。

虽说一直没有得到梦想中的机会，但他却从不气馁，只是通过默默努力和积累，用心对每个角色进行精细雕琢，力求演好每一场戏。靠着对表演艺术的热爱和执着，他忍受住了被冷落的孤独，静静等待着机会的来临。

终于在他57岁那年，凭借出演“济公”这一角色，游本昌迎来了事业上的高峰。为了济公这个角色，他已等待了近四十年了！三十多年的从艺生涯，经历了无数的坎坷，忍受了漫长的寂寞，种种的磨难都为他在艺术上取得巨大的成就做足了准备。

要知道事在人为，虽说有运气和机会上的差别，但不能因为时运不济而削弱志气，自暴自弃。凡是成功的人，都要经历一番沉寂的磨炼，才能孕育出智慧的火花。张居正是这样，游本昌是这样，我们也是这样！所以，就算暂时我们没有得到机遇的垂青，也要坚持我们的目标，不断学习新的知识，不断积累工作经验，提高自己的能力和素质。只有坚持不懈地努力，我们才有可能在机遇来临之时抓住它。

一家知名企业登报征聘会计人员，广告才登了两天，应聘的履历表就如雪片般飞来。经过层层面试，最终被录用的女孩小王，相貌普通，表面上看起来，实在找不出有什么过人之处。能力虽然不错，但和很多应聘者相比并不是特别出众。对于她能击败其余的竞争对手，实在令人感到意外，公司中的很多人都说她一定是被幸运之神眷顾了。因为根据以往的惯例，凭她的条件，是根本不可能被录用的。

可能幸运之神真的很眷恋她吧，在公司刚刚任职两年的她，就成了总经理的助理。当时，因为总经理的专任秘书突然发生车祸，严重的伤势在短期内无法康复，而工作必须立刻有人接手。所以，很多人都希望能够得到这个机会。但总经理的执拗脾气和工作习惯却实在让人不敢恭维，竞争的人虽然不少，可是谁也没有把握。但一个星期后，当人们看到人事令，才知道原来最终选上的人是她。幸运的说法再次传遍公司上下，真是羡煞了众人。

幸运的事，还不仅如此。由于公司与许多外国厂商进行策略联盟，经常会和外国公司的高级主管接触，这其中有一名是华侨，中文讲得很流利，他每次来中国时最喜欢做的消遣，就是下国际象棋。刚巧公司中只有她会下，于是，二人在棋海中渐渐滋生情愫，最后缔结良缘，谱写了一则现代灰姑娘的故事。

在盛大的婚礼上，终于有人按捺不住地问她说："能不能请你稍微透露一下，你怎么会如此幸运？"她缓缓地放下酒杯，说："当我去公司应聘的那一天，我特地早早就赶到公司，在公司的人员还没有开始上班前就去公司门口等待了。我不知道公司担任面试的主管是谁，但我想我可以在面试之前和陆续到公司上班的所有员工们亲切地打声招呼，而这里面一定也有主管人员在内。这样一来我便能让他们建立起对我的好印象。"

"可是你故意这么做，也不见得就能保证会被录用啊。应该还是因为你比较幸运吧！”

小王回答道：“当然还不止如此，接到面试通知后，距离正式面试还有三天，我猜想其他人大概只会抱着等待的心情，但我却利用这段时间，去查阅公司的资料，包括成立背景、经营团队、产品走向、财务状况、市场布局以及历史新闻等，并作了充分的了解。如此一来，当别人还在关心自己的工作权益时，我已经做好了随时可以上班的准备，自然能提高我被录用的机会。至于我为什么能以最浅的资历去接任秘书的职位，那是因为，我花了很多的心力去观察，记录公司中每一个重要人物的工作态度和工作流程。我知道前任秘书每天早上会替总经理泡一杯摩卡咖啡，加两块糖和一匙鲜奶油；到了下午3点，换成薰衣草茶包，一定要是英国原装进口的才行。如果总经理情绪不好，必须马上递上一条冰毛巾。有几次前任秘书忽然请假，我就自告奋勇地帮总经理做这些事，自然就赢了那次竞争。”

听到这里，众人恍然大悟：“照这么说来，你有可能不是原来就会下国际象棋的，而是临时突击学会的，对不对？”

“是啊！当他第一次来公司的时候，我注意到他闲时总是一个人在下国际象棋，这个发现引发了我的好奇和学习的兴趣。于是，当他第二次来的时候，我已经将国际象棋学得很不错了。在下过几次棋之后，我们变成了好朋友。如果说我真的很幸运，那应该就是我们最后走到了一起。但我也必须说我的幸运来自我的努力和我的用心，当我愈努力愈用心，也就愈幸运。”

小王的经验告诉我们，只要我们时刻为成功做准备，我们就有可能得到幸运之神的垂青！

人生谁没有失意之时，最后的成功者和永远的失败者之间或许只有一步之差，那就是成功者往往时刻为成功准备，而失败者往往时时为失败寻找借口。只有时刻准备，合理地做出规划，充分地利用每一段时光，相信不管干哪一行最终都能迎来最后的成功。

第九章　藏智存身，必要时远离是非

任何圈子里都会有利益纷争，作为一个新手，初来乍到，最重要的就是学会保护自己，不要轻易地卷入别人的斗争当中，更不能说三道四，在对峙双方之间制造事端。这时候，学会如何明哲保身、远离是非就显得尤为重要了。

在众多古往今来的成功人物当中，张居正可以说是一个会明哲保身的人。在刚刚进入仕途的时候，张居正虽然小心谨慎地讨好严嵩，但并没有因此受到重用和提拔。在权臣互相倾轧、钩心斗角的官场，张居正感到了很大的危机。一边是极力欣赏自己的徐阶，另一边是独断专权的严嵩。张居正深知这时候如果锋芒毕露的话，自己无疑将会成为官场斗争的牺牲品，或者是严嵩父子的眼中钉，或者被其他人利用作为对付严嵩父子的马前卒。虽然无限郁闷，但张居正依然毫不作声。只是偶尔写写诗，自己发泄一番而已。现在的人们热衷于上网，写写博客聊聊天等活动，而古人打发寂寞发泄不满的方式只有读书和写诗了。最后，当官场的黑暗到了实在无可忍耐的地步，他选择了离开，干脆借病离开了北京，回到老家，而这一回竟然长达三年。

刚到某一单位的新人，就像一粒石子投进平静的湖水，往往会引人注目，其言行和举动都会映在别人的脑海当中。如果锋芒毕露，而又无可靠的人际基础，轻一点会遭到同事的孤立和反感，使自己感觉不顺心，进而影响工作激情和工作效率。没有好的业绩，必然会引来领导的不悦，这样长期下去也就越来越难待下去了，没准儿自己哪天被炒了鱿鱼还不知道什么原因呢。重一点的话就有可能会当场得罪领导，那以后的发展都将受到无形的羁绊。

不会保护自身的表现通常有两种，一是爱提意见，好为人师；二是废话太多，说三道四。

刚入职场的年轻人，都有点书呆子气，不免书生意气，喜欢表现自己。常常动不动就提意见、发议论、出点子，并且还想方设法地要改变原有的运行机制。长此以往，会使人觉得这人太挑剌，太难缠，渐渐在人际关系网中被孤立，失去同事的好感，也难以获得领导的重用，最终吃亏的还是自己。

小张是某名牌大学财政专业毕业的，在外煎熬了一年，终于考取公务员，被分配在某市的财政局工作。上班之初，他发现好多人都不是这个专业毕业，不光专业不对口，好几个学历也都比自己低，更别说什么名校毕业的了。小张顿时觉得很有优越感，常常一副不可一世的样子。

上班之初，领导不免要做出一副谦逊的样子，口口声声“请提意见”“把你的专业优势发挥出来”“我们最缺乏的就是先进的理论了”之类的客套话。这让小张很是受宠若惊，便一发不可收拾。没多久，他就提了很多意见，还越来越带劲。因为他发现不仅领导点头称是，而且同事们也从不反对，似乎很是鼓励。可结果是意见归意见，没有带来任何变化，领导听了也就听了，从来没把他的意见当回事。反倒是他自己成了一个处处惹人嫌的人，总是觉得找不到知己。渐渐开始闷闷不乐，空怀壮志。一年过去了，领导从来没有给他安排过具体工作。

单位有位大姐看到小张的这种状况，很是同情他，便私下对他说：“当初，我也和你一样，最后搞得实在郁闷得不行便换了工作，找了个新的环境，从此收敛了一些，自己也渐渐觉得能和同事们打成一片，不再那么孤独了。我建议你啊，还是换个单位，再在这儿待下去，你别想有出息，因为你已经把所有人都得罪了。”经过一番思考，小张最后只能选择离开，又托人帮忙调到另外一个局里。临走的时候，原先的领导拍着他的肩膀说：“真可惜啊！真不想你走，本想准备培养你当我的接班人呢！”但小张怎么也不明白，“真是可惜啊”到底可惜在哪里，其实就是指“不该锋芒毕露地乱提意见”。

锋芒毕露，乱提意见，只能会导致自己的闷闷不乐，不主动提出的话，一般不会带来利益上的损失。但如果废话太多，随便说三道四，什么时候得罪了别人可能都不知道，被炒了鱿鱼也不知道什么原因。

小李在一家监理公司做行政助理，和单位的出纳在同一个办公室里办公，就在总经理隔壁。他整天只做自己应做的，从来不愿意多做一点。但这边的出纳却是另一种做法，他好像老板的管家一样，什么都干，甚至外边有欠款，他都会在下班时间找时间去催债。老板自然是很喜欢这样的员工了，渐渐变得对出纳特别关心，而对小李就不温不火了。这时，小李就感觉很不自在，总是看不惯出纳，整天唠唠叨叨。有一天，他开玩笑地对在一边忙碌的出纳说：“你把该做的做了就行，他又不给你双份工资，凭什么做那么多啊，呵呵！”可是，说者无心听者有意，这话碰巧被门口的总经理听到了。他虽然想冲过去发火，但忍了忍没有进去，回到自己办公室，给小李记了一账。没过多久，小李的办公室多了一位实习生，但小李根本不知道自己快要被炒鱿鱼了。

“哼，那种搬弄是非的人怎么能长期留在公司里呢，等那个小姑娘做顺手了以后，我就马上把他给辞了。”总经理气愤地向出纳解释安排一个实习生进来的原因。

尽可能地保持稳重，不要多提意见，少说废话，避免搬弄是非，这是一般人所能做到的应时之策。这样只能最大限度地做到不愚，还无法体现一个人的智慧。但是，有时候一些大的场面，斗争复杂，一些纷争是躲也躲不过的，这时就考验一个人的智慧了。张居正所处的环境是斗争最为激烈的晚明官场，这里的斗争是异常激烈也极其复杂的，稍有不慎就会一落千丈，面对牢狱之灾，甚至有生命之虞。要想走到权力核心就更加困难了，没有相当的智慧是难以做到的。而张居正还是突破了烟迷雾绕的斗争，最终渔翁得利，成为权力斗争中的最大赢家。这其中的最大秘诀就在于他知道锋芒毕露的弊端。早在初次科举失败时，他就从自己的恩人顾璘那里学到了如何藏智存身，在人心险恶的官场保存自己的实力。

面对徐阶和严嵩父子的斗争，张居正只是私下表达了他对徐阶的支持，获得了徐阶的信任。同时，他也看到了严嵩父子实在惹不起，也不免经常混在其他的人当中拍拍马屁。严嵩过寿的时候他为严嵩写的祝寿诗简直肉麻之极，把严嵩夸得堪比管仲、伊尹。严嵩的受宠得力于他擅长写青词，这正迎合了好这一口的世宗。张居正也抓住这一特点，虽然在他心目中文学很崇高，但也不失时机地写几首青词送给严嵩，让他敬献世宗。这样做，不仅减轻了严嵩的负担使他对张居正倍加赞赏，而且也获得了世宗的欣赏。

但日久天长，张居正发现严嵩父子实在是腐败至极，已经到了人人唾弃的程度，他也不愿再去奉承了。这时，为了保持自己的政见，也为了保全自己的人格，好多朝臣都选择了沉默，等待着别人出来弹劾严嵩父子。但是，张居正却用行动表现了这种沉默，他托病请假回家了。这样一来，严嵩父子对他没什么偏见，对严嵩恨之入骨的其他官员以及时刻准备着打倒严嵩的徐阶对张居正也没什么意见。

三十六计，走为上策。面对权臣们的恶斗，张居正在自己没有较大把握的时候，没有轻易出面表态，也没有拉帮结派，更没有站在对立的立场上指责另外一方的过错。他选择了离开，远离是非。通过这样的方式，张居正不仅避免了被拖进斗争的危险，也免去了陷自己于不仁不义的道德苦恼。眼不见者为干净，看他们怎么闹，张居正都不去掺和。闲居在家的张居正呼朋唤友，游山玩水，填词赋诗，逍遥自在。

但是，和一般的平庸之辈因为没有什么意见可发而不闻不问不同，张居正的这种选择的可贵之处在于他已经胸有成竹，对未来的走向以及整体形势有了清晰的把握。他及时地看清了形势，也预料到事态的复杂。他知道严嵩父子无论如何都会被推倒，但一时半会儿又没有谁能撼动他们的牢固地位。这时，他发现只有老谋深算的徐阶是最有潜力的反对者。于是，他私下对徐阶表示了支持，并向徐阶倾诉了自己的痛苦，这使得徐阶对张居正一直很欣赏，等他一把严嵩父子赶下台，就马上急着请张居正复出，帮助他处理朝政。这时，张居正才开始显露他的才华，在徐阶的支持下，修订了世宗家乡湖北钟祥的地方志。那时，钟祥被改名承天，这个志就叫《承天大志》。

如果张居正起初就锋芒毕露，要写自认为正经的东西，对皇帝和权臣严嵩都喜欢的青词不屑一顾的话，他可能早就被严嵩发配到地方上了，不能留在京城，更不会有后来被徐阶提拔的机会了。

同样，在后来徐阶和高拱的斗争中，张居正仍然表现得默默无闻，毫无见解。斗争双方都忽视了张居正的存在，在他们斗得头破血流两败俱伤时，张居正又一次渔翁得利，最终走向首辅岗位。获得实权的既不是老谋深算的徐阶，也不是有资格有才华、不可一世的高拱，而是这个被他们都当作学生和推心置腹的朋友、后来居上者的张居正。

在第二轮权力斗争中，张居正虽然在徐阶的提携下入了阁，但他依然没有资格当权。徐阶被罢官之后，他又遇上敏锐老练的高拱，张居正只能再次忍耐。尽管高拱对他十分傲慢，他还是用很谦虚的态度应对，从来不发表自己的看法。尤其是在对待徐阶儿子的问题上更是如此。有人因此责怪他忘恩负义，而实际上这是他保全自身的无奈之法。

徐阶有三个儿子，他们都是依靠父亲的提拔得到官职的，没有一个是通过科举道路入仕的。他们因此也就没有传统士大夫的那种悲悯情怀，素质相对低下。在父亲当政的时候，他们仗势作威作福、横行乡里。虽然徐阶执政有方，但对于自己的儿子却毫无办法。徐阶在一开始就预料到这几个儿子会给他带来麻烦，至少自己在斗争中失利后，政敌肯定会拿他们开刀。为此，在离职之时，徐阶就嘱托张居正，看在他提拔培养的分上，让张居正对自己的儿子照顾一点。

果然，在徐阶下台后不久，应天巡抚海瑞就开始对徐阶的三个儿子开刀了。不过，他只是为了削减徐家兼并的过多的土地，再加上徐阶提拔过海瑞，他也不会找徐阶的后代太多的麻烦。但这三人很是害怕，于是写信求助张居正。张居正立即回信劝他们说，现在形势不妙，一定要遵纪守法，不要给别人留下什么把柄。自己可以了结的事情就立即解决，千万不要留下后患。张居正其实是在推脱责任，他知道高拱对徐阶恨之入骨，肯定会再次报复的。

果然不出所料，没过多久，高拱复出，在重新掌权之后的第一件事就是报复徐阶。虽然徐已经被处罚了，这气仍然要出在他的后代身上。没过多久，高拱就找借口将徐阶的三个儿子关了起来，准备杀头。徐阶急了，又一次请张居正帮忙。但张居正此时并没有直接出面去高拱那里说情，只是派一个江湖人士侧面斡旋了一下，最后将徐阶的儿子改判发配充军，免于一死。

面对自己的恩师，张居正不想为帮助他而暴露自己于敌手之下，这种隐忍藏身的能力非一般人所能达到。但是，这口闷气他一直憋在心里，直到最后自己当权，张居正才站出来为自己的老师徐阶平反，并将他的儿子再次改判。

不管是为了立稳脚跟获得生存的余地，还是长驱直入获得发展的空间，在今天这个充满竞争的时代，我们已经不可避免地要被网在拥有不同的利益诉求的人们结成的各种关系网中。这时候，才华横溢当然会大受欢迎，但过于锋芒毕露反而会带来诸多不必要的麻烦。如果多管闲事，误入是非之地，那就真的可能大祸临头了。

不懂得藏智，就会自鸣得意，锋芒毕露，事事争先。在为人处事方面一根筋，盛气凌人。那样就会遭到别人的讨厌和疏远，工作中又不注意讲究策略和方式，不能处理好各种关系，比如上下级、同事之间、与客户的关系等。这样做，不仅发挥不了自己的才能，还会招致嫉妒、猜疑与排挤。

任何人都不会因为锋芒毕露而走向成功，反而极易因此导致很多的挫折，往往显得怀才不遇。最后大多因为屡受挫折而一蹶不振，最终使自己逐渐被磨去棱角，不仅难以锋芒毕露，而且反而变得碌碌无为。与此相反，那些谦虚谨慎的人，虽然起初并不怎么起眼，但因为懂得露拙藏智，往往会把仅有的才华保存得很好，也发挥得很到位，最终取得令人刮目的成就。

第十章 别让激情睡着，找机会露一小手

对职场人士而言，工作激情是很重要的，激情是不断鞭策和激励我们向前奋进的动力。对工作充满高度的激情，可以使我们不畏惧现实中遇到的困难和阻碍。可以这么说，激情是工作的灵魂，甚至就是工作本身。激情使我们离成功更近，因为它有着理性永远无法达到的特殊作用。

很多人刚进入职场时，都充满了激情和干劲，而且对职业前途的自我期望值也寄予“厚望”。然而，过了一段时间后，沿途的景色不再变化，也没有了新鲜东西，人们就有了疲惫的心理，会感觉到自己简直与机器人一样，每天是上了班就希望能早点下班，原先的激情一点也没有了。出现了这样的问题，很多人就会“鼓励”自己换个工作环境。然而，并非每一次的跳槽都能帮我们重新找回工作激情，有时候反而会使自己的情绪低落。

这时候，我们就要设法挖掘我们的激情，因为当我们对工作失去激情时，我们的职业生涯也将转入危险的境地。

一个职场白领曾这样抱怨道：“说实话，工作这么长时间了，我也不知道自己到底学会了什么。每天领导要求我做什么事情，就会按照他的要求去交差，从来没有想过这个工作是否适合我，我到底在这个单位能有多大前途；只知道为了生存，我必须在这个单位继续干下去；时间长了，我就对这种机械式的工作方式感到厌倦，每天都提不起精神，工作对我而言，已经成为平淡无味的东西。”

很显然，他在工作中失去了激情，根本就没有什么动力，只是在被动地工

作，这样自然就会产生一种抵触情绪。其实，我们完全可以换个思路。要知道，目前的就业形势这么严峻，如果想要保住自己的饭碗，就要在自己的岗位上不断努力提高自己。如果我们还是“当一天和尚撞一天钟”，就很有可能被那些怀中揣着硕士、博士学历证书的“后辈”们抢走手中的饭碗。试想一下学弟学妹们“虎视眈眈”的样子，如果我们整天混日子肯定是死路一条。所以，我们一定要打起精神，迫使自己树立起使命感。一旦在工作中树立起使命感，我们就会主动地为自己出点儿难题，每天都有难题处理，我们自然就会活得充实快乐。在每天的进步中，我们更容易找回自己的工作激情，找回工作的乐趣！

但要知道，没有行动，所有美好的梦想和目标还有我们的激情都是毫无意义的。激情是我们攀登高峰的垫脚石，它不是空洞的口号和虚无的噱头，它体现在工作的每个细节上，体现在具体的行动中。所以说，成功是充满激情的行动，是才华的舞台。只有我们将自己的才能展现出来，我们才有可能得到伯乐的赏识，才有可能实现自己的目标。

小李是学软件设计出身的，但因为种种原因，他在毕业后并没有做和专业相关的工作，而是在一家科技公司做起了业务方面的工作。经过几年的打拼，他终于坐上了业务经理的位子。可是，事业有成的小李并不满足。因为他始终没有忘记自己的梦想，他希望自己能够从事有关设计方面的工作。为了实现自己的目标，小李在空闲时间里，一直通过各种渠道学习有关设计专业的知识，还时不时地自己设计一些软件。

有一次，公司一直在为一个软件的设计方案而发愁，设计部门的员工一直没有拿出让老板非常满意的方案。这时候，小李意识到自己的机会来了。于是，他来到公司的设计部门详细了解了一下关于这次设计的内容和要求，回家奋战了好几夜，终于做出了一套设计方案。小李带着自己的作品来到老板的办公室，说道：“总经理，您好！这是我为这次软件设计做的方案，不知道能不能为设计部门的同事提供一点思路。其实，我是学软件设计的，一直都很希望能够从事这方面的工作。如果您觉得我的能力能达到您的要求，请把我调到设计部门。”老板拿起他的设计方案，翻看了一会，觉得小李的设计非常合理而且相当有特色，立即就答应了小李的要求。

小李正是通过不断对目标的追求，在合适的机会将自己的才华展示给老板，才得到梦想中的工作。

张居正在刚刚步入仕途的时候，因为写了一篇《论时政疏》，成功赢得了恩师徐阶的赏识，并在徐阶的提拔下，一路走得顺风顺水。

进入翰林院的张居正，虽然位居闲职，但时刻没有忘记自己的政治理想。作为一个有着远大抱负、心怀天下的年轻人，他渴望在仕途上能有一番作为。但当时他苦于自己只是一个微不足道的新科进士，在政治上没有地位，只能一面心忧天下，一面等待时机报效国家。当时，世宗在巩固了自己的政治地位后，就开始醉心于享乐，一心沉迷于道教，张居正对此非常担心。无论是为了国家，还是为了自己，张居正都感到很有必要让皇帝和严嵩看到自己的才华。所以，他决定上疏，提出自己的改革主张。

经过几年的冷眼观察，他对朝廷的政治腐败和边防废弛有了直观的认识。于是，在嘉靖二十八年（1549年），张居正写了一篇著名的《论时政疏》。这篇文章把当时国家政治危机的几个方面分析得头头是道，体现出这个二十多岁的年轻官员敏锐的政治眼光和突出的政治天赋。

张居正在《论时政疏》首陈“血气壅阏”之一病，继指“臃肿痿痹”之五病，系统阐述了他改革政治的主张。张居正列举了当时政治危机最迫切的五大问题，分别是宗师问题、人才问题、官僚问题、军备问题与财务问题。针对这日益激化的矛盾，张居正提出了相应的对策：抑制宗藩，整肃吏治，整修边备，填补财用，上下沟通。

张居正在这篇奏文里，表达了自己忧国忧民的心情，并希望世宗能够勤于政务，亲近贤臣，广开言路，以求得君臣同心协力，振兴王朝。张居正后来的改革有一篇纲领性的文章叫《陈六事疏》就是在这篇《论时政疏》的基础上发展而来的。所以，这篇文章的分量就可想而知了。

这篇文章虽然没有引起皇帝和严嵩的重视，却受到另外一个重要人物的欣赏，这个人就是徐阶。他因此而更看重张居正，并着力要把张居正培养成自己的政治接班人。徐阶对张居正的培养不仅为他的仕途增加了更多的可能性，而且对他思想的改变也起到了重要的作用，可以说是张居正的精神导师。没有徐阶，张居正至少还得多奋斗十年才能实现自己的政治目标。所以说，这篇《论时政疏》是张居正仕途中的一块垫脚石，使得他成功攀上徐阶这棵大树。

张居正适时地展现出自己过人的才华和能力，得到机遇的垂青。所以说，我们一定不要吝啬自己的才能，是金子就要努力发光!

在职场上一味等着企业、等着老板来发现自己能力的职业人不在少数，可并不是所有老板都有时间去发现员工的能力。对一个管理者而言，他们更多考虑的是企业发展的问题，不会专门来挖掘自己员工的潜能。从另一方面讲，企业有没有发觉你是个人才，这对企业的影响是微乎其微的，因为企业完全可以从企业外找到相似的或更好的人才。

但是，作为个人而言，无法展示自己的能力，严重影响了我们的职业发展。所以说，我们不能等待别人来发现我们，而要主动抓住别人的眼球，要学会抓住机会，推销自己。

而那些一味等待别人来发掘自己能力的人，即使再有才华，再有能力，也很难获得成功。

机会对每个人都是平等的，但机会只肯垂青那些有准备的人，要想在职场取得成功，就要抓住每一个展现自己的机会。

小雪毕业后，在一家电子公司的公关部工作，两年来虽然一直很努力，但始终得不到老板的赏识。因为性格的原因，在工作中她只知道老老实实做事，甘当人人背后称道的无名英雄。尽管论学历、工作态度、能力和口碑都不错，但因为她一直没有好好地在老总面前表现过自己，老总也一直以为她没有什么能耐。

一次，因为种种原因公司要进行裁员，小雪所在的公关部原定只有七人，注定有一人要被裁。而且因为部门经理位置一直空缺，致使内部斗争日益升级，甚至发展到有人挖空心思抢夺别人的客户。面对这样激烈甚至残酷的竞争，小雪依然只问付出不问收获，始终默默无闻。

一个月后，小雪忽然接到人事部提前下达的辞退通知。自己两年多的努力不仅没有得到承认与尊重，现在反而被公司裁员了，这让小雪很不甘心。

当所有人都以为事情已成定局的时候，事情却出现了惊人的转机。有一天，一个和公司即将签约的大客户提出要到公司来看看后再签约。一旦和这个大客户签下长期供货合同，至少半年内全公司员工衣食无忧。这个客户是一家大型合资企业，同来参观的人中有几个是日本人，并且还是这次签约的决策人物，这是公司没有想到的。见面时，因双方语言沟通困难，场面有些尴尬。就在公司老总感到为难之际，小雪不失时机地用熟练的日语同日本客人交谈起来，救了场。小雪陪同客人参观，相谈甚欢。她凭借自己良好的表达和沟通能力，丰富的谈判技巧和对业务的深入了解，终于顺利地帮公司签下了大单。

小雪随机应变的表现能力，以及熟练的日语会话能力，让老总对她大加赞赏。她在老总心目中的分量也悄悄发生了变化。一个月后，小雪不仅没有被辞退，还暂时代任公关部经理。

其实，小雪是个很有才华的人，但因为开始不懂得展示自己，使自己险些丢掉了工作。幸运的是在一次重要的场合中，小雪主动抓住了表现机会，赢得了老板和同事的赞赏。

所以说，要抓住表现的机会，仅仅有才华还不行，还需要把才华展示出来，让上司和同事都知道。抓住时机，就是在关键时候表现出自己的才能和长处，醒目地亮出自己，为自己的成功加分。

要知道，不论你做了怎样优秀的工作，不会表达，无法让更多的人去理解和分享，那就几乎等于白做。要想在现代企业获得成功，就要抓住机会展现自己。而善于展示自己的人在工作中更易获得真正的机会，更易成功。

第十一章　夹缝中生存，太极手是第一妙招

在所有的矛盾困境中，最好的解决方法莫过于避实就虚，将问题转移，不要硬碰硬，而是以柔克刚，用太极的方式，巧妙地做出回应，把问题推给对方。这样做，既缓解了气氛，又避免了尴尬的处境，可谓一举两得。

如何在夹缝中获得生存，找到在危机中沉着应对的策略，往往是一个人、一个企业、一个行业乃至一个国家走出困境获得成功的重要原因。面对不同的夹缝、不同的危机、不同的人、不同的时代，具体策略不大相同，但最成功的无外乎借力打力，推太极手这一屡试不爽的妙招了。

在万历上台之前，张居正都是在别人的对峙空隙中谨慎地保持着自己的地位。对于张居正来说，不同的斗争双方在自己面前造就的并不是平坦的道路，而是一个个夹缝。怎样在这些夹缝中不断地突围，一步步成就自己的权力之梦？张居正的经历和他处理具体问题的方式无疑对深陷夹缝之中的现代职场人士有着很大的借鉴意义。

当张居正刚走上仕途之际，朝政大权都在严嵩手中。此时，面对严嵩的势力和另一边以徐阶为主要代表的“倒严”力量，张居正必须做出选择，这是一个两难的境地。如果选择支持严嵩，那肯定又会得罪徐阶，将来严嵩倒下去也就没有自己的出头之日了。如果支持徐阶，那岂不是又要得罪严嵩，这样马上就会面临被发配的危险。

张居正没有急于表态，但他依然积极应对。就像打太极一样，虽然不去主动

进攻，但首先必须出招，和对方接在一起，然后再找时机顺势利导，借力打力。此时，张居正如果和处在对立双方的徐阶和严嵩都保持距离、退避三舍的话，肯定会被一方怀疑他和对方是一个阵营的。这样一来，无疑是两面不讨好。处在这样的对弈夹缝中，不是出不出手的问题，而是怎么出手的问题。

在后来，徐阶和高拱争斗的时候，正逢北部边疆吃紧，张居正请求高拱派他到北部负责边疆事务，忙于和徐阶在各种细节上争斗的高拱欣然应允。张居正从此远离官场斗争，在边疆事务中充分发挥他的聪明才智，通过修建防台加强了对北京周边的防卫能力，同时调整了整体的军事战略，从以攻为守转为以守为主，大大地降低了边防支出，把结余出来的钱用于提高士兵的待遇，获得边防官兵的一致好评。之后，又支持王崇古，妥善地处理了把汉那吉来逃事件，有力地促成了封贡互市，使得边疆初步稳定。这一切不但缓解了明朝的边防压力，而且使得张居正大获人心，朝政上下的官员对他表示敬佩。

张居正在夹缝中有力地避开了正面冲突，通过开辟新的战场展现自己的才能，最终以实力支撑了自己的地位，在竞争激烈的朝廷中既保存了实力又壮大了势力，最终脱颖而出，后来居上，达到了他的权力目标，完成了治国安邦的伟大理想。

在夹缝中必须选择，而选择就要得罪人。与其表面得罪小人，遭到忌恨，还不如表面应付，得过且过，不要太固执地坚持原则。在表面讨好顺应小人，在私下又结交，团结君子，这是张居正处理夹缝危机的最大法宝。这样区分对待，就是虚实分明，以虚对实，以实对虚。对真人不说假话，对假人不说真话。学会内圆外方，做到坚持原则和随机处事的有效统一。暂时放弃立场，违心地表面应付一下一些不能得罪的人。然后，再以实对虚，用自己的诚意，在私下与另一方达成共识，并对自己的行为作出解释，表明自己的最终立场，表达自己支持的态度，使对方将自己看成盟友。这样一来，夹缝中的外界对立双方就不会成为自身发展的阻力，反而成了为自身发展提供有效价值的可靠资源了。

在现实中，到处都有利益的对峙，随时都有可能遇到难以克服的危机，做到借力打力，保存自我的存在，并不断壮大自己的实力，渡过眼前的难关，这样才能最终取得成功，使自己永远立于不败之地。

在夹缝中生存，最重要的一点就是不要以软碰硬，而要避实就虚。毛泽东在土地革命初期，看到了以蒋介石为首的国民党当局在大中城市的牢固地位。因此，他否定了共产国际提出的城市暴动策略，根据中国国情，提出了农村包围城市的伟大战略构想。在之后的建设和保卫红色根据地的过程中，面对国民党军队的多次“围剿”，他提出游击战加运动战的策略，要求避开敌人主力，在运动中歼灭敌人有生力量，不要死守地盘。但是，王明、博古等人极力推行错误路线，坚决打阵地战，最后使得红军不得不选择战略转移的道路，开始了伟大的长征，避开了敌方的主力，行走在边远的山区以及杳无人烟的雪山草地，最后终于到达陕北。

在2008年的全球经济危机之后，东南沿海的很多企业都进入漫长的寒冬，遇到前所未有的挑战。这个时候只有那些学会改变自身状态，避实就虚的企业通过各种努力渡过了难关，有的还因此获得转型，将资本扩展到更广的产业领域。其中，银鹭集团的战略转型尤为成功，也最令人瞩目。

厦门银鹭集团是一家以生产罐头食品为主要产品的大型乡镇企业，尤其以八宝粥市场上的老大地位傲立于激烈的市场竞争之中。一直以来，企业效益良好，产业总值达十亿元。但是，一方面随着市场经济的发展，因为食品行业的门槛较低，消费量在不断增加的同时，国内各地先后涌现出好多同类企业；另一方面，随着经济危机的影响，银鹭集团的出口额大幅下降，使得这个行业佼佼者一时面临进退两难的艰难境地。为了克服危机，走出低谷，在夹缝中求得生存，银鹭集团及时改变了发展战略，对公司重新做了定位。

面对难以增加的出口额和不断被分割的国内市场，银鹭集团没有以硬碰硬，在增加出口额和开拓有限的国内市场上下工夫，而是采取迂回策略，及时地做出了战略转型，收购了福州锅炉厂和起重运输机械总厂，开始涉足特种设备制造，并组建了专门的子公司银鹭重工。

银鹭重工的正式投产，为厦门市工程机械、港口、造船、汽车、LNG工程、垃圾焚烧发电等产业提供强有力的生产配套设施，进一步提升了厦门市的机械工业的产业竞争力，推动了厦门环境能源和装备制造业的发展，有力地支持了厦门市工业立市的新战略，也得到了厦门市的全方位支持，在各方面都予以优惠，可谓旗开得胜，实现了多赢局面。

这样一来，银鹭比其他同类企业多了一条资金链，使得在其他企业都张望等待、停滞不前时，银鹭集团依然保持了良好的经济效益。

当有记者问银鹭集团的现在状况和未来前景时，集团负责人陈清渊充满信心地说："经过二十多年的发展，银鹭积累的资金、品牌、人才、信誉和企业文化等各种资源，为企业应对经济危机，取得良性可持续发展奠定了坚实的基础。目前，国家和地方政府正千方百计地扩大内需，并出台一系列促进企业发展的优惠政策，我们有信心也有决心在逆境中前进、在夹缝中成长，银鹭集团将越飞越高。"

厦门银鹭集团正是避实就虚，通过及时调整发展战略，通过涉足高新科技的特种装备制造，使得企业顺利地完成了转型。之后，它没有局限于所收购的企业原有的产品种类，通过投资科技含量高的新设备，避免了与重工领域中的强势企业的竞争，从边缘走向核心，最终在夹缝中扩大生存空间。

作为一代救世重臣，张居正善于避实就虚，借力打力，使自己在夹缝中获得了生存，最终走向权力核心，完成了中国古代历史上最成功的一次改革，成为彪炳史册的著名人物。如果当初他不能正确地处理自己的夹缝危机，不去表面迎合权臣严嵩、私下交好徐阶的话，可能在一开始就会成为这二人斗争的牺牲品。再后来，面对徐阶和高拱的斗争，他依然没有直接出面参与，而是借着处理边防事务乘机远离了斗争，这既避免了自己的实力受损，也为自己的政绩增加了新的砝码。

不管是张居正面临的权臣倾轧的斗争格局，还是毛泽东面对的军阀混战及蒋介石的围追堵截，乃至银鹭集团面临的市场下滑、出口不足的经营困境，对于他们来说都是一种复杂的夹缝危机。而处理这种夹缝危机，获得保存实力而又不断壮大的法宝无不都是避实就虚，借力打力。从这一点来说，面对夹缝危机，对于想取得突破的企业、团体或个人来说，能够很好地保存实力，同时不断壮大为自己提供新的动力的“太极手”应该是一个首选妙招。

第十二章　善于借力，让盟友除掉眼前的障碍

当我们步入职场的时候，就不可避免地卷入一场没有硝烟的战争中。这时候，除了自身的能力之外，决定我们胜负的就是职场中的人际关系，这就是所谓的办公室政治。

想要平步青云，成为办公室“政治游戏”的高手，就必须恰到好处地处理好职场中的人际关系，充分发挥自己的竞争优势，把握住晋升的机会。

良好的人际关系会成为我们成功道路上重要的人脉资源。当遭遇困境时，人脉的力量尤为重要，往往一个电话就可以解决我们眼前的棘手问题。身在职场，我们一定要经营好自己的人脉，因为这是我们在激烈的竞争中赢得成功的基础。

也许有人会觉得自己才华横溢，能力超群，可以独当一面，根本不屑于和他人合作。那么，可以很肯定地告诉他：你很快就会被淘汰掉！因为在职场上不与他人合作，你必定无路可走！职场有着既定的胜败规则，而这种规则往往并不以专业能力的强弱为唯一评判标准。所以，不要以为自己的专业能力很强就可以无视这些规则。

当今社会，留给个人的位置已经越来越少了，即使我们找到了这样的位置，要想取得更大的成功，还是一样需要与人合作。我们早已过了那个“唱独角戏，当独行侠”的时代，今天的这个时代不仅是竞争的时代，更是合作的时代。只有选择合作，我们才能成为最具竞争力的一族。要知道，人不可能单独地活在世上，做成大事的人也不可能仅仅依靠自身的力量。古今中外，但凡成大事者，无

不是深谙借力之道的人，无不是重视合作的人！

所谓借力，就是借力使力，借助别人的力量来达到自己的目的。自古以来，我国就有“借船出海”“借鸡生蛋”“借渠浇水”甚至“借刀杀人”等诸多典故。翻开人类历史，王者以借取天下，智者以借谋高官，商人以借赚大钱，这都是借力使力在现实当中的有效运用。俗话说“借力者强，借智者王”，善于“借”的人，往往可以借他人之花献自身之佛，借亲朋好友之助登上事业之巅，借天时地利人和圆成功之梦。

善于借助他人之力，助自己一臂之力，这是智慧的体现。张居正也正是这样一位智者，依靠盟友的力量除掉了自己的对手，顺利地实现了自己的目标。

在徐阶罢相后，高拱重新掌控内阁，成为张居正仕途中最大的绊脚石。可是，当时高拱身为首辅，权倾朝野，张居正根本没有能力和高拱一决高下。面对敌强我弱的局势，张居正选择了借力使力的策略。

利用太监冯保和高拱的矛盾，张居正和冯保一拍即合，顺理成章地联合起来，组成一个“反高”同盟。

在这场内阁斗争中，冯保的加入无疑是一个重大的转折。冯保长期侍奉李贵妃母子，小皇帝的坐朝都由他携抱，深得李贵妃的信赖，可谓是内廷的心腹之臣。张居正有了他的支持，胜算自然就大了很多。

在一次高拱上疏要求收回司礼监的权力后，因为回命是“照旧制行”，也就是委婉地拒绝了高拱，一气之下，这个趾高气扬的高拱随口就说出：“安有十岁天子能裁决政事者乎？”正是这句话触犯了幼主的大忌，给政敌送去反击的口实。冯保抓住高拱这句话的把柄，立即告诉太后和皇帝，说高拱是想趁机收拾内廷，而且还添油加醋地说高拱欺负太子年幼，想迎立自己家乡开封的周王为天子，企图以迎立之功谋求封“国公”的爵位！怕达不到目的，冯保又让两宫的太监和宫女到处散播高拱谋权的言论。这件事惹恼了太后和皇帝，立即传出皇帝的圣旨、皇太后的懿旨、皇贵妃的令旨，三旨并发，把高拱削职。

这时候的张居正坐收渔翁之利，顺利成为内阁首辅。可以说，张居正的成功，离不开冯保这位盟友的支持。如果没有冯保帮他铲除高拱，张居正不可能这么顺利就达到自己的目标。由此看来，借力使力，不失为一条妙计。

如今的职场就如官场一样，想要做大做强，光靠自己的力量是不够的，必须善于借力使力，我们才能纵横捭阖，拥有更大的发展空间。只有依赖同仁的互助合作，借助他人的力量，我们才能更快地增强自己的核心竞争力，不断向更高的发展阶段迈进。

在日常工作中，我们一定要和同事保持良好的关系，尤其是那些和上司关系最紧密、打交道最多的人。和他们建立良好的人际关系，得到他们的尊重，无疑对自己的生存和发展有着极大的帮助。否则，只会给自己找麻烦，自己给自己设置绊脚石，在职场道路上走得磕磕绊绊。

李林今年二十多岁，就已经是科长了，而且很有发展前途。他的工作能力很强，常常有很独到的见解。他发表自己的意见时，三言两语即中要害，令人叹服。

但是，他和老板秘书的关系却不太好，觉得她没什么真本领，只是仗着老板在别人面前耀武扬威。有一次，两个人还因为一件小事吵了一架。

一次，他对公司的总体发展提出了不少的建议，写了份报告交了上去。可过了很久都没有回音，他想面见老板亲自和他谈谈，但每次都被秘书拦下，说老板在忙，没有时间。

一开始，公司的老板对他挺欣赏的，对他的建议十分重视，说他以后肯定会有大的发展。但后来，他感觉自己和老板的距离越来越远了。

他心里觉得很纳闷，不知这是怎么回事。后来，一个同事悄悄告诉他，这说不定都是那秘书捣的鬼，她拿着他的文件不上报，有时还在老板面前说他的坏话，老板当然不会对他有什么好印象了。一开始，他以为只要自己努力工作就行了，到现在，他才恍然大悟，原来原因在这里。虽然老板是一个正直的人，但秘书对他的影响还是非常大的。而且，他见不到自己的老板，无论什么事情都要通过秘书才能传达上去。

后来，他改变了策略，主动去找秘书讲和，采取多种措施去拉近他们之间的关系。本来他们也没有很大的矛盾，时间久了，关系也就好了。再后来，他的工作就好做多了，有什么事情秘书还会向他通风报信，因此他和领导的关系也好了。过了没多久，公司的一个部门经理离职，李林马上就被提拔上去了。

李林正是通过与秘书建立良好的关系，借助秘书在公司中的地位和作用，才顺利得到了老板的赏识和重用。

所以说，同事之间的关系对我们的职场发展有着至关重要的作用，我们不能因为相互之间的竞争就放弃了合作，放弃经营自己的人际关系。竞争是不可避免的，我们完全可以在竞争中实现合作，在合作中成就自己，这就是同事之间的“借力使力”。

小陈和小张同时就职于一家电力公司，在工作中不相上下。两个年轻人凭借着自己的努力，都成了部门负责人。本以为两个实力相当的年轻人要“拼个你死我活”，没想到在工作中两人成了最佳拍档。两个人相互协作，成功完成了很多艰难的工作。在完成11万伏高压输电线路的安装过程中，小陈和小张一起看图纸，讨论工作程序。两个人各抒己见，提出了不少好建议。在两个人的努力下，工作顺利完成，而且工期比预期缩短了1/3，受到老板的表彰。

曾有朋友劝小陈，你们两个人本来就不分伯仲，你这样帮他不怕断了自己的升迁之路吗？小陈笑着说：“首先，我很佩服他，他的确有能力，有些方面我还要向他学习。其次，我是靠着自己的实力和努力才成为部门主管的，不是靠着打压他而成功的。最后，也是最重要的，我们是相互合作、相互借力的对手，我们的合作，不仅成全了他，也成全了我自己，这就是为什么我要这么‘帮助’他了！”

和小陈有着同样想法的小张，也非常注重两个人之间的合作。后来，他们被分到不同的部门，但两个人之间仍保持着默契的合作。他们友好的关系，使两个部门相互协调，工作也更加顺利。

所以，“借”是职场生存的第一法则，想要成功就必须善借别人的力量。即使我们再有才华，个人的力量总是有限的。如果能够借助外力，我们将会少绕一些弯路，在事业的道路上走得更顺。

当然，除了职场中的“借力使力”，“借”在今天的商业市场中也发挥着不可忽视的作用。随着全球化的发展和市场经济的不断完善，“借”不仅是一种思维与行为的艺术，更成为企业生存与发展的一种策略。

今天的耐克虽然在高档运动鞋市场占绝对统治地位，但它自己却没有直接生产过一双鞋，而且耐克的“出身”也并不“高贵”，它的创始人菲尔·奈特原来只不过是一个“织鞋贩履”的小商贩，早期因为只经营日本运动鞋而使生意惨淡，甚至三餐堪忧，衣食不保。然而，菲尔·奈特却善于思考、善于“借力”，他将公司人、财、物力等所有资源集中起来，全部投入到产品设计和市场营销两大部门，商界从此开始盛传耐克那充满传奇色彩的“借力”佳话。

当菲尔·奈特得悉有人利用凹凸铁板压烤橡胶，再利用这种橡胶制作鞋底，这样造出的运动鞋既防滑又有弹性，极受市场欢迎。于是，他断然花大价钱买入这种运动鞋的专利，耐克运动鞋从此一炮打响。占领本土市场后，他又开始琢磨如何向国外出口耐克鞋。由于耐克鞋的高价位和进口国的高关税，打入国际市场在当时简直就像天方夜谭，可耐克通过生产外包的“借力”方式又一次成功地攀越这道障碍。首先，耐克在爱尔兰物色到了合适的公司，通过外包的方式把耐克鞋的生产委托给它们，从而得以打入欧洲市场并巧妙避过高关税。然后，又以同样的方式将耐克鞋打入日本市场……到了现在，耐克公司仍然把设计好的样品和图纸送到劳动力成本低廉的外国企业。当生产出来产品后，经过他们的最后验收，产品贴上“耐克”的商标，运到市场上，巨大的利润就滚滚而来了。

耐克的成功就是充分发挥了“借”的艺术。

荀子曾说过，有才能的人，并非生来与常人有什么不同，只不过善于借助外物罢了！这就告诉我们，“借”是一种智慧、一种力量，是我们成功的重要条件！

在竞争机制下，不管自身力量有多强，也要在竞争中注意保存自己的实力。要想既达到击败竞争对手又保存自己的实力的效果，最好的策略莫过于找到对手的对手，再借他之手打倒你们共同的对手。此时，他已经实力大损，而你深藏幕后，可以“渔翁得利”了。

第十三章　不同时做不同事儿，价值才是升迁的砝码

在现实生活中，不管是在企业还是在机关单位，好多人在为升迁问题不断冥思苦想。有些人注重巴结领导，想尽方法投其所好。但是，领导自己又不是铁定在那里的，他升迁或者下台之后怎么办？有的人注重拉拢核心人物的副手，希望能在领导面前不断吹风来获得提升的机会。但即使升上去了，自己能力不如人，能不能坐稳，会不会又掉下来？不注重个人内在力量的提升，一味地想靠拉关系、走后门获得升迁的老一套已经不适合于竞争激烈变化多端的现今政坛和职场了。学会时时刻刻干出业绩，不断提升自身价值才是永不缩水的升迁砝码。

作为一个没有地位、没有背景、没有关系的平民子弟，张居正从翰林院庶吉士升到首辅的历程，生动地再现了一个职场人士的升迁经历。但在这个过程中，张居正的每一次升迁都是建立在强大的个人能力基础之上的。张居正的升迁之路虽然缓慢，但是很稳，这与他注重苦练“内功”，时时刻刻抓紧机会不断地增加个人价值有很大的关系。

在进入翰林院做庶吉士的时候，张居正抓紧时间，努力搜集阅读历代文案和本朝各个时期的奏章，利用手头的资料对大明王朝的实际国情有了全面深入的了解。在此基础上，他很快提出了《陈六事疏》的奏章，提出了自己的改革意见。虽然这个奏折因为嘉靖皇帝无心朝政而石沉大海，没有达到张居正预想的效果，但这初步显露了他的才华，得到了徐阶的重视，并在以后的日子里屡次获得提拔。

一个人不管有多大的雄心壮志，都不可能离开这个社会自己去完成。成功往

往就意味着获得了充分地利用，善于创造被人利用的价值才是成功的必要条件。我们常常担心被人利用，实际上对于处世交往，我们应该善于创造被人利用的价值，乐于被人利用。

例如耐克公司，作为国际知名品牌的制鞋企业，它在全世界没有一家自己的制鞋厂。该公司有一个理念：在帮别人赚钱的过程中发展自己。怎么帮别人赚钱呢？生产企业最需要订单，我给你订单，并且较多让利，就是帮你赚钱。耐克经常想的一个问题是，跟其他公司合作是否能赚钱。尽管让给别人的利多，自己的利就少了，但耐克维持了大生产、大协作、大市场、大流通的运行格局，自己赚的钱也必然不少。假如耐克自己办鞋厂，从买地皮、建工厂、购买设备原料和培训员工做起，不但投入多，且耗时长。而委托别的企业加工，只要预付定金就可以了。这样就可以做到投入少、见效快，利润率和回报率也必然会大幅度提高。

耐克公司的做法和张居正不恋权贪功的做法如出一辙，他不是边疆大臣，却很好地化解了边疆危机。其实，这其中的关键人物是王崇古。但这个人的观点当时不被朝廷重视，急需有朝廷重臣的支持，张居正满足了他的这个条件，通过极力支持王崇古获得了边疆危机的妥善处理。最后，人们不仅赞赏实际付出行动绞尽脑汁的王崇古，也更为赞赏在背后支持他的张居正。这种注重修炼“内功”，增加自己被利用的价值的做法，对不管是在职场还是商场的人来说都有很大的借鉴意义。

台湾威京总部集团主席沈庆京的处世观点就是：创造人生被利用的价值。在现实中，他恰到好处地处理了利用与被利用的关系。

沈庆京早年坐过牢，出来后断然脱离帮派，当了异国外劳，跑了两年多的船。1974年，27岁的他返回台湾，准备“河海航行人员特考”，等待放榜的四个月，到报关行当差。三年后，他因缘际会，成了台湾纺织品配额大王；又过了十年，投身金融市场的他一跃成为台湾股市四大天王之一。

在奋力打拼的年代，沈庆京感到最有被利用价值的是他被鲍朝橒利用。1977

年，他在赢得岛内纺织界“配额大王”名声后，在当年结识了中兴纺织老板鲍朝橒先生。这位来自江苏较沈庆京年长38岁的前辈，热心、讲义气，他对朋友、晚辈处处给予鼓励与帮助的气度，让沈庆京相当折服。

“我初闯商场的那些年，鲍伯伯不仅不理会外界对我出身背景的飞短流长、恶意中伤，而且对我这个后生晚辈倍加关切，更以种种机会鼎力玉成我的事业，直到1989年过世为止。如果没有他老人家的慧眼发掘，就没有今天的我，也没有现在的京华城！”他说。

回想自己从年轻时坐牢到毅然回头，他说，在工商界艰辛奋斗将近三十年的历程，觉得还称不上成就了大事业。但不管如何，却也坦荡地表明，一个人在他面对人生的种种困境与挑战时：一要有不向挫折妥协的决心；二要乐意被人利用，去发挥自己的特长，施展自己的才华。如果你觉得被人利用不好，那你就关起门来“孤芳自赏”吧。

看过《三国演义》的人都知道，那些英雄豪杰到处投奔别人，就是为了被人利用。从某种意义上说，你学有所成之后，进入社会寻找工作，就是主动地找人利用自己实现自我价值。

在公司中，你个人存在着被利用的价值时，便代表你有一定的能力，同时也有了施展的舞台，可以展现自己的成绩。换言之，“被利用”代表了“被肯定”。自己不要闲着，设法给自己充电，主动创造“被利用”的价值，这样在变化中则更多了主动性、主控性和积极性，使一切水到渠成。《孙子兵法》中有所谓“致人而不致于人”的教战守则，其意思是说，依我的想法支配敌人，而能自由进退，不受敌人支配。这当中有两个原则：一是主动；二是机动。要支配敌人、主控情势，必得处处主动。要想不受制于敌人，必时时机动。主动加上机动，便能改变敌我相对的力量关系，从而取得胜利。

相对于“创造被利用的价值”中的主动性，我们发现许多人常常一厢情愿地期待别人的给予，甚至是别人的指示，而不知如何强化自己的服务。旧式的忠诚只不过反映出自己无法自立的依赖心理。

如果不注重自己价值的提升，而一味地等着被利用、等着升迁的话，那就会使自己陷入极其被动的境况。那么，最后不仅没有了升迁的机会，甚至连自己的才能都无法展示出来。

不管是一个企业想利用市场的协调把自己从不知名的小作坊变成人人皆知的名牌，还是在职场上使自己不断获得升迁的机会，都离不开苦练“内功”先做强自己，想方设法提升自己被利用的价值。而始终将自己投身于单位的核心业务，无疑会给提升自己的价值创造更多的机会。

张居正总能适时改变自己的工作重心，每次都赶在最需要的地方，勇闯头阵，把握一次次立大功的条件，为进一步升职提供了基础。

刚开始面对朝政松弛，国库吃紧，没有人站出来提出改革措施，张居正以《陈六事疏》打了头阵，虽然没得到皇帝的重视，但得到了徐阶的好评。在刚进内阁的时候，高拱和徐阶正闹得不可开交，他主动提出去主政边防事务，并以知人善任得到众多能干实事的官员的赞赏和支持，做出了一番业绩。

而现实中好多人很容易满足一些既得利益，有的贪权恋位，有的干出一点成绩就洋洋自得，沉醉其中，不知道随时随地改变自己的工作重心，从而为升迁和进一步的发展制造了巨大的障碍，丧失了难得的机会。

小刘和小张同时进了一家新成立的公司，作为一家以公关为主要业务的企业，领导常常会提出不同的策略，但必须得有人去尝试一下。领导说：“这里有个新方案，你们谁愿意试试，挑战一下自己？”这时，小刘往往表现得很胆怯，不愿意尝试，总是等着某一种模式已经做得很熟了，积累了很多经验之后才去做。这样一来，小刘虽然业绩有所提高，做事很认真，与同事相处得也很好，但总是得不到升迁的机会。四五年过去了，小张已经被提升到副总经理的位置了，而小刘仍然只是个部门主任。

小张是凭什么一直升迁的呢？凭的是他的价值和实力，因为总喜欢改变自己的工作方式，尝试新的公关模式，经过一段时间，小张对各种业务都很熟悉了。这样一来，经理已经离不开他了，达到了这种程度，不升迁那才是怪事呢。

顺境和机会是好多人都不会错过的，但好多时候很多人却难以熬过逆境，等不到顺境的到来。因此，及时地给自己充电，无疑为升迁提供了更多的机会。事业上进展不大的时候，恰恰就是自我进修的好时机。如果老板不给你出钱，那就自己掏钱好了。学习一些实用技能（如电脑、外语等），或者拼个证书或学位，一旦形势好转，这些硬件就会成为升职的利器。

苏里是一个有相当的阅历和能力、正积极寻求升迁机会的35岁男人。理工科专业背景、一定的管理天赋和较强的沟通能力，是他职途稳步发展的资本。通信工程专业本科毕业之后，苏里到了一家业内著名的通讯公司做技术工程师，凭借出色的实务能力获得上司的赏识。在一次公司与技术供应商的纠纷中，身为当事人的苏里从中周旋，为公司挽回了上百万元的损失。老板慧眼识珠，一年后把他调入项目部做经理助理，不久升为项目主管。

三年之后，IT行业的一家公司以20%的加薪承诺把苏里挖去做了项目主管。可惜到任后不久，苏里负责的项目就因为公司的战略调整而搁置。趁着暂时的轻闲，苏里去读了上海一所著名大学的MBA。

捧着这张烫金的证书，苏里再次在人才市场上出击，并找到一家电器公司做总经理助理，负责公司中长期规划和管理制度的制订，包括总经理的工作协调、文案策划等。这是一个管理者的预备职位，在这个职位上可以接触到公司的高层决策和公司总体掌控方向，为以后的管理实践提供了一个理想的历练环境。三年的时间让苏里从一个干练的白领迅速成长为一个有智谋、有策略的管理人才。

如果张居正不在空闲时间阅览众多的文献，也就不会提出各种有效的改革意见，这样肯定难以在众多的庶吉士当中脱颖而出。这种充分利用闲职提供的时间和精力抓紧学习的方式在现在的职场中屡见不鲜。

小董和大多数理工科专业本科毕业的人一样，走了一条技术向“技术＋管理”转型的路。化学专业本科毕业后，小董到一家化工厂做技术员，负责产品研发和生产管理、人员培训，五年的时间从基层的技术员做到技术部主管，熟悉了化工行业的生产运作和车间管理。利用这笔资本，小董成功跳槽到一家制药公司做研发部经理，开始带领团队做项目管理，并且主持与研究机构合作的科研项目。两年后，跳槽到一家生物技术公司，顺利登上“总监”职位，全面主持研发、生产部门的工作。由于公司规模不大，技术出身的小董还肩负了一些人事和行政方面的工作。也是在这个时候，小董对人力资源管理产生了浓厚的兴趣。

小董的真正转型是从他的第四份工作开始的。做了三年总监之后，小董觉得发展空间有限，就跳槽到一家行业内著名的制药企业重操旧业，在生产部任经理。这个机会给他提供了发挥人力资源管理能力的平台，他开始醉心于绩效考核、员工培训、公司文化建设等事务，常常给人力资源部提意见。总经理发现了他这方面的才能与兴趣，也有意将他往人力资源方向培养。

此外，干好分内的事，多做其他的事，也是升迁的有效法宝。张居正在管理边疆事务的时候，通过任用潘季驯这个专业的治水专家，治理了黄河，保障了漕运，减轻了黄河泛滥带给民众的痛苦。这些虽然都不是张居正分内的事，但他顺带着做了这些，使得他更加得人心。在官场上，下面的民心有时要比上面的信任和欣赏更能体现一个人的价值。只有这样，自己的位置才稳，升迁的机会才更多。

不管是官场还是职场，都要充分利用各种机会展示自己，适时地充电，努力增加自己的价值，使自己成为不可替代的人。而且时不时地多替别人做点事，没准会培养自己在另外的领域的兴趣和能力，这样使自己作为一个多面手，成为全才式的人物，往往会获得巨大的提升机会。

第十四章　没有永远的朋友和敌人

在利益场上，不管是谁，永远不可能为自己划出具体的界限。那种喜欢划清界限拉帮结派的做法不是画地为牢就是自找苦吃，一般的职场老手往往是那些从不和别人划清界限的人。只有这样，才能左右逢源，永远立于不败之地。

很多人对张居正和高拱的关系都很迷惑，两个人到底是朋友还是敌人？

其实，张居正和高拱两个人都是不世之才，才干相当，所谓“英雄惜英雄”，两个人在一开始就成为志同道合的朋友。

一次，高拱想到郊外去秋游，邀请张居正一同前去。在郊游之中，高拱与张居正互抒己志，两个雄心万丈的人一拍即合。因为有着政见相同的改革纲领和基本相同的学术思想，两个人在工作中配合得十分默契，取得了卓越的功绩。

但是，他们又都个性强悍，喜欢操控全局。这样的两个人碰到一起，虽然有可能惺惺相惜，但也很容易水火不相容。在错综复杂的内阁中，因为权力的争斗，两个人最终走上一条“不幸而以相倾之材，处相轧之势”的斗争道路。

随着竞争的激烈，张居正与高拱之间的裂痕越来越大，彼此的矛盾积蓄越久，暗中的较量也越来越明显。终于，两个人的友谊宣告破裂。

此后，张居正和高拱就走向对立，开始了一场内阁的争斗。张居正更是联合冯保共同对付高拱，昔日的朋友成为彼此“眼中钉”。

当高拱上疏要求扩大内阁权力，削弱司礼监作用的时候，张居正为了保全盟友，压制高拱，虽然当面夸赞高拱此举将建不世之功勋，可背地里却马上向冯保通风报信商量对策。后来，在高拱利用言官攻击冯保的时候，张居正又为冯保出谋划策。他还利用高拱的“口出狂言”，让冯保离间皇帝和高拱的关系，以致后来高拱被罢相。

虽然两个人经历了你死我活的斗争，但张居正与高拱之间那份志同道合的友情仍没有消失。在高拱依例前去“辞朝”，交代工作事宜时，张居正更是主动为其请求“驰驿行”。并且后来的“王大臣之案”，高拱遭到冯保不择手段的政治迫害，深感“危甚，几欲自裁”，还是张居正力劝冯保罢手才保住了高拱。高拱回乡后，郁郁寡欢，有一次派仆人到京师旧居中取些日用器具。张居正得知后，找到来人，详细询问高拱的近况，因得知高拱晚年凄凉而动情落泪，并赠以价值千金的玉带、银两和日用品。在高拱去世后，张居正非常难过，他由衷地感叹道：“三十年生死之交，一旦遂成永隔，刺心裂肝，痛何可言。”

可见两个人之间的关系始终是这样矛盾复杂，亦敌亦友。但我们可以看出，两个人的关系是围绕着权力在不断改变的。当张居正和高拱刚刚相识时，彼此的矛盾并不明显，关系相处得比较融洽。但是，当内阁只剩下他们两个人的时候，竞争突出了矛盾，导致了两个人的争斗。所以说，官场上的人际关系是以权力为中心，谁有权力，拥护他的人就多，关系再密切的人也会因为争夺权力而成为敌人。

官场无情的政治斗争就如当今的职场斗争，大家维系彼此关系的基础是：共同的利益。

我们在前面说过，要重视职场的人际关系，争取和所有或者至少那些对自己有益的人保持良好的关系，这对我们的职场发展有着非常重要的作用。但是，我们必须明白，职场中的人际关系是以利益为纽带的。

由于工作当中人和人之间关系的变化——今天是不同部门不竞争的同事，明天有可能在同一个部门里成为较劲的对手；今天的平级关系，明天可能变成上下级关系……从这个角度说，在一个工作单位内，想保持没有利益冲突的朋友关系确实有难度。在工作单位内，人与人之间的合作、竞争，说到底是与利益博弈相关的。如果你想脱颖而出，就必须打破原有的人际平衡。前康柏中国总裁李金水讲过，公司就像汪洋中的船，很多人从船下往上挤，最安全的地方就是靠近中心的驾驶舱。但想要挤过去，就必须一路把其他人挤掉，甚至挤到海里去，这就是职场的现实。你不会保护自己，就不可能更好地生存。

所以说，职场中没有永远的朋友，只有永远的利益。所谓的敌人和所谓的朋友，只不过是利益驱动下的朋友和敌人罢了！今天的朋友明天就有可能化为敌人，今天的敌人明天就有可能变为朋友。在利益竞争面前，职场中谁比自己多拿或少拿一点点，都会影响彼此之间的关系。所以说，职场中的人际关系首先是利益关系，其次才是朋友关系。

一天早晨，当办公室里人都在安静地准备当天的工作的时候，忽然听到台长的办公室里传出了吵闹声。

原来一大早，策划部的小张就气冲冲地走进老总的办公室，把一份辞职报告丢在桌子上，大声地说道："我不干了！"

小张是公司里的业务骨干，能力非常强，台里还决定过一段时间将他提拔为设计部的经理。可是，现在忽然接到他的辞职报告，所有人都大吃一惊。

台长问道："是什么原因让你忽然决定辞职呢？"

"是因为您分配不公，我听说小李的年终奖比我多出好几倍。他都做了些什么？凭什么比我多出那么多？既然我的能力得不到您的认可，我只能另谋出路了！"

"你听谁说的，无中生有！在你决定到底要不要辞职之前，我们先把事情搞清楚。"

在台长的一番追查下，这件事最后被查了个水落石出。

原来是和小李同在一个摄像组的摄像师小陈传出来的这番话。前段时间发年终奖，小陈无意之中发现小李比他多出不少，心里妒忌得不行。可他不知怎么出这口气，于是四处说小李是走了后门，小李干活少，但挣得比谁都多。小陈自己不敢把这事拿到台面上说，但知道台里的台柱子小张是个火暴脾气，刚正不阿，眼里容不得半点不平之事，便借着机会在小张面前煽风点火一番，才刺激得小张交了辞职书。

事情出来后，最吃惊的还是小李。他说：“我和小陈是最好的哥们，我的年终奖比较多，这消息我就只向他一人透露过，并且叮嘱他不要传播，他怎么反倒把这消息传得到处都是？”

现实就是这样，很真实，也很残酷。在职场中，不要奢望会有永远的朋友，因为职场中人都有一个共同的目的，那就是追求利益。大家的很多行为都是为了这个目的，这个目的可以使朋友变成敌人，也可以使敌人变成朋友。总之，在职场中，只适合做同事，不要试图去做那种无话不谈的好朋友。利益关系才是职场人人际交往的底线，而朋友关系则是利益关系的黏合剂。

小丽在一家IT公司工作，在公司和几个同事都处得不错，大家经常有什么话就说什么话，成了“铁姐们”。但前不久，她们之间发生了一件让小丽非常寒心的事。

原来3月份公司竞聘管理层，小丽顺利通过并进入任命公示期。但没想到，最后却没有被任命。小丽找到公司的人力资源部，得到的反馈是说部门的同事对她升职的意见很大。小丽觉得不可思议，自己在公司里和所有的人关系都不错，没有和其他人闹矛盾，为什么会这样呢？

就在小丽的“铁姐们”安慰她的时候，小丽无意中得知反对她晋升的那些人中以小丽的姐妹们反对呼声最高，说她还不成熟，工作方式不对等。然而，就是小丽的这帮“好朋友”，她们私下里还表示一定支持小丽竞聘，说如果升职一定要照顾姐妹们。

小丽无论如何也想不到原来是自己的“朋友”拖了自己的后腿，这让她再也不敢相信职场中所谓的“友情”了！

在职场上，人与人之间都会存在某种利益关系。大家可能会朝着同一个目标工作，互相之间需要团结协作，保持良好的人际关系。但如果将这种工作上的亲密无间发展到个人关系上，一旦发生利益冲突，就会迅速决裂。

在生活中，和朋友相处，要大度，越不计较关系越好，而和“职场中的朋友”之间的相处，就要是非分明，一是一、二是二。因为职场竞争激烈，其法则就是优胜劣汰。

职场就是职场，这是只讲利益最大化的地方，只讲利益。职场上的厮杀虽不见硝烟，但也异常惨烈。想要赢得胜利或者保全自己，我们就要站在更加理性的角度去看问题。当然，这需要我们做出明确的取舍和抉择。

因为彼此长时间在一块工作的关系，职场人士之间的共同语言比较多，而话题的范围可能也会比较广泛，包括彼此的家庭、生活、情感。当然，最有可能涉及的还是各自对工作、公司、同事甚至是老板的看法。因此，我们在与同事交谈的时候，一定要注意谈话的内容，当涉及我们的工作利益的时候，最好不要轻易地告诉同事你真实的想法，否则很容易就跌入陷阱。

王鹏和李强同是一家图书公司的销售经理，由于两人是同时进公司的，他们相处得很好，下班后经常在一块喝酒聊天。王鹏的年龄比李强大一些，但李强比王鹏学历高，而且在销售能力上也稍胜一筹。因此，王鹏总觉得自己处处不如李强，生怕公司会把他辞退。李强也有自己的难处，他的家庭条件不太好，一家老小都是靠他在养活。为这事，李强经常向王鹏倾诉，时间一长，两个人成了无话不谈的朋友。

一年后，因为发生了经济危机，公司决定给中层经理减薪，还准备在中层裁员。他们知道这个消息以后，就在私底下讨论起来。

李强说：“哎！怎么一有事就给我们减薪呢，要减也该减员工的呀！再说那些高层老板一个比一个有钱，他们怎么就不知道给自己降降工资呢！这一减薪，我这日子就更难过了，一家老小还要养活呢！你说，别的公司也是这样吗？我现在都有跳槽的念头了。”

王鹏听后，附和道："是啊，是啊，这点不好。"然后，就不再说什么了。

几天后，公司果真决定裁员，名单上赫然显示着李强的名字！他的业绩一直不错，看着那些能力没有他强的人都没有被辞退，李强觉得太不公平了！自己一直都那么努力，却被无情地辞退了！

当他正在伤心地收拾自己的东西时，一个同事走到他身边，悄悄告诉他，是因为他和王鹏说的那番话害了他。王鹏担心自己会被"炒鱿鱼"，于是为了自保，就将他要"跳槽"的话告诉了老板。

知道自己被辞退的原因，李强气愤不已，怒气冲冲地找到王鹏，两个人在办公室大打出手……

李强的故事告诉我们，在与同事的交流中，我们要懂得察言观色，还要具有敏锐的洞察力，不要随便地和他们交心。如果一定要交心，千万要保持高度的警觉。

张居正和高拱之间的关系就如同事关系，只有在彼此不损害对方的利益时，才能保持良好的关系。但是，一旦其中一方的利益受到威胁，竞争就不可避免。这又一次印证了那条真理：没有永远的朋友和敌人，只有永远的利益！

著名心理学家韩三奇说，在职场中，朋友关系主要以利益为主。当两人发生冲突时，一定是妨碍了彼此的利益。利益沟通的关键点是：维持双赢。如果任何一方在冲突中失去重大利益，以后的冲突就更加严重。只有在相互妥协中达到双赢，才能和谐相处。所以，有经验的人往往会很谨慎地对待职场中的人际关系。他们更懂得如何藏而不露，如何明哲保身、左右逢源，绝对不会把自己逼进死角。

第十五章 把握时机，该出手时就出手

每一个成大事的人，都强调天时地利人和的统一协调，只有在各种条件齐聚的情况下才能走向成功，但现实中各种条件往往很难同时聚集，必须时刻等待最佳的时机。尤其是在竞争机制下，这一点就显得尤为重要，对手的失败就意味着自己的成功。如果对手和自己的水平相差无几甚至比自己还高，学会把握时机迅速下手就成为获得胜利的重要因素。

在和高拱争夺首辅地位的时候，张居正及时抓住隆庆皇帝驾崩这个千载难逢的机会，与太监冯保合谋拟写了一份遗诏，用这个遗诏将虎视眈眈的高拱发配回家，使得高拱在还没有做好准备的情况下就遭受晴天霹雳似的打击，一举将最有竞争力的对手击倒，为自己独揽大权扫清了障碍，达到了出奇制胜的效果。

如果张居正没有抓住这个时机，发动一次“大政变”，在不久后被发配回家的很可能就不是高拱而是他了。凭着高拱的威望地位以及老谋深算，张居正深知自己不是他的对手，所以他选择了紧抓时机，做到了先下手为强。

在如今的商场，竞争尤为激烈，不同的管理、新的技术等换代升级的周期逐渐缩短。要想在短时间内和竞争对手拉开一个大的距离，就必须学会抓紧时机，抢先出手，当机立断，迅速做出决定并付诸实行。只有这样，才能使自己立于不败之地。

在当今社会竞争激烈以及发展最迅速的行业非网络行业莫属，而在能当机立断主动出击获得胜利的案例中，就不得不提到中国网络经济之父马云和他的支付

宝的经历了。

当初，马云的阿里巴巴公司是只专注于B2B业务的企业间网络平台。但是，随着网络技术的进一步发展，以及网络用户的大众化，网上购物逐渐成为各国都市白领的新宠，由此催生了一大批针对个人购物的网络平台。美国eBay公司就是在这股网购热潮中脱颖而出的佼佼者，它在C2C领域的业绩颇丰，占领了美国的绝大多数市场，之后又不断向外扩张，所向披靡。

此时的马云从他的日本投资者孙正义那里知道了这个现状，决定马上涉足B2B业务，很快成立了阿里巴巴旗下的一个专门的B2B业务公司，也就是淘宝公司。经过前期分析，马云觉得未来决定B2B业务发展状况的瓶颈是支付问题。于是，他便悄悄开始了支付宝系统的研发，并很快投入使用。支付宝网络支付系统和淘宝网同时上线，并且提供免费服务。而此时的eBay公司根本不在意这个中国本土的后来者，他们依然以老大姿态自居，进行收费服务。但是，随着人们对支付宝的使用，发现这个系统很好地解决了支付问题，而且淘宝是免费服务。于是，原先在eBay网做的很好的一些商家都纷纷将自己的店铺迁到淘宝。eBay公司发现，淘宝的撒手锏原来并不是免费，而是他们缺少的支付系统——支付宝。等他们意识到支付系统的重要性的时候，人们已经习惯用支付宝了，而且支付宝先后和很多银行签订了协议，使得安全性大大增加。其他的支付系统更是难以企及。这样一来，任何网站在B2B领域已经很难赶上淘宝网了。eBay公司也不得不灰溜溜地退出中国的市场，将其网站和另外一家网站合并之后，仅仅保留控股，再不参与中国境内的B2B业务。

马云带领阿里巴巴出奇制胜，先下手为强，不仅抓紧时机在中国的其他网络企业还没意识到B2B业务重要性的时候，率先涉足这一业务，而且敏锐地发现了行业瓶颈的关键，并及时突破，做了充分的准备，给最大的竞争对手一个出其不意的打击，稳占中国B2B业务的头把交椅，将阿里巴巴的电子商务业务向纵深扩展了一步。

同样，在地球另一边，曾经获得世界首富称号的墨西哥电信巨头卡洛斯也是一个很会把握时机的人。

进入新时代以来，互联网产业迅猛发展，不断地推动其他行业的进步，俨然是时代的火车头了。作为一个电信巨头，卡洛斯时刻准备着加入互联网大军。但是，墨西哥作为一个发展中国家，很多技术都很缺乏。在着急之余，卡洛斯决定北上，去美国的硅谷实地考察学习一番。

就在卡洛斯抵达硅谷不久之后的2001年，美国电信业全面爆发了一次危机，使得以电信为基础的互联网行业也雪上加霜，陷入危机之中。曾经以经营折扣长途电话业务的世通公司业绩急剧下降，加上公司内部财务作假消息的暴露，使得这家公司的股票进一步下跌，最后竟然到了申请破产的境地。

卡洛斯不失时机地投入4亿美元，购入由世通公司改组而成的MCI公司的股票，而此时MCI公司的状况不仅没有好转，反而继续下跌。在其他人都大量抛售MCI公司的股票的时候，卡洛斯选择了继续持有。随着MCI公司市值的进一步缩水，他的持股比例逐渐变大，成为该公司最大的私人持股者。

随着经济状况的好转，其他的电信公司开始收购兼并，不断争夺美国电信行业老大的地位。这时，MCI公司就成为所有公司争相收购的对象了，卡洛斯待价而沽，在不同的竞争对手之间不断周旋，最后将手中的股票转给一家在拉美市场上与自己有利益之争的企业，帮助它完成对MCI公司的收购，获得在美国电信行业的老大地位。但条件是，这家公司必须将自己的拉美地区移动业务转给卡洛斯旗下的公司。

这样一来，卡洛斯紧紧抓住美国电信危机带来的机遇，及时出手收购了MCI公司的股票，并利用这些股票巧妙地赶走自己在拉美市场上的竞争者，收到了一举两得的效果。但这一切都归功于卡洛斯敢作敢为、善于抓住时机的作风。

在我国改革开放之初，有好多人下海从商，有些人甚至是高级公务人员和高级科研机构的研究者，都是公职人员，但他们看准时代潮流，抓住时机，勇敢地辞职，下海经商，最终在商业领域干出很大的成就。

联想公司总裁柳传志就是这些人当中的典型代表。曾在国防科工委十院四所和中科院计算所从事科学研究工作的柳传志，在计算机发展初期，果断做出决定，抓紧时机弃学从商，于1984年以20万元人民币投资，与其他十名计算所员工共同创办中科院计算所新技术发展公司。1988年，以30万元港币合资创办香港联想电脑有限公司。1989年，成立联想集团。1997年，两家公司经过整合统一为联想集团有限公司。柳传志作为公司的最高决策者和管理者，负责制定公司的长远发展战略，实现经营目标。目前，联想集团已经发展为国内最大的计算机产业集团，中国市场连续五年占有率位居第一，继续占据亚太地区第一；其自行研制开发的电脑板卡达到世界先进水平，大量出口海外，成为世界五大板卡制造商之一。2000年，联想集团销售收入达284亿元人民币，名列全国高新技术百强第一名，全国计算机行业第一名，被评为全国优秀企业，国家120家试点大型企业集团之一。2000年6月，联想集团被《商业周刊》评选为“全球最佳科技企业”第八名。2003年，联想在全球超级计算机五百强中位居第14位，宣布使用新标识“Lenovo”，为进军海外市场做准备。2004年，联想成为国际奥委会全球合作伙伴，为2006年都灵冬季奥运会和2008年北京奥运会独家提供电脑、服务器、打印机等计算技术设备。2007年加入了idea品牌。2008年联想年度总营收达到167.88亿美元，首度进入全球五百强企业排行榜，排名第499位。2008年12月30日，在世界权威的品牌价值研究机构——世界品牌价值实验室举办的“2008世界品牌价值实验室年度大奖”评选活动中，联想集团荣获“中国最具竞争力品牌榜单”大奖，赢得广大消费者普遍赞誉。

如果当时看不到未来计算机产业的巨大前景，不抓紧时机迅速进入商业领域，中国的国产计算机可能会晚来很久，而世界上也就会少一个优秀的IT企业，更少了许多英雄人物。

第十六章 适可而止，别把失势的对手逼到死角

古今中外，凡能成大事者，都具有一种优秀品质，那就是能容人所不能容、忍人所不能忍，善于求大同存小异，团结大多数人。他们一般胸怀开阔，为人做事豁达而不拘小节，凡事都能从大处着眼，而不会目光短浅斤斤计较。所以，他们才能立大业、成大事，成就不平凡的人生。

而张居正正是这样一位心胸宽广的人，在打败高拱后，他并没有“赶尽杀绝”，而是给他留了一条活路。

在高拱接到罢相的圣旨后，张居正立即向皇帝上疏请求收回成命，虽然遭到万历小皇帝的拒绝，但我们不能忽视张居正为挽留高拱所做出的努力。一个人能这样对待昔日的对手，的确非常难得。

当别人都还在为政变而惊恐，对高拱避而远之时，张居正想到要为高拱请求“弛驿行”，好让他的回乡之路能够体面、舒服一些。

当高拱拒绝张居正的好意，狼狈上路时，张居正不忍看到他这样艰辛，于是请求皇帝答应让他从驿道走，为他减轻了不少痛苦。

后来，冯保利用“王大臣之案”想要置高拱于死地的时候，张居正又一次站出来救了他一命。

在得知高拱回乡后生活过得很凄凉，张居正不禁动情落泪，立即派人送去价值千金的玉带、银两和日用品。

在高拱去世后，张居正更是积极为他请求给予恤典。要知道，恤典是朝廷给

去世官员以追封、树碑、立坊、建祠的示哀典礼，非有功之臣，很难得到这种待遇。张居正不为名、不为利，只是为满足高拱临终的一个心愿。

张居正这种“得饶人处且饶人”的精神，在那个混乱残酷的时代，是难能可贵的。作为政治家，亲朋故旧一旦沦为政敌，便赶尽杀绝的，在历史上不乏其人。为了争夺权力，刘邦诛杀了患难之交韩信，李世民杀了自己的亲兄弟，朱元璋在建国后也杀害了很多功臣。

张居正的这种宽厚，可能是继承了恩师徐阶的处事态度。徐阶虽然斗倒了严嵩，但一切都是为了国家、朝廷的长治久安，并不是立足于私人恩怨。所以，在严嵩罢相后，徐阶并没有赶尽杀绝。在严嵩被抄家后，徐阶向皇帝上疏请求每年给严嵩拨一些粮食，让他的日子能够好过一点。

张居正也是如此，用宽大的胸怀去宽恕自己的敌人。与“痛打落水狗”式的赶尽杀绝相比，这更是一种智慧。把对方逼进死地往往会使之“置之死地而后生”，其所迸发出来的反弹之力可能十分难缠，倒不如放他一马。给对手留有余地，也是给自己留后路，要知道饶人之后必有后福。我们或许可以因此争取到一个朋友，如若不能，我们也可以随时提醒自己存在一个潜在的对手，使自己始终保持清醒的头脑和敏锐的判断。给自己留有余地，使自己行不至于绝处，言不至于极端，有进有退，措置裕如，也便于我们日后更能机动灵活地处理事务，解决复杂多变的问题。所以，我们应该变通地处世，让三分，留余地，否则逼人太甚对彼此都没有好处。

刘墉大学刚毕业时，一家电视台请他去主持一个节目，那节目的导播看他文笔不错，又要他做编剧。可领酬劳的时候，导播不但不给他编剧费，还扣了他一半的主持费。

当时，为了抓住这个难得的机会，他不露声色地签了合同。后来，那个导播又找了他几次，他还是“照样”帮他做节目。直到最后一次，导播没扣他的钱，而且变得对他很客气，因为他被总经理看上而成为电视记者兼新闻主播。

年轻的刘墉本来想去老板那里揭发那个导播克扣员工工资，给自己出口气，可是后来，每次那个导播见到他都有点尴尬，看到他已经知错了，又想到没有导播他也不能获得总经理的赏识，就“大人不计小人过”，原谅了那个导播。

刘墉的宽容不仅为他赢得了更多更好的机会，也为他赢得了好人缘。那个导播知恩图报，一次次将刘墉推荐给业界的知名人士，刘墉也因此获得更大的发展。了解内幕的人知道刘墉如此大度宽容，都更愿意和他交往。

所以说，以宽容之心对待曾经伤害过自己的人，才是真正的大智慧。

阿伟是一家外贸公司的销售部经理，能力突出，加上已经在外贸市场上打拼了好几年，有非常稳定的客户源，工作起来得心应手。阿伟在每个月的业绩评比中都是名列前茅，深得老板的赏识。

阿伟的部门里有一个叫李峰的年轻人，大学毕业后进入这家公司。这个李峰从事外贸服装销售只有不到两年的时间，不仅缺乏经验，而且为人处世也不够圆融，不懂得对客户说好话，因而经常达不到公司要求的业绩标准。作为李峰的上司，阿伟觉得李峰拖累了自己的整个团队，就一次次地跟老板提出辞退李峰的建议。但老板觉得李峰还很年轻，锻炼两年就好了，就没有同意辞退李峰。

有一次，李峰因为在工作上犯了一个错误，使公司丢失了一个客户。老板本打算批评一下就算了，毕竟这种失误是很多从事销售行业的人都会犯的。可是，阿伟觉得李峰给自己的部门“抹黑”了，坚持要辞退他。老板考虑了一下，同意了阿伟的意见。

一年后，因为阿伟所在公司的外贸服装主要出口俄罗斯，而俄罗斯政府出台了新政策，为了保护本国的产业，对进口服装进行了限制。看清了形势发展，老板决定将公司关闭去投资其他行业。阿伟也因此失业了，不得不重新找工作。

阿伟的工作经验和客户源局限于服装这一部分，而且心高气傲的他也不愿意做一个小职员，过了三个月还是没有找到合适的工作。一天，他接到一个机械外贸公司的面试电话。面试中，他一眼就认出了面试官，不是别人，正是昔日被自已“排挤”出去的李峰!

原来，李峰被辞退后就来到这家公司，因为李峰大学学的正好是机械专业，为人踏实诚实，又很能吃苦，在新的岗位上很快得到发展，并得到重用。不久前，前任销售部经理辞职而去，李峰就顺理成章地升任销售部经理。

看着面前的李峰，阿伟想起了从前的事情，不由得面红耳赤，心想这份工作又没希望了。就在阿伟面试结束后准备离开的时候，李峰站起来走到他身边，笑着说道：“你的能力我很清楚，我代表公司欢迎你的加入，希望我们以后能够合作愉快！”

阿伟被李峰宽容大度的心胸所折服，来到李峰所在的公司后，工作更加卖力，销售业绩节节上升，半年后就得到提升。李峰在阿伟的倾力帮助下，也是如虎添翼，事业上又上了一个台阶。

李峰与阿伟的经历告诉我们，在职场中给别人留一条后路至关重要。如果睚眦必报，将人逼上绝路，也就堵死了自己的路；如果宽容大度，给别人留条后路，也是在给自己留条后路。

与人共事就像下象棋，只有那些阅历不深的年轻人，才会连赢对方七八盘，眼见对方已涨红了脸、抬不起头来，还一个劲地喊“杀”。这种“得理不饶人”的做法，让对方走投无路，就有可能激起对方“求生”的意志，而既然是“求生”，就有可能不择手段、不顾后果。我们不必非要“乘胜追击”，在别人失势的时候，放他一条生路，他也会心存感激，就算不如此，也不大可能与你为敌。要学会放对方一条生路，给对方一个台阶下，为对方留点面子和立足之地。所以，我们在职场中要学会“得饶人处且饶人”，为自己积累人际资本，这才是真正有心计的职场赢家!

在一家著名的合资公司，行政部和财政部的两名部门经理都是硕士，年龄和经历相仿。两个人能力出色，非常有才华，都是公司重点培养的管理人才。

行政部经理为人和善，善于走群众路线。在日常工作中，对下属分寸得当，恩威并施。在业务上严格要求，从不放松。当下属偶尔犯了错误，他也是为他们着想，主动承担责任。每次出差回来，他总是不忘带点小礼物，送给下属。当下属遇到什么困难了，他也总是尽己所能地给予帮助。因此，他很得人心，不仅下属工作更加努力，而且对他也是非常尊重。

而财务部经理工作能力也很不凡，但在对下属的管理中，却严厉有余，温情不足，有时候甚至很不通情达理，缺少人情味。有一次，一位下属的父亲得了急病，当这个员工把自己的父亲送到医院，急急忙忙赶到公司时，还是迟到了几分钟。虽然这个下属向经理解释了原因，而且他平时工作勤恳，兢兢业业，从不误事，但财务部经理还是对他进行了严厉的批评，并处以相当数量的罚款。这件事弄得员工怨声载道，这位经理也大失人心。

后来，在一次公司内部的人事调整中，由于行政部经理不但工作业绩颇佳，而且口碑甚好，更符合一个高层领导的素质要求，被顺利提拔为副总经理。然而，那位财务部经理虽说工作能力也不错，但他过于严厉的管理方式，在领导看来不利于笼络人心，不利于留住人才，只好决定让他继续留在原来的位置上。

所以，作为管理者，不仅要给老板面子，更要给员工面子。不要总是抓着下属的小辫子不放，有时候“睁一只眼闭一只眼”就是在给自己面子。

其实，宽容是一件很合算的事情：宽容同事背后的中伤，能使同事之间更加团结；宽容领导暂时的失察，能使上下之心协调一致；宽容下属无心的犯错，能使下属自觉规范。要知道宽容产生于宽容，刻薄产生于刻薄，留一点余地给自己的对手或得罪过自己的人，不但不会吃亏，还有助于我们的人生之路走得更加平坦。

俗话说，宰相肚里能撑船。张居正这位宰相正是借着他的宽容大度成就了他的一番伟业。我们在工作中，保持一颗宽容的心，得饶人处且饶人，总会感动一些人，同时也为自己减少诸多麻烦。

第十七章　内外相通才能稳把朝纲

任何体系都有内外之分，古代的朝廷有内廷外廷，能够长期把持朝政的人往往是那些将内外关系都处得很好的人。一些所谓的正直之士，不谙世故，不懂得将内外兼顾，往往会得罪一些内廷宦官。正是因为这些人在皇帝面前打小报告，最后使得自己丢了乌纱帽。同样，在当今的官场及职场，主要领导人的周围肯定会因为工作业务和实际交往形成两个圈子，怎样很好地处理与这两个圈子里人的关系，将二者协调起来，为自己的利益服务，无疑是一些居于要位，但又并非一把手的管理人员必须学习的。

张居正在万历皇帝登基之后，很荣幸地获得内阁首辅的职位。但在皇权高于一切的明朝朝廷，他要想放手大干，还不得不顾及一些后宫的事务，尤其是在万历皇帝年幼，而且明中期以来就有内廷干政的先例的情况下。张居正没有急于开展改革，而是先做好了与内廷的沟通，与大太监冯保和李太后搞好关系，形成了稳定的权力铁三角，将自己的位置稳定下来。不仅如此，张居正还帮助冯保和李太后树立正统权威，为自己的领导班子加强了牢固的凝聚力。

在张居正的支持下，万历皇帝任命冯保为司礼监掌印太监，使冯保终于如愿以偿，便更加支持张居正的改革了。这不仅解决了张居正的后顾之忧，而且也使其成为他的得力助手。在皇帝的亲生母亲李太后因为是贵妃身份，而处在比较尴尬的处境的时候，张居正及时出面，提出为两位太后册封的议案，分别称作仁圣皇太后和慈圣皇太后，并强调两者地位的平等一致。这样一来，李太后获得了和皇太后一样的地位，使她对张居正也心存感激。

另一方面，张居正在处理边疆事务时提拔过一大批人，在朝廷中也早就树立了自己的影响力。这样一来，通过苦心经营，张居正游刃有余地行走在内廷和外廷之间，使自己的位置牢牢地稳固下来，为以后进一步深入改革奠定了坚实的基础。

同样的朝廷，同样的内阁首辅位置，同样是能干而且胸怀大志的正直官员，徐阶和高拱却站不稳脚跟，最终不得不在不甘心中回家。而张居正却能稳操胜券，将自己的理想进行到底，其中最主要的原因就在于他对宫廷内外的有效掌控，他深深地懂得内外相通才能稳把朝纲的重要道理。

在风风火火的中国互联网企业界，同样是创始人，同样是总裁兼CEO，但创办新浪网的王志东和创办阿里巴巴的马云在自己的职业生涯中的遭遇却完全不同。一个被意外辞退，一个一直领导着自己创办的公司并把它做得越来越大。

因为不懂得如何协调董事会所代表的投资者的利益与自己的计划之间的关系，王志东在新浪网是否要收购中华网这件事情上和董事会闹翻了。在美国的一次新浪内部会议中，因为不满不同意见，王志东愤然离场。之后不久，董事会就传出消息说王志东因为个人原因宣布辞职。他回到中国之后，意外地收到了来自美国的辞退信，他及家人都感到分外吃惊。

创办新浪，带领它在短短几年内成长为世界第一大中文门户网站，并使之在纳斯达克上市的元老级人物王志东被解聘的消息，一时不胫而走，成为互联网界最大的新闻事件，引起了媒体的极度关注，也使互联网业内部产生了轰动。同行纷纷表示惊讶，并对王志东的遭遇表示同情。学界分析人士也以此事件为例，对中国互联网经济及资本市场运作等一系列问题进行了广泛而深入的探讨。

而事件的核心问题是王志东不仅没有和董事会做好沟通，而且在员工中也不得人心。这使得他在因为和董事会的意见不一而被解聘时，没有其他的新浪领导层或是一般职员站出来为他说话。和张居正的内外相通比较起来，王志东的内外不通，在激烈的竞争机制中就显得相当幼稚和危险了。

在另外一边，阿里巴巴的马云处境就好多了。他没有控股阿里巴巴，但仍然能左右阿里巴巴的全局，这无疑是一个奇迹。而在这个奇迹的背后，一切都是马云努力沟通和用心培养的结果。

和一般的创业者和投资者的关系不同，马云开始时就对自己的投资者很挑剔，好多投资者都被他拒绝了，直到遇到他认为和自己意气相投的孙正义。但是，当孙正义要投资更多，以获得更高的控股比例时却被马云拒绝了。在当时的人们看来，这种有钱不要的做法无疑是傻瓜举动，但马云不这样认为。通过这样的方式，马云避免了孙正义作为投资者对自己过多干预的可能。之后，马云对待孙正义就像朋友一样，有问题就坦诚相见，使得孙正义对他产生了依赖。马云的这一招就和张居正的尊王权一样，虽然把后台投资者皇帝的地位提高到空前独裁的地步，但这只是为自己的相权获得有力支撑的一个准备而已。加强投资者的单独发言权，使其集中到少数人手中，再利用这些人的信任，为自己除去实务操作的后顾之忧，免除了来自董事会的干扰。

王志东在总结自己的失败经验时，这样说："从搞技术到经营，最大的收获是跟人打交道一定要认认真真分析每一个人，不要简单把人做归类。董事会每个人的优缺点、价值观、思想境界、学术水平，都要了解。公司里面的人，至少一级到二级的管理者，每个人的特征都要了解，他们都是独立的个体。"

与其拉过来一个个的独立个体，为自己带来隐患，还不如只瞅准一个，然后把他牢牢地拉在自己的手中，使他坚决地支持自己，这正是马云比王志东高明的地方。和张居正懂得通过用加强王权的方式来处理内宫事务一样，他懂得如何用削减投资者数量的方式来减少董事会的干扰力。

在阿里巴巴的董事会里只有四个人，拿大事的孙正义牢靠地支持着自己。还有雅虎的李开复，他也是孙正义的投资对象，因为雅虎收购了阿里巴巴的大量股份，他也被请进了阿里巴巴董事会。在这里，对于马云来说，只要稳住李开复就行。虽然是很重要的一员，但他仅仅是起到了一个沟通的作用。还有一个是作为创业者代表的蔡崇信，他以财务主管的身份进入董事会，其实是有助于加强马云的影响力。就这样，马云在他的董事会中，与张居正在大明王朝的后宫内廷一样，也组建起一个牢固的铁三角。

面对下属，张居正总是把风头让给他们，管理边防他用戚继光，处理边疆危机他用王崇古，治理黄河、开通漕运他用潘季驯。这样一来，这些人也觉得自己很有价值，便绞尽脑汁卖力工作，很快都取得了巨大的成果。此时，张居正并不贪功，是谁的就是谁的。这些下属不仅得到皇帝的奖赏，更得到同僚和下属的称赞和羡慕。于是，他们便更加支持张居正了，进而使得皇帝更加依赖张居正，不敢轻易把他辞掉。

在对待同事和下属时，马云也是用尽心思。比如，他提出了“客户第一，员工第二，投资者第三”的公司管理口号，打破了以往只注重客户以获得最大利益，其次注重投资者利益而不善待员工的管理常规，使得阿里巴巴的员工都为能在这样的公司工作而感到自豪。之后，他又提倡让阿里人笑着干活的理念，进一步活跃氛围，凝聚员工的心。

而在对待一同创业的同伴和后来加入的各界精英人士时，马云又提出了“共同创业，不靠控股来管理”的口号，使自己和这些人在公司资产上平起平坐。这样一来，马云就做到了内外相通，不仅获得员工的一致爱戴和支持，而且获得精英人士的信赖和追捧。

阿里巴巴首席技术执行官是前雅虎公司的技术总监，他能放弃美国雅虎的优厚待遇，进入阿里巴巴，与马云倡导的共同创业理念不无关系。而在阿里巴巴的历次转型和产业升级的过程中，马云都强调和主要投资人孙正义的沟通，不仅减少了来自董事会的阻力，而且借助孙正义的人脉信息等资源，每次都获得巨大的好处，实现了多赢，为阿里巴巴快速稳定地发展创造了条件，更使得马云自己的位置牢不可撼。这为他把阿里巴巴带到自己预想的方向和轨道提供了条件，使阿里巴巴成为一个最有战略眼光、发展最平稳的互联网企业。

王志东因为不注重与董事会沟通自己的想法，也不在意组建自己的团队，在员工心中没有留下深刻的印象，最终被意外辞退，为人们留下了无限遗憾。

而马云却能很好地处理与董事会各成员之间的关系，使得自己的后方稳定，又不断提升企业的文化品位，以很有人情味的方式来对待员工，得到员工的支持，做到了内外兼通，在复杂的公司组织中牢牢地掌控着阿里巴巴的大权，左右着这个公司的发展轨迹。

张居正一边在内廷中形成与冯保、李太后的稳定的权力铁三角，一边注重运用志士能臣及专家处理各种具体事务，为自己展开新政、进行改革奠定了牢固的基础，最终获得成功，完成了中国古代最成功的一次改革，成就了自己的治国安邦理想，成为一个彪炳史册的救世宰相。

这些不管是失败还是成功的例子都说明了一个问题，那就是在复杂的组织体系中，要想获得绝对权力和相对地位的协调，完满地完成自己的计划，使自己的意志在这个体系中持久执行，就必须注重与体系上下各层成员之间做好协调和交流，做到内外相通，这样才能稳稳地做好自己的执行者角色，否则将被踢出局。

在大规模公司不断发展、职业经理人特别流行的今天，如果想做一个很好的职业经理人，就必须学会这一点。及时做好与上下各层的交流协调。在关键决策层形成自己牢固的权力核心和支持体系。通过给予下属一些力所能及的关照与帮助，获得下属的好感。要始终记住，只有内外相通，才能稳把“朝纲”。

第十八章　一个篱笆三个桩，自己的团队很重要

明史学界有这样一种说法，万历新政的成功取决于三个人：一个是张居正，一个是皇帝的生母李太后，还有一个是大太监冯保。这三个人被称为权力铁三角。

不可否认，没有李太后和冯保的支持，张居正不可能这么顺利就当上内阁首辅，而他的改革也就更不可能取得如此之大的成就。所以说，张居正的成功和万历新政的成功是离不开李太后和冯保的，他们不仅是张居正向上攀登的梯子，也是支撑张居正走向成功的基石，同时更是改革得以实施的中坚力量。正是三个人的相互支持、相互配合，才成就了历史上著名的“万历中兴”。

有句话说得好：世界上没有完美的人，但会有完美的团队。一个优秀的团队迸发出来的力量是巨大的，但一个团队是要在双赢的基础上才能建立起来的。而张居正、冯保以及李太后能够联合在一起建立一个完美的团队，也正是因为他们彼此之间的需要。

冯保与张居正结盟，其中一个重要的原因，就是他们有同一个政敌——时任首辅高拱。

从张居正的角度来看，他当时的形势并不乐观。那时候，高拱担任内阁首辅，张居正任次辅。高拱虽是个能臣，但也是个权力欲很强的人。他骄傲独断，根本不把张居正等其他阁臣放在眼里，一直视张居正为副手。他只容许张居正以副手的身份在内阁驯顺办事，这让胸怀大志的张居正耻居人下，无法施展自己的

抱负。而且两个人的关系已经恶化，相互猜忌、互相戒备。但是，照当时的局势而言，以张居正的实力还无法挑战高拱，不仅升任内阁首辅遥遥无期，而且很可能因为与高拱的矛盾激化，甚至连固守原位也成了奢望。冯保是李贵妃母子身边的红人，是一股很重要的政治力量。在这种自身难保的危急形势下，不管张居正是否愿意与一个宦官勾结，他与冯保的联合都是必然的选择。

对冯保而言，因为一再受到高拱的遏制，对其怀恨在心，而且他是个在政治上很有野心的人，一心想要除掉高拱。但是，冯保自知势难见容于高拱，选择张居正作为政治同盟也成了势所必然。而且冯保很有自知之明，他知道自己在搞政务治理国家方面不如张居正，也知道自己不是张居正的对手。所以，他没有像魏忠贤一样去夺权，而是与张居正结成了同盟。

因为有共同的目标和一致的利益，张居正和冯保走到一起。等到万历时，两个人更是一内一外，全面掌握了大权。“居正固有才，其所以得委任专国柄者，由保为之左右也。”在两个人的配合下，张居正的新政得以推行。

对于张居正与李太后的合作，历史上有很多说法。但我们不得不承认，在明朝万历时期的张居正改革中，李太后对他的支持起了十分重要的作用。

在万历初年“主少国疑”，内阁又与司礼监发生权力之争的动荡局势下，李太后撤换司礼监掌印太监，将孟冲换成冯保，稍后又撤换了内阁首辅，将高拱换成了张居正。她提拔、倚重张冯两个人，稳定了当时的政局。在后来的改革中，李太后也是全力支持张居正，不仅赋予他处理军政事务的大权，使其拥有推行改革的权威，而且在改革遭到反对和攻击时，也态度鲜明地支持张居正，一次次粉碎了阻挠改革的势力。此外，李太后在教育、管束万历小皇帝，使其保持对改革的热情和支持方面，也下了不小的功夫。正是因为李太后的支持，张居正才得以大刀阔斧地推行万历新政，使本已气息奄奄、病入膏肓的明王朝迅速恢复了生气。

李太后是个深明大义的女性，她无意从事政治，不想永久垂帘听政，更不想取而代之。只不过是历史给她提供给了某种机缘，而她也只是顺应历史做出了正确的选择。在万历皇帝长大以前，皇权的实际代表者是他的生母李太后。在那期间，几乎皇上所有的旨意都要经过她点头。但在明朝，没有太后直接干政的先例，她必须寻找自己信任的大臣来执政从而稳定自己的地位和权力。经过仔细考察和反复考验，李太后选择了既忠心又有能力的张居正。李太后对张居正很是信任，无论国事家事，对其皆是言听计从。万历皇帝年满18岁后，张居正多次提出归政于皇上，但都遭到李太后的拒绝。朱翊钧20岁的时候，曾向李太后委婉地提出想亲政的想法，李太后明确回答道：30岁以前不要提亲政，一切听张先生的安排。

她对张居正的赏识也赢得张居正对她的尊重，在张居正刚上任时，就为李太后做了三件事，让太后对他异常满意和信任。首先就是力排众议，给隆庆皇帝的两位遗孀上尊号。其次是认真教导李太后的儿子也就是万历皇帝，对他疼爱有加。最后，投李太后崇佛之所好，帮助其修建庙宇，并借此为之歌功颂德。

可以说，李太后就是张居正的权力源泉，张居正需要设法维护这种权力关系来巩固李太后对自己的信任，继而实施自己的改革计划，而李太后需要张居正来稳定政局和维护自己的地位，他们的联合是必然的，也是明智的。

但是，作为深居后宫的太后，她与张居正的接触是受到一定的限制的。所以，她需要一个足以信赖又可以自由出入皇宫的人来传递信息，这个人就是司礼太监冯保。因此，三个人就形成了一个特殊的团队。

尽管我们承认英雄创造历史，但政治不是一个人的事业。纵观历史，凡成就伟业者，除了有一位胆识超常的领袖，还得有一个互相信任的精英团队。万历初年的新政之所以能够迅速推开并取得巨大成就，就是因为有李贵妃、张居正、冯保这样一个牢不可破的“权力铁三角”。

可想而知，一个团队的建立是何其重要。俗话说“一个篱笆三个桩，一个好汉三个帮”，说的就是团队的合作。但凡成就事业者，无不重视团队的力量。一个人的能力再强大也是有限的，与他人联合起来，借助他人的力量，是我们走向成功的捷径，也是我们身处职场必须懂得的一个处世原则。

现代社会越来越开放，信息传播越来越快捷，专业分工也越来越细致。一个人单枪匹马闯天下的时代已经过去了，想要成功就必须重视和同事合作的重要性。调动外界一切可以为我们所用的资源，提高我们的工作效率，快速达到我们的目标。而那些不懂得或不善于利用他人的力量，光靠自己的力量的人，在现代社会里是很难有大作为的。

小光大学毕业后，到一家国内知名的日化公司的长春分公司应聘。凭着丰富的经验和扎实的文字功底，他顺利进入这家公司，被分到内刊部工作。

内刊部，顾名思义是做内部发行的刊物。当小光第一天来到办公室的时候，屋子里只有四个人，年龄都在40岁左右，一副死气沉沉的样子。编辑部的陈主任把公司的报纸递给小光，让他熟悉一下工作。当小光看到报纸时，不禁大吃一惊。它根本不像一家现代大企业的读物，版面设计呆板，内容枯燥。

于是，小光花了一个晚上的时间，制作了一份精美详尽的改版建议书，建议公司的报纸从内容到形式全部重新打造，使之成为鲜活而有底蕴的企业文化报，展现公司员工朝气蓬勃的青春风采。

次日，小光敲开总经理办公室的门，恭敬地呈上他的建议书。总经理看后，对他的意见比较认可，决定让他单独做一期试试。

得到领导的认可，小光干劲十足，立刻自信满满地开始工作。下科室调研，上网查资料写稿子，打电话给相熟的报社编辑取经……第二个月月初，小光终于完成了一份崭新的报纸。当他不安地把报纸交到总经理的手中时，总经理的眼睛倏地亮了起来，赞许道：“不错，年轻人就是有新意，干得不错，以后继续努力啊！”

从此，小光名气急升，成了编辑部里的主力军。陈主任为了响应总经理的意见，宣布新的报纸按以前的版面分工编稿，但所有的问题最后都要由小光来敲定。为了不辜负老板的厚望，保证报纸的质量与格调，小光对稿件的要求非常高，十分苛刻。办公室里其他人改过的稿子，如果看着不满意，就一律丢回去让他们重改，或者干脆“枪毙”。同事约不来的稿子，他不是传授经验，而是自己出面，而且每次很快就搞定。小光的新报纸的风格日臻完美，也日益受到老总的关注。小光更加意气风发了。纵然其他编辑对他的“风光”显得非常不平，甚至嫉妒，他也不予理会。

但是，后来的一件事情让小光意识到他一个人是很难撑起来这份工作的，只有大家携手合作，才能做出真正优秀的报纸。有一次，总公司在海南组织了一场全国培训。陈主任因有要事在身，就把名额给了小光。走之前，小光把下一期的稿件和版式交给同事，就放心地走了。

可是，当他无比开心地回到单位时，却遭到当头一棒。陈主任把新一期的报纸递到他手中时，小光简直不敢相信。这期报纸的头条被换了，版式大变，而且错别字连篇。他气愤地找到那几个同事，他们却无辜地说：“你走的时候什么也没交代，也没有留下任务，我们只好临时突击，报纸弄成这样已经相当不容易了。”小光听后更是气愤，他知道同事们在合伙整他！

小光真是欲哭无泪，陈主任面无表情地说：“有什么话跟总经理说吧，他现在非常生气。”

小光胆战心惊地走进总经理的办公室，总经理并没有想象中的一见到他就大发雷霆，而是温和地说：“你去了趟海南，这边就差点天下大乱，知道为什么吗？”小光觉得特别委屈，刚想申诉是因为同事妒忌、气量狭小，总经理突然问道：“你看过金庸的《倚天屠龙记》吗？”小光诧异地点了点头。总经理意味深长地说：“《倚天屠龙记》里有一把屠龙刀，通体取材于深海寒铁，是一把笨重的大砍刀。可它又是一把天下无敌的宝刀，虽然笨重，可它照旧所向披靡。团队也是如此，一个优秀的团队，能打败任何优秀的个人。所以，你必须懂得协调作战，重视与同事之间的合作，融入自己的团队之中，而不是一味追求个人成就。所谓重剑无锋，优秀的个人往往如此。”

小光听后，恍然大悟。自此以后，他在工作中倾听同事的意见，将自己的经验与他们分享，在大家的共同努力下，公司的报纸办得越来越好。

中国有句老话：“一个和尚挑水吃，两个和尚抬水吃，三个和尚没水吃。”西方管理学中著名的华盛顿合作规律也曾这样说过：“一个人敷衍了事，两个人互相推诿，三个人则永无事成之日。”意思就是：如果人们不善于合作，不仅不会有所成就，而且会因为力量的相互抵触而造成事倍功半或一事无成。可以试想一下，如果张居正、李太后和冯保都是孤军奋战，他们能成就这样一番事业吗？

任何人在职场中想有一番大的作为，就必须拥有团队意识，注意加强与他人的合作。只有这样，才有可能更好更快地实现自己的目标。在激烈的竞争中，团队意识不仅表现为密切地配合现有团队的工作，而且也表现在注重培养自己的团队上。真正的职场高手是很懂得协调这两者之间的关系的，但他最终的目标是建立自己的团队。只有这样，才能在激烈的竞争中掌握主导权，始终立于不败之地。

第十九章　疑人不用，用人不疑

疑人不用，用人不疑，这是中国传统的信任方式，用在企业管理上就是要放手让下属去大胆尝试，不要什么都管。

张居正在用人方面也很有一套，一项系统性的改革工程是他一个人怎么也完成不了的。他清楚地知道用人的必要性和重要性，很注重时刻总结和完善自己的用人之道。他认为，要切实做到公平选人、用人，必须遵循六项原则。一是“毋徒炫于声名”，不为人的空名所迷惑，而考察其实际才能与成绩。二是“毋尽拘于资格”，不为资历、资格所限，而看有无生气与发展潜力。三是“毋摇之以毁誉”，不要轻易地被舆论的褒扬贬斥所左右，要实地考核，决定弃取。四是“毋杂之以爱憎”，评判人才时不要掺杂个人爱恶的感情。五是“毋要以一事概其生平”，不要因一事一时的成败评判一个人，而要看全面与发展。六是“毋以一眚掩其大节”。人无完人，难免有过，不要因一次过错而全盘否定。

作为一个管理天才，张居正的管理手段又可分为“看人”“用人”“调人”三个方略。

看人：克服六大误差。张居正的名言是“世不患无才，患无用之之道”。他在著名的《陈六事疏》的《核名实》一篇中，专门论述了用人方略。其间，总结了他前后主持十年国事的用人经验，提出看人容易出现的六大误差：徒炫于声名、尽拘于资格、摇之以毁誉、杂之以爱憎、以一事概其生平、以一眚掩其大节。就是说，他主张不听名声而看行为，不问资历而看潜力，不听闲言而看功实，不凭好恶而趋理性，不以一事论英雄，也不以一错定平生。

用人：讲究考核检查。考核与检查必须双管齐下，目前，企业管理者往往在考核和检查中有意无意地倾向于一种。有的倾向于考核，凭借人力资源部出台一套考核方法，实现用人以功实的管理。有的管理者倾向于检查，即以过程监督为主，进行事中管理而不是秋后算账。张居正则认为这两种方法必须兼顾。

调人：让被调者感到是一种提拔。巧用而不是滥用平级调动，把岗位轮换用，使得员工把其当成一种提拔，可以化平凡为神奇。一般而言，岗位轮换都有其目的性，不外乎三个想法：一是锻炼人才，提高其综合素质，尤其到基层负责是一般的上升通道，因为这样符合中国人的老规矩“名将出身行伍”；二是瓦解帮派，任职时间一久就容易形成习惯势力，不便于全局管理，按明朝当时的祖宗旧制，“三、六年考”是规矩，也就是三年就有可能岗位轮换了，比现在通常使用的四年制任期还短；三是利用新人的加入产生新的制衡关系，以利于最高领导控制全班人马。因此，岗位轮换成为许多决策者的驭人大法。

为了调动官员的办事积极性，张居正大力改革吏治，设立考成法，对官员进行定期考核。张居正在考察中裁撤了大批冗员，奖励廉能。万历九年（1581年），他一次就裁革冗官169名。在他当政期间，裁革的冗官约占官吏总数的3/10。与此同时，张居正广泛地搜罗人才，把那些拥护改革、政绩卓著的官员提拔上来，委以重任，信而用之。万历四年（1576年）十月，神宗皇帝审览了关于山东昌邑知县孙凤鸣贪赃枉法的报告后，问张居正：“孙凤鸣进士出身，为何这样放肆？”张居正说：“孙凤鸣正是凭借他进士出身的资历，才敢这样放肆；以后用人，当视其才，不必问其资历。”他的意见得到神宗赞同。这样一来，张居正又以圣旨为令箭，打破论资排辈的传统偏见，不拘出身和资历，大胆起用人才。在起用人才时，他主张“论其才、考其素”，对才能和品德进行全面考察。同时，他又注意到每个人的长处和短处，用其所长、避其所短。事实上，被他选中的文武官员都在改革中发挥了骨干作用。

从万历元年到十年，张居正的政绩斐然。他重用名将李成梁、戚继光、王崇古，使得北方异族每次袭扰都大败而归，只得安分守己，和明朝进行和平贸易。南方少数民族的武装暴动，他也都一一派人给平定。国家富强，国库储备的粮食可用十年，库存的盈余超过全国一年的支出。交通驿站办得井井有条。清丈全国田亩面积，使得税收公平，不致像以前那样由穷人负担过分的钱粮而官僚豪强却不交税。张居正十年的苦心经营，挽救了大明王朝的颓势，使得它延长了几十年的统治。

在张居正的用人方略中，最大的特色就是“用人不疑，疑人不用”。这一点，在很多地方都使得各级官员对改革的参与度有所提高，为改革的顺利进行提供了良好的保障。但同时，也为张居正之后改革难以继续进行留下了隐患。因为张居正对“可疑之人”的定位与一般的传统思维不同，他不以道德水准来衡量可不可疑，而是以做事行不行、听话不听话为可疑不可疑的衡量标准。

为了完整地实行“用人不疑，疑人不用”，张居正用人的时候一般遵循“重用循吏，慎用清流”的原则。

张居正用人时，打破君子与小人的界限。有人总结他用人的经验，最核心的一点就是“重用循吏，慎用清流”。循吏就是脑子一根筋，只想把事情做好，把事功放在第一位，而不会有道德上的约束那种人，在古代一般会被称为小人，是一般人心目中的“可疑之人”。清流则不同，总是把道德放在第一位，一派正人君子的作风，在一般人看来这种人肯定是“不疑之人”了。但在盛行弹劾的时代，这样的所谓正人君子可能往往说得多，办成的事情少。所以，在张居正这里，那些虽然道德有污点，但能办事的人才是可用的人。在用他们之后，张居正往往也是用而不疑，放手让他们大干，只是会用制度的方式进行考核，用政绩决定升降去留。而那些名士正派之人，张居正总是避而远之，能不用就不用。在他看来，这些人喜欢挑刺，事情多，不利于自己的指导思想顺利地贯彻。

关于戚继光的任用就明显地体现了张居正的用人不疑。戚继光在与倭寇的斗争中立了大功，张居正就把他提拔到北京负责京城的防卫工作。但戚继光是南方人，他以前带领的手下都是南方人，这些人大多是新招进来的，比较老实听话。到了北方，京城附近的士兵都是世袭的，比较懒散。有人怀疑戚继光可能不适应北方的各种环境，如何带北方的士兵？但是，张居正果断地排除了其他人的疑虑，照用不误。他支持戚继光从老家招了一批新兵，用这些兵来激励北方的世袭士兵，使得士气大涨。后来，戚继光在边疆的势力越来越大。张居正派下去的监察人员不断打戚继光的小报告，说什么弊不在朝廷而在边关，把边关将士说得很奢华腐化，要求张居正对此进行调查。但张居正深信戚继光的为人，总是护着他。

按自己的标准挑好人并把他放在相应的位置上以后，张居正就不再去盯着看了，而是放手让他们去干。可以说，张居正与人相处用的是儒家的方式，重视礼义德仁。在选拔人才的时候用的却是法家的方式，注重实用，不以道德为评判标准。但到了用人阶段，张居正就开始用道家的方式了，在把好前两关之后，张居正就做到用人不疑，疑人不用，然后就彻底放手，开始“无为而治”了。这种潇洒的境界是很多成功的管理者共有的特性。不管是在哪个行业，只有做到这一点，管理者才能把自己从繁琐的具体事务中解放出来，去思考更重要的战略性的问题。

无独有偶，美国通用电气CEO杰克·韦尔奇的经营最高原则是：“管理得少”就是“管理得好”。这是管理的辩证法，也是管理的一种最理想的境界，更是一种依托企业谋略、企业文化而建立的经营管理平台。

然而，眼下我们许多企业的管理离这种境界还有很大的距离。据最新的一份权威调查分析：“在中国企业每一层次上，80%的时间用在管理上，仅有20%的时间用在工作上。”而西方一些企业在管理工作中，“管”与“理”的比例是2：8。

相当一部分企业有个现象——管理者“发号施令”，员工照章办事。在这些企业里，员工的最高目标就是干好分内的事，工作的主动性、积极性被晾在一边。受从众思维的束缚，员工都很听话，少有人会越雷池一步。

对员工的不信任，直接挫伤的是员工的自尊心和归属感，间接的后果是会加大企业离心力。如果我们的管理者能进行换位思考，与员工建立起彼此信任的关系，在企业建立起一个上下信任的平台，无疑会增强员工的责任感与使命感，激发员工内在的潜能。

随着市场经济的逐步发展和企业全员劳动合同制的推行，企业劳动关系也发生了极大的变化，必须通过建立平等协商和集体合同机制，建立健全企业内部的劳动关系法律制度，以规范、协调企业内部劳动关系，使全体职工在集体合同的规范下各自履行义务，共同促进企业的发展。

在协商中，企业行政与职工代表，地位平等，密切合作，按照劳动法规定的有关各项劳动标准，结合企业实际进行平等对话。在达成共识的基础上，起草制订集体合同，提交职工代表大会审议通过，正式颁布实施。这就有助于调整企业内部关系，使党政与工会、职工之间增进了解，增强企业的凝聚力。既使职工深深地体会公司领导的关怀和爱护，又使行政领导进一步了解职工的意见、愿望和呼声，企业凝聚力明显增强，职工的积极性大大提高。

而“全面统管”的结果有两个：一是降低工作效率；二是挫伤员工积极性。因此，要想真正建立起一个有效的管理模式，不断提升管理水平，首先要对员工充分信任，坚决做到“用人不疑，疑人不用”，鼓励员工独立完成工作。其次是通过合理授权，建立一个员工能充分发挥能力的平台。这一点很重要，因为员工有了自己的发展平台，就会缓解管理者的工作压力。

现在，西方一些企业正朝着“无为而治”的管理模式发展。他们认为，只要人人都学会了自我管理，那些条条框框的管理制度就失去了存在的意义。当然，这种理想模式的前提是，员工发自内心认同企业文化。但是，企业文化的形成并非朝夕之事。员工只有经历长期的企业文化熏陶，才可能形成共同的价值观，进而形成坚实的信任平台，管理才能达到“无为而治”的境界。

在张居正的改革历程中，正是因为他做到了疑人不用，用人不疑，所以很快地形成了自己的组织，为他的新政改革奠定了基础。但是，他对可疑之人和不可疑之人的区分标准不是建立在道德基础上的，这一规则刚开始有利于大家为利益争政绩，但后来这些被提拔的循吏——所谓的不可疑之人，变得十分木讷，没有他那么有心计，也没有什么战略眼光。最后使得改革在他去世后很快就失败了，这与他的用人方式和评判标准不无关系。

其实，关于疑与不疑、用与不用，一直是困扰领导阶层的一个两难命题。历史上，曾国藩和左宗棠是老乡，都是封疆大臣，都处于同一个时代，但结果却各不相同，一个青云直上飞黄腾达，一个命途多舛几起几落。原因就在于两人的用人标准不一样，而他们所用的这些人对各自的事业发展起到的作用也不相同。左宗棠和张居正的标准差不多，他对手下的要求只有一条，那就是忠勇。肯听话，按他说的做就可以，不需要有心计。这样一来，他培养的手下只适合在他手下干，在别人那里就吃不开，自己闯荡官场更是不可能，所以在官场一直没有形成自己的势力，上下总是一个人。一旦被发落也没有个有地位、混得有头有脸的老下属出来帮一把、说说话。而曾国藩用人讲究全面，对一些名声好、实力强、潜力大的人特别重视。这样一来，他只是为这些人的仕途充当了一个媒介作用。手下的人不断地升迁，形成自己的影响力，有的甚至混得比他的官位还高。这样一来，在官场曾国藩就形成了他的势力，一般没人敢轻易拿他怎么着。就是皇帝要处罚或外调他，也会受到他的许多老下属的庇护和说情。

纵观张居正的官场生涯，成也在用人，败也在用人。作为一个系统性的社会改革的发起者，他很懂得知人善任，起用了很多实用的专才式人物，但也用了大量只会听话闷头闷脑的循吏，而没有起用一些有见识、有胆量、有远见的人，致使改革后劲不足，最终人亡政息，不免留下许多遗憾。

不管怎样，一个成功的领导者往往是最懂得正确用人的重要性的，而且是最会用人的。而用人的策略和方式也是千差万别，但最根本的一条是永远也不改变的，那就是“用人不疑，疑人不用”。

第二十章　改革创新，新酒还须老瓶装

改革，古人谓之“革故鼎新”“变法乱常”，也就是要打破成规，推陈出新，重新调整权力结构、利益分配和社会秩序，以求达到社会安定、统治无忧的现状和局面。其实，不管是政治体制，还是经济体制，改革都是不可避免的。没有任何一个制度规定可以亘古不变，也没有任何一个新制度代替旧制度时可以一帆风顺。

改革是除旧迎新、推陈出新，要废除一些旧有的制度，必然会遭到旧有势力的阻挠和反对。当然，没有哪个朝代的改革是一帆风顺的，没有阻力就可完成的。要做到既革除前朝遗留的弊端又使得改革过程中的阻力变得最小，这是一个改革家的智慧所在。

所以，要想顺利进行改革，或者减少改革中的阻力，就要学会在不破坏旧有体制的前提下进行革新。运用旧有体制的“老瓶”，装盛革除时弊的“新酒”。张居正做到了，他的改革才成功了。

平心而论，在张居正之前的徐阶和高拱都是十分能干的首辅，他们为巩固明王朝的统治做了不少具体和局部的努力。然而，终因他们缺乏高瞻远瞩的战略眼光和改革弊政的才干与气魄，到张居正继任首辅时，明王朝仍然危机重重。张居正清醒地认识到，小修小补已无法挽救明朝的覆亡，只有进行大刀阔斧的全面改革，才能使国家真正走出困境。要想让大明朝复兴，就要先改革、后变法。

北宋时期的王安石变法和张居正的改革背景颇有些相似，都是在国难危急的情况下进行的。之所以在这里提出来，是因为两个改革的结果截然不同。

王安石锐意改革，具有“虽千万人，吾往矣”的勇气，在取得宋神宗的支持后，王安石就没有想过要调和各方面的矛盾，尤其是与相当一部分有实力的守旧派的矛盾。

他以“天变不足畏，祖宗不足法，人言不足恤”的气概推动改革，却不知道“天变”和“人言”这两个因素是可变的，而最具震慑力的是祖宗的成法。祖宗成法是先朝制定或行之已久的规则，不仅是后代难以更改的成规，尊祖敬宗的社会心理也不容许轻易改动前朝的旧制。因此，对于不合时宜的祖先成法，到底抱持一种什么态度，往往是出现政治风波的根源。

可是，改革不能不冲撞沿用已久的成文法规，非如此不能撼动弊政，革新成规！王安石的方针，不愧是惊世骇俗之论，此勇气也着实令人佩服，可是他失败了。原因何在呢？先撇开他用人不善、利民政策操作不当不说，最关键的就在于他不懂得如何与守旧派斡旋，利用祖宗旧制为实行新政保驾护航。

王安石的变法触动了大地主大官僚阶级的利益，遭到他们的强烈反对，司马光曾经多次上书皇帝取消新法。对旧制的彻底摒弃，甚至导致改革的最主要支持者宋神宗在关键时刻发生了动摇，宋神宗死后，司马光出任宰相，彻底废除新法。

明代人把张居正比喻为“又一个王安石”，可与王安石不同的是他取得了成功，王安石至死未能如愿，留下终身遗恨；张居正的夙愿，却在生前一一得到实现。

张居正出任首辅不久，就与李太后、冯保结成“铁三角”。可以说，张居正在改革中取得的功绩离不开这两个人的协助。一边是有智慧、思想和决断的李太后，一边是义无反顾地追随改革的内廷总管冯保，这是张居正稳操权力的基础。也正是有了这个基础，才能使得他可以没有后顾之忧地进行改革，同时也肃清了改革中的很多障碍。

他上呈《论时政疏》《陈六事疏》，矢志改革的夙愿，经过二十多年的酝酿和准备，已经成竹在胸。如今大权在握，有了大展雄风的机会，怎能不大刀阔斧地推出新政？然而，善于旧瓶装新酒，在祖宗成法的外衣遮护下实行新政，正是张居正的政治智慧所在，也是他能够取得改革成功的根本原因。他知道如何做才能把改革的阻力降到最小。

所以，他最先宣布的不是变法，而是“遵守祖宗旧制，不必纷纷更改”。

众所周知，明太祖以重典治国，张居正以效法明太祖的名义，加强集权，伸张法纪，整顿官府，进行体制性的调整，使改革得到强有力的组织保障。其中，还有必要一提的就是他的考成法了。实施考成法也是张居正一生中重要的政治事件之一，这不但充分体现了他遵循祖宗成法的改革，更反映了他的创制革新。

万历元年六月，内阁开始上疏实施考成法。他只要各衙门分置三本账簿。一本记载一切发文、收文、章程、计划，这是分册。在这许多项目之中，把例行公事无须查考的，概行剔除之外，再同样造成两本账簿：一本送各科备注，实行一件、注销一件，如有积久尚未实行，即由该科具奏候旨；一本送内阁查考。

张居正的综核名实，完成万历初年之治，最得力于这三本账簿。他是个务实的政治家，明白政务办不通，不是机构的缺乏，也不是公文的力度不够。所以，他不主张增设机构和添加章程法令。在内阁中，甚至连他自己也有账簿，可以随时稽考。

他还以六科控制六部，再以内阁控制六科。六科是明朝特有的政治机构。一切行政事务，分属吏、户、礼、兵、刑、工六部，各部行政长官，有尚书、左右侍郎。同时，又有吏、户、礼、兵、刑、工六科，各科都有事中、给事中。尚书是二品，给事中只有七品，但对于六部的封驳、纠劾之权，完全在六科手里。明朝的大官可以统率小官，但小官同样可以牵制大官。而六科实际上是六部的监察机关，各科给事中分管各科的事，但对于国家大事，同样可以建言。

张居正用六科控制六部，是遵循明朝祖制，但用内阁控制六科，就是他的一种创制了。

因为内阁本来是皇帝的秘书处，事实上不负行政责任，更谈不上监察责任了。实施考成法以后，内阁实权显然扩大了。万历四年，刘台上疏弹劾张居正时说："居正定令，抚按考成章奏，每具二册，一送内阁，一送六科。抚按延迟，则部臣纠之，六部隐蔽，则科臣纠之，六科隐蔽，则内阁纠之。夫部院分理国事，科臣封驳奏章，举劾其职也。内阁衔列翰林，止备顾问，从容论思而已。居正创为是说，欲胁制科臣，拱手听令。祖宗之法若是乎？"从刘台的言论中，我们不难看出考成法的实施影响确实巨大。如此看来，也正是在这些行之有效的"创新祖制"下，才能把业已倒塌的大明朝支撑住。

张居正这种老瓶装新酒的改革智慧，值得当代商场中的企业人借鉴。企业面对日益激烈的竞争，要想先发制人，获得绝对的胜利，就得学会改革，学会创新。只有这样，才能不断适应新的环境，长久地立于不败之地。

随着市场经济的不断发展变化，经济全球化趋势加强，国企的垄断地位不断削弱，私营企业也迅速进步。因此，不管是国企，还是私企，抑或是外企，都迫切地需要改革创新，这也成为企业发展最棘手的问题。

然而，面对改革这个敏感的问题，企业人需要有过人的智慧和手段才能真正达到目的。这时，我们就要借鉴张居正张阁老的改革智慧了。千百年来，大凡政体改革，只要敢大胆摆在桌面上进行的，必然会遭到摧残。政体改革大抵如此，其他的制度改革同样如此。所以，企业在进行管理体制改革时，一定要懂得迂回战术，灵活地在旧有的管理体制之下进行改革创新。改革不代表摒弃一切，创新不代表否定全盘。

著名的松下电器公司的管理者就很懂得运用这种智慧。20世纪90年代松下的管理经验是引进先进的管理模式，当时的工资结构分为年龄工资、岗位工资、能力贡献工资以及职务工资，这四块工资都是与职工不同阶段的需求相联系的。比如，根据员工不同年龄段的生存要求特别设立了年龄工资，以保证员工的基本生活需要。

这种思维方式充分体现了人性化，毕竟松下是日本企业里实行终身雇佣制的代表之一。大学生毕业参加工作，公司就为他设计了一个年龄工资曲线：二十来岁消费需求较少，工资福利上升缓慢；二十七八岁结婚生子，需求加大，薪资相应加大；三十多岁经验能力达到顶点，薪资也达到顶点；四十岁以后又会逐渐下降。

这就是松下多年总结出来的年功序列薪资体系，它在松下的历史发展过程中起到了稳定职工队伍的作用，也是松下能做到终身雇佣制的原因之一。

随着社会的发展，产业结构、技术水平和职工的观念都发生了巨大变化，多年形成的年功序列工资体系下过高的人均费用支出给松下造成沉重负担。当公司意识到这个问题之后，松下在人事制度方面着手改革。欧美企业常常大批裁员，但松下并没有这么做。根据企业的情况，松下在日本本土实行提前退休制度，同时在中国推行更为大胆的人事制度改革，打破具有八十多年历史的年功序列工资体系，取消年龄工资和能力贡献工资，在保留岗位工资和职务工资的同时，加大奖励力度，转变工资支付观念，注重个人能力和贡献。

随着中国改革开放的推进，以业绩作为考核评价主要依据的做法已经开始在中国推行。因此，公司的中方职工是可以接受的。但由于松下多年来实行的是年功序列薪资体制，日方管理者面对这么大的变化还是需要有一个理解和认识的过程。因此，在这项改革推出前，人事部门曾做了半年的准备工作，包括：在外部做了薪资水平调查；在内部针对不同层次的干部、职工做了多次说明工作。最后形成公司决议，实施了企业内部的人事制度改革。

要想彻底打破传统观念，实现彻底的“成果主义”，还需要有一个过程。毕竟很多管理者在松下工作了几十年，要想让他从思想上一下改变固有的观念确实很难。

但是，松下做出这种改革的举动，是在保留终身雇佣制的前提下进行的。所以，在执行的过程中并没有遇到太多的阻力，相反是顺利进入一个新的人事管理体制，轻松完成了企业内部的管理体制转型。

松下公司的做法就是很好地运用了张居正的改革智慧，虽然打破了年功序列制，但也没有全盘推翻原来的制度，而是在保留部分原有制度的基础上，成功地实行了人事制度的创新性的改革。

由此看来，张居正这种智慧更是可以广泛地运用于改革和创新中。张居正的伟大之处就在于他用这种深谋远虑和远见卓识把改革真正地实现了，为大明朝带来短暂但却辉煌的复兴。

第二十一章　千条万条，实用才是第一条

人才是企业发展的第一战略资源，人才资源开发是其他一切资源开发的决定性因素。“21世纪什么最值钱？——人才！”或许大家对这句话都很熟悉，但真正重视人才并有很好的用人之术的领导者确实不多。这一方面与领导者的眼光以及选择方式有关，另一方面与所谓人才自身条件与领导的目标任务是否匹配相关。可以说，一个好的领导不在于用了多少人才，而在于用对了多少人才。

衡量人才的标准很多，但对一个领导者来说，千条万条，实用才是第一条。如果这个人才与自身的目标任务不匹配，不管他有多大的能耐、多好的口碑都是不能用的。在关键时候如果发现用错了人，虽然他很优秀，但与自己的目标任务不匹配时，也要及时纠正。正所谓，芝兰当路，不得不锄。这个理念的提出者正是明朝的杰出重臣张居正，他在用人方面强调实用，从不为一些人才的外表所迷惑，不轻易用那些能说会道但做不了实事的人。

在对著名的清官海瑞的起用与否上，张居正就充分地体现了他的用人原则。虽然人们一致称赞海瑞有多么正直、多么清廉，但在张居正的眼里，这种人好高骛远，不怎么实用，这种人连皇帝都敢骂，用了他还不跟自己对着干？所以，张居正死活不肯用海瑞，他宁可接受当时的指责和他能预料到的历史的责骂，也要坚持自己的原则，对海瑞这样的没有实用价值的人坚决不用。

海瑞抬着棺材给嘉靖皇帝上书的事，在中国可谓家喻户晓。嘉靖皇帝看了他的奏章，非常生气，吼道：“把这个人赶紧抓来，不要让他跑了。”太监回答

说："皇上，海瑞根本不会跑，他把棺材都备好了，他的家里人倒是跑光了。"嘉靖皇帝听说以后，又把海瑞的奏章拿来看了一遍，叹道："哎呀！他真是个比干啊！但我可不想做商纣王啊。"他没有处死海瑞，但也不放他，就关在大牢里不闻不问。嘉靖皇帝死了以后，徐阶把他从监狱里放了出来。

鉴于海瑞的名声，徐阶决定予以重用。他让海瑞到了江南，当了应天府的巡抚，管辖南京周围几个最富的州府。海瑞在那儿为官两年，结果当地的赋税减了2/3。因为大户人家都跑了，没有了税源。他自己骑驴子上班，八抬大轿也不坐。这里的其他同僚很不满意，因为他是一把手，他骑驴，那二把手能坐轿吗？因此，其他人都在想办法调走。富人都很怕他，穷人和富人打官司，不管有没有理，肯定是富人输。海瑞是一个非常理想化的人物，但他对行政管理的确缺乏经验。工作搞不下去，海瑞气得骂"满天下都是妇人"，愤而辞职。当时的首辅高拱也不留他，海瑞便回到海南的琼山老家赋闲。

张居正当了首辅之后，让每个三品以上的大臣都向朝廷推荐人才，其中有不少人写信推荐海瑞。当时的吏部尚书杨博就这个问题还专门找了张居正，希望他起用海瑞。但张居正就是不用他。为什么呢？他觉得海瑞是个很好的人，做人没有话说，道德、自律都很好。但好人不一定是好官，好官要为当地的老百姓谋福祉。好官的标准是让朝廷放心，让苍生有福。好人是道德的楷模，做人没有任何可挑剔的，在官场里要想做好人，应该比较容易，做好官却很难。要让朝廷和老百姓两头都放心，是不太容易的。海瑞做官有原则，但没器量；有操守，但缺乏灵活，因而有政德而无政绩。这一点，张居正看得很清楚。另外，海瑞清名很高，如果起用，就得给他很高的职位，比他过去的职位还高，这才叫重用；如果比过去的职位还低，那就证明张居正不尊重人才。但是，如果你给他更高的职位，他依然坚持他的那一套搞法，岂不又要贻误一方？张居正想来想去，最后决定不用海瑞。而且在张居正执政的十年里，从来没有起用海瑞。海瑞第三次复出，是在张居正死后的一年，被安排在应天府当一名纪检干部，结果仍是与同僚关系紧张，没有做出什么政绩来。

张居正刚一上台，一些同乡同学，也就是和他同一年中举的人纷纷赶来，希望张居正念及有一些旧情重用自己。起初，张居正认为他们都很优秀，也就做了个顺水人情，将他们调进京城做京官。这当中有一个叫汪伯昆的，他很有文采，原先在湖广做巡抚。张居正把他调到北京做兵部左侍郎，不久之后又派他去视察边防。但是，他下去之后并没有先考察工作，而是和其他人饮酒赋诗互相唱和。没想到这事被张居正知道了，加之他写的巡查报告高谈阔论，不痛不痒，更像是文学作品，而不是述职报告，于是，张居正在这篇报告上批了几个字：芝兰当路，不得不锄。不久，就把他贬官发配地方了。张居正也对自己轻易用人出现的失误表示悔恨，之后很少起用与自己有牵连的人，一切唯才是举。这也是张居正的一贯用人策略，正是因为这个，才使得在张居正改革过程中出现了群星璀璨的局面，被他提拔的好多人都在相关领域做出了很大的成就。

不管怎样，唯才是举一直是一个被不断提起的用人策略。在当今的企业竞争中，一个留不住人才的企业是没有希望的，能否留下人才是各大企业互相竞争的焦点。但重点不是怎么把人留下，而是选择把什么样的人才留下。有的企业注重学历，有的企业注重经验，而成功的领导者往往注重的既不是学历也不是经验而是能力。

百度公司总裁李彦宏很注重以实用为标准的用人原则。作为一个创新型的企业，百度必须时刻增加新鲜血液以获得新鲜的思维。而在求职者中，年轻的大学生无疑是思维最为活跃、创新能力最强的群体。但是，好多企业因为偏向于注重经验，往往对刚毕业的大学生不怎么感兴趣。而李彦宏恰恰相反，他很看好刚毕业的大学生。所以，百度公司每年都要举行好几次校园招聘会，而且在2010年复旦大学百度校园招聘会现场，李彦宏大放豪言“对于优秀的技术人才，百度在数量上不设上限”。也就是只要有能力，谁都可以上，不设更多的门槛。

马永是一家外贸公司的总经理，因为老板是外国人，就把一切管理工作都托付给他了。最近公司缺少一名销售人员，老板让他找一个，马永左思右想也不知该上哪儿去找，就一个人，投广告有点不划算，跑招聘会自己又没时间。于是，他决定用让朋友帮忙推荐的办法，希望通过这个渠道尽快地花最小的成本找一个合适的人。

马永打电话给经常参加一些青年志愿者活动的小陈，让他帮忙给物色一个人。正好小陈的一位大学师弟正愁没工作，小陈就把他介绍给马永。在介绍的时候，小陈对他的这位师弟大大夸赞了一番，把他的所有优势都告诉了马永。比如他喜欢写东西，去过好多地方，很有见识，点子也多，人很老实。马永很高兴地从小陈那里得到他这位师弟的电话，经过交谈，马永发现小陈的这位师弟有点腼腆，并不善于交际，这肯定不适合做外贸类的销售工作，但因为是自己先提出让小陈帮忙招人的，他又不好意思回绝。

小陈的这位师弟在家等了好久还不见回信，就去找自己的师兄，想让他问问对方的意见。小陈给马永打电话，问这件事情考虑得怎么样了。电话对面的马永吞吞吐吐，有点不好意思地说，这个人不太适合，虽然他很优秀，但估计不适合做销售。没等小陈说什么，在一旁的他的师弟就说算了，不难为人家了，这事就此打住。

马永没有轻易地依赖自己朋友的意见，而是与应聘者亲自做了交流，及时地取消了这个录用计划，没有因为碍于面子就放弃原则，没有录用不适合相关工作的人员。这不仅没有影响公司的招聘，也为自己的工作减少了不必要的麻烦。

而在另一边，小陈的这位师弟也因此注意到自己并没有多少真才实学，以后也就安分了许多，找到一份适合的工作就好好地干，不再像以前那样挑剔，动不动就辞职换工作了。

张居正正是在强调实用的用人原则下，才选拔了众多的得力助手，借助这些人的力量一起完成了改革的任务。而同样是作为被张居正弃用的官员，海瑞就一直闷闷不乐，郁郁寡欢在家闲居。而汪伯昆则认识到了自己的不足，甘愿做个小小的地方官员，在适合自己的位子上继续做出自己的政绩。

强调实用不仅是领导者以及企业的用人原则，也是社会从业者自我衡量的标准。只有这样，社会各个层面的人才能各取所需、互相配合，社会才能更有秩序地运行。如果以各种关系选人用人，或者以一些与个人能力无关的指标选人，往往会给使用者和被用者双方留下巨大的隐患。使用方因为没有得到有实际能力的人，可能会因此效益不佳。而被使用者可能因为安于现状而不思进取，失去社会适应能力，在被辞退后可能会感觉无路可走。这样就不利于社会整体利益的最大化，也给供需双方带来巨大的麻烦。

所以，刚上任的领导，在用人的时候，不管怎样都要注意以实用为主，不要过多地增加用人的门槛，使一些有能力的人失去应聘资格，也不要轻易用一些与自己目标不相干或者不匹配的人。而从业者在选择职业时，也一定要注意扬长避短，集中精力去应聘那些自己在相关领域比较有实际能力的企业单位，不要在一些看似工资水平较高，但与自己不匹配的企业里耗费时间。

第二十二章 见成效时，要探探上司的口风

“满招损，谦受益”，这句古话告诫人们成功固然可贵，但必要的时候还是要收敛一点，以防止功高盖主，落得一个不好的归宿。在别人手下干活，不管是在皇帝手下为臣还是在老板手下做事，都要注意实力不能过强，功成身退是历来笑到最后的成功者都乐意选择的道路。但是，也可以一直大权独揽，最关键的就看能否准确把握上边的意见，做到不被过度的依赖和充分的信任。

张居正下大力气从整顿边防到改革财税，从简化驿递制度到规范书院学制，在社会的各个层面进行深入的改革。以自己的魄力和恰当的用人方式，使新政很快地就展开了，而且初步见效。同时，一些弊端也开始显现，反对改革的呼声也越来越高，连他的门生也对其提出了弹劾。在这个关键时刻，是继续深入改革还是就此止步，成了困扰张居正的最大问题。进一步深入改革，可能随着反对的呼声越来越高，引起皇帝的怀疑乃至反对，那样下场可就悲惨了，还不如乘胜收兵就此而止。但在张居正看来，他的一系列改革才刚刚开始，就因为自己与皇帝可能出现的信任危机而使改革胎死腹中未免有点可惜。张居正觉得最好的办法就是找个借口试探一下，看皇帝对自己到底有多么信任，是否有可能使新政继续。正在张居正左右为难、想不出办法的时候，一件事情为他带来转机，那就是他父亲的去世。

张居正借助这个事件上演了一部被“夺情”的大剧。正在各路大臣都在攻击张居正的时候，张居正向皇帝上疏请求辞退，借口就是自己父亲去世了，要回

家守丧。他是这样表述的："臣听说特别的恩德需要特别的报答，特别的报答就不一定要限于一般规法。十年来我饱受先帝恩德，从一介草民而担此社稷重任，真是史无前例。自古以来，臣民们本来就是要忠孝报答圣君，从来没有圣君亲信敬礼来谦让下臣的。现在，皇上对臣如此大恩大德，真是远超过大恩的非常之恩。臣即使肝脑涂地也不足以报答万分之一，又怎么会顾及旁人的非议，拘于常理呢？现在臣处在君臣、父子两伦之间，正是忠孝不能两全之时，臣应该审慎处理。皇恩重于父恩，臣只以三年归孝报答父亲，以终身服侍皇上。"

神宗也知道张居正并非诚心要走，自然不会批准他的请辞。很快，皇帝便下诏说现在国家内忧外患，自己年龄还小，国家大事片刻都离不开张居正，更别说离开三年了。这是身系社稷安危的大事，一定要强抑哀情，以辅佐皇帝为根本，以国家大事为重。

但是，张居正还是继续坚持辞退请求，他上疏之后就装出一定要回家守孝的样子，内阁也不去了，对皇帝的命令也拖着不办。为了表示辞职的决心，张居正将自家府门关闭，内阁与六部有人来找一概托病不见。张居正突然来了这一招，让等在他后面的两位内阁大臣不知所措。张四维急于揽权，可皇帝一再下诏书，不准张居正离开。另外，张四维也知道张居正是假推托，所以心有余悸，不敢擅自专权，好多问题都没法处理，文件堆了一大堆。他觉得如此下去可不行，于是决定联络一批人，急奏皇帝，请求早日决定张居正的去留。这样一来，朝廷中弹劾张居正的声音很快就被挽留的呼声掩盖下去了。

神宗也着急了，又连连下诏，坚决不许张居正走，而且敦促张居正回到内阁理事。最终连太后都出面相求，说要让张居正辅佐神宗到30岁。在百般推辞下，张居正提出了辞俸守制，不拿工资在家办公，既表达了自己的守孝意愿，也符合留在皇帝身边的要求。这样一来，最终不仅看到了皇帝的坚决支持的态度，也使得反对者心服口服。从此，他的权力更加集中，为改革的继续深入推进提供了保障。

以退为进、见好就收、功成身退的例子在中国历史上屡见不鲜。早在春秋战国时代，一代商圣陶朱公范蠡就是功成身退的最佳例证。辅佐越王勾践灭吴之后，他深知狡兔死走狗烹的道理，及时地离开，泛舟西湖，留下一段历史佳话。之后，他又带着西施远走齐国，在那里隐姓埋名重操旧业做起了生意，最终成为一代巨商，并为后世留下商经一部。虽然短短几千字，但已经成为历代商人尊崇的商场法宝。而和他一起辅佐勾践的另外几人，最终都受到迫害，下场凄惨。比张居正背运一点，他辅佐的不是十几岁的小皇帝，而是有着卧薪尝胆的魄力和意志的吴王勾践。所以，他必须退得远一点，直至退到另外一个地区，另外一个行业。同时，比张居正幸运的是，他做到了功成身退，又在其他方面取得巨大的成就。张居正没能退得了，但他却进了一大步，以至于彻底地拿稳了朝政，更加巩固了自己的位置。总之，为了保护自己以及完成自己的抱负，退与进都只是手段而已，在人生的意义上没有本质的区别；但在关键时候，在能否保持自身的存在上却有关键作用。

不管是功成身退，还是以进为退，都必须注意在关键时候，尤其在自己的工作达到最大的成效的时候，要注意探探上司的口风，恰当地把握进退的度，不要让自己受到意想不到的待遇，在行动中充分地掌握主动权，这才是最重要的。如果不适时留意，不在被上司辞退之前就做好自己的准备，万一因功高震主被突然辞退，那就显得很无助。

余家豪是一家房产公司的部门经理，但因为不注重收敛，也不注意适时地探探上司的口风，很突然地被曾经重用他的上司辞掉了。

四年前，在一次酒会上，余家豪遇见当时任T房地产经营事业公司总经理的萧雨学。两人一见如故。让萧雨学大为惊讶的是，余家豪这个小他五岁、计算机专业的硕士竟然对房地产市场的状况异常了解，而且颇有见地。随即，萧雨学就多次联系余家豪，熟悉之后，就邀请余家豪加入自己的公司。没过多久，余家豪便辞去原来科研所公务员的工作，毅然加入T房地产集团公司，在萧雨学的麾下工作。

从开发部项目经理、经营部经理、总经理助理到总经理，余家豪几乎是扶摇直上。四年间，余家豪在T房地产公司的位置不断上升。当然，这一切也是源自于他出色的业绩。T房地产公司在同行内起初也就是一般的不起眼的公司，但这两年却在市场上格外活跃，尤其是公司推出的“文化园区”系列概念楼盘，甚至一度领跑市场，而“文化园区”正是余家豪的得意之作。可以说，T房地产的良好发展势头，余家豪是起了很大作用的。

颇有成就感的余家豪把引自己进公司的萧雨学已经忘在一边了，有点不可一世。但萧雨学却对他还是很关照，依然和当初带他进来时一样，事事关心。有一天，萧雨学给余家豪带来了一个好消息，说因为他工作突出，公司特地安排他去欧洲旅行一次。

在从欧洲回来，由机场回家的路上，余家豪刚给家中打电话报完平安，就接到来自公司的电话。“余总，很高兴在您的手下工作，但我不得不离开公司了，今天就走了！”电话是李峰打来的，余家豪听得一头雾水。

李峰是余家豪的得力干将，虽然职位不算高，但却一直是余家豪领导的团队中的重要一员。几次“拿地”谈判，李峰都扮演了“关键先生”的角色，余家豪也因此一直向公司举荐李峰担任更重要的职务。然而现在，李峰却突然说要走，似乎是发生了什么事情。

余家豪让司机掉头向公司的方向开去，一边继续和李峰通电话。原来，就在余家豪出行欧洲的这一个月时间里，公司里发生了不小的变化。执行总裁萧雨学发起了“整风运动”，说要清理公司内部的小团伙，消除个人英雄主义。萧雨学将原来余家豪的团队完全打乱，重新定岗定员，安排了不少其他分公司的人员进来。在这个过程中，李峰曾进谏萧雨学，希望等到余家豪回来再商议内部调整的问题。然而，李峰的谏言反而让总裁勃然大怒，随后萧雨学便找李峰谈话，暗示要让李峰主动离开公司，否则不会有什么好结果。

电话这端，余家豪拿着电话的手微微有些颤抖，先前还意气风发的他顿时像变了一个人一样，一言不发，听着李峰的声音。很快，余家豪赶到公司，可除了等候他的李峰外，其他同僚都被萧雨学拉到乡下农家乐“改造思想”去了。

“萧雨学这回可是真动手了，而且就是针对你的，你要小心啊！我是不想在这干了，要不是冲着你，我早走了！”见到余可豪，李峰第一句话就是提醒他要提防公司的变化。余家豪一边劝慰着李峰留下来，一边拨打萧雨学的电话，但对方始终是关机状态。

有火发不出来的余家豪反而冷静下来，他觉得自己有必要反省一下到底是哪里出了问题，萧雨学为什么要这样做。晚上回到家，余家豪把公司里的事情告诉了妻子，在机关工作的妻子一句话提醒了余家豪：“你这人啊总是锋芒太露，估计人家萧雨学是看你风头正劲，怕影响他的位置吧！”

妻子的一句话让余家豪回想起了很多的事情。一次，公司楼市开盘做新闻发布会，余家豪邀请了很多媒体列席，可记者们的长枪短炮都对准了擅长交际、人缘极好的余家豪，压根没人理会一旁的总裁萧雨学。这让萧雨学大为恼火，提前退了场。会后，余家豪也觉得有些不妥便找萧雨学解释，可萧雨学却冷嘲热讽地说以后新闻发布会他再不参加了，余家豪有这方面的天赋，就当个人专场好了。

还有一次，公司因一个楼盘项目非常成功，奖励余家豪一大笔奖金，而余家豪则将所有奖金分给自己的一帮下属。实际上，余家豪在做这个项目的时候早有承诺，只要完成得好，他自己会掏腰包奖励大家。然而，这件事偏偏被萧雨学记在心上，还向公司董事会反映了这事，说余家豪拉拢下属组织小团队，背离了公司倡导的文化和价值观。

其实，也有人告诉余家豪，萧雨学曾经在一些私下场合说自己带余家豪进入公司是一件错误的事情，本想是能辅佐自己，可没想到对余失去了控制。疏忽大意的余家豪当时根本就没把这些传言当回事，因为毕竟是萧雨学带他入的行，而且一直待他不错，这次去欧洲休假也是萧雨学亲自安排的。

想到这，余家豪突然一震，安排自己去欧洲休假莫不是萧雨学的调虎离山计？联想到过往种种被自己忽略的细节，萧雨学的确是对自己的强势有明显的戒心。看来，这次萧雨学是决心要彻底瓦解余家豪的影响力了。

余家豪终于意识到问题出在哪里，但面对老谋深算的萧雨学，余家豪一时不知所措。如果他在公司业绩因为自己的原因直线上涨的时候及时和萧雨学沟通，自己主动请假，或者要求调换岗位试探一下萧雨学对自己的态度，这样既减少了对方对自己的猜疑，又表达了自己没有居功自傲、拉帮结派、想后来居上的企图。这样一来，一切都会有意想不到的结果，没准还能使萧雨学更加重视和相信自己，不但没有被辞退的危险，而且还可能因为引起董事会的注意而被升职。到时候，不管萧雨学的态度怎么样，都已经不能发挥作用。

和张居正的借口辞退，变被动为主动相比，余家豪在对待自己的功劳以及上司的态度方面显得很幼稚，太天真，缺乏谋略，没有心眼。这样一来，自己的能力无法发挥出来时会觉得怀才不遇，到处碰壁。如果在某个岗位上站稳了脚跟，使自己的能力充分地发挥出来，可能又会功高盖主，最后被炒鱿鱼。总之，会在职场中很不开心。当然，像他这样的人也可以自己创业。但是，如果在一个体制健全的机制中，都不能很好地处理进退关系，那怎么会用人呢？这样的处事方式即使自己创业，也很可能失败。要改变，只能从改变自身的处事方式做起。向张居正学习，在自己的工作初见成效时，要注意探探上司的口风。应学会收敛，不要太张扬。把更多的风头让给上司，自己只努力踏踏实实地做事。

历史上因为功高盖主而遭到残酷迫害的创业功臣似乎离我们很远，我们无法体会那些人的起落沉浮以及由此带来的喜怒哀乐。但是，随着经济的发展，越来越多的人有了在职场打拼的机会，如何很好地把握这些机会，不因为自己的疏忽大意和锋芒毕露使得自己被处处排挤，而在适当的位置平稳地发展，对所有职场人士来说都至关重要。

免除上司疑虑的最大法宝就是在自己有功劳时乘机请退，这样一来显示了谦虚的态度，二来也有助于摸清上司的意愿。如果上司早就对你不满，他会欣然应允，这样你可以体面风光地下台，不能继续合作至少也没有失去一个朋友，没准儿以后大家又会在其他领域碰面，到时候互相照顾，帮帮忙也是可以的。而在自己另外的朋友圈里，自己也会比较体面，不至于一直沉浸在被炒鱿鱼的压抑气氛中郁郁寡欢，久而久之可能会产生自卑，更有甚者可能形成职业恐惧症，因为一两次的被辞退而害怕再次出击。而如果自己主动在必要时了解上司的意愿，主动请辞的话，自己的感觉就会比较轻松自在，在离开当前的工作岗位之后，可以自信地面对职场变动，再另谋新路。如果上司确实对你很器重、很依赖的话，那这也不失为一次委婉的加薪、升职的要求。上司会考虑是不是他哪里对不住你了，然后主动提出加薪或升迁的议题。这样一来，显得上司很关心你，使他也获得了主动，大家彼此都好。

第二十三章　尊敬有加，学会和小上司相处

随着时代的发展，各种技术更新换代速度加快，往往是后来人更有经验，这样不免会发生下属和上司之间的年龄倒置问题，也就是好多人必须面对比自己年龄小的上司。这时候，如何处理与上司的关系就显得比较微妙，似乎与小上司相处总让人感觉有点别扭，不免内心有点不平衡。这样一来，反而可能会影响实际工作。处理这种关系最佳的办法就是一视同仁，不管是大上司还是小上司，都对他尊敬有加。这样一来，一切就变得简单了许多。许多不必要的麻烦也就随之而去，自己的工作也不会因为上司年龄的大与小而受到影响。

在处理与小上司的关系中，张居正可谓是模范级的人物了。他在万历新政十年中，基本上与小皇帝保持了较为亲近的关系。在与自己的小上司万历皇帝相处的过程中，张居正总是尊敬有加，从不大意，明确主仆关系，从不喧宾夺主。正是有了这个基础，张居正才能获得小皇帝和李太后的信任，使本来就缺乏安全感的他们更加依赖张居正，而张居正自己的位置也更加稳固。

而与张居正相反，高拱并不懂得和小上司的相处之道。隆庆皇帝刚一去世，他就哀叹十岁的小皇帝不能处理政事，正好给冯保留下口实，因此遭到意外的发配。不管皇帝是大是小，安守自己的本分，做好臣子就行了，没必要针对皇帝的“小”说三道四，这样伤害的只是自己的形象而已，显得这个人目中无人似的。同样的，在现在的职场，小上司的情况已经司空见惯，尤其是在大量90后进入而立之年后，他们无疑将成为各行各业的领头羊，难免有些老下属要面对这样的小

上司。尊敬有加，不以年龄为标准，不倚老卖老，将是这些人必然的选择。否则，只会增加团队的矛盾，使公司的业绩难以提升，最终受害的将是自身。

30岁的李晓是一家公司的资深文员。一个下雨的黄昏，她正埋头整理电脑前堆积如山的会议纪要时，上个月刚刚到任的年轻上司汪冰风风火火地闯了进来，一屁股坐到沙发上，一边揉着肚子一边说："哎呀，这个会开得可真够长的，都快把我饿死了。李晓，待会儿你到下面去给我买个饭吧，我手里还有一个文件要看……"事后，李晓忍不住向男友抱怨道："每天被一个黄毛丫头指使着，她凭什么使唤我！我进公司比她久，年龄比她大，学历也不比她低……"

之后，李晓总是不配合汪冰的工作。汪冰让李晓帮忙把一些文件整理成电子文档，李晓就会借口自己不熟悉操作软件，让汪冰自己动手。而汪冰觉得自己这么有才华，公司招自己进来不是做打字员来的，既然这个办公室配两个人，而自己又是领导，凭什么所有的事情不分大小都要自己亲自动手？

李晓觉得自己是老雇员了，凭什么受一个后来的小妹妹指手画脚？于是，她越加要赖。没多久，公司要求归档整理的好多资料都堆在那里，没有得到及时的处理。总经理发火了，说要取消她们两人的全勤奖金。

而汪冰和李晓更是互相埋怨，都感觉对方在和自己对着干。到了月末，她们不约而同地提出了辞职申请。虽然觉得她们两人都很不错，但面对难以按期完成的工作任务，总经理还是不得不忍痛割爱，同意了她们的请求。

同样是年龄比自己小，如果老板是个年轻人，而只要自己的直属上司比自己大，好多人却能心安理得地接受。为何一样的事情，两种心态呢？似乎好多人都喜欢见风使舵，没有固定的做人原则，对人态度因人而异，这样最终会把自己推到一个尴尬的境地。随着时代的发展，不管是老板，还是上司，都有可能比自己小。这时，学会以心平气和的态度对待所有人，形成自己稳定的待人态度，一视同仁，对所有人都尊敬有加就显得非常重要。

随着技术日新月异的快速变革，新的经济增长点不断出现，必将有越来越多的年轻人在工作中担任要职，年龄不大却位高权重。当你越来越频繁地面对着这群Baby Boss（小上司）时，你准备好如何应对了吗？

美国社会学家玛格丽特·米德在《文化与承诺》一书中，将人类社会划分为“前喻文化”“并喻文化”和“后喻文化”三个时代。在“前喻文化”中，晚辈主要向长辈学习；在“并喻文化”中，晚辈和长辈的学习都发生在同辈人之间；而在第二次世界大战后，科技革命的蓬勃发展使整个社会发生了巨大的变革，社会由此进入长辈反过来向晚辈学习的“后喻文化”时期。“如果说过去存在若干长者，凭着在特定的文化系统中日积月累的经验而比青年们知道得多些，那今天却不再如此。”米德在书中总结道。

事实上，这也是职场的发展规律，其“后喻时代”的特点表现为：越来越多的年轻人凭借自己出色的业绩或对某项专业技能的掌握而得到飞速的提升。据一家人力资源网站的最新统计数据显示，目前全世界各大公司的高级管理人员中至少有14%的人年龄在35岁以下，而在日本，企业主管的平均年龄也比10年前年轻了10岁。

今年刚刚30岁的夏小虎早在4年前就已经是一家电信运营商某中心的销售经理了，他曾管理过10个人，最年长的那位整整比他大了8岁。而在20年甚至10年前，在严格遵守论资排辈的传统大企业中，像这种按照中国传统观念来说，不到35岁就晋升为公司中层管理人员的事，是根本不可能发生的。

这种转变在年轻人和老年人当中，引起截然不同的反应。对年轻人而言，能迅速得到擢升，当然感到兴奋。但对于年长的雇员而言，面对着比自己还年轻的上司，无论如何是一种压力。

毕竟，对于很多如今四五十岁的人来说，打拼事业是一条艰难的路，成功也显得尤其漫长。几乎每一个人都是辛苦工作、摸爬滚打、一点一点地摸索出一条适合自己发展的路。跌过多少跟头、吃过多少苦头，只有自己知道。他们与时代同步成长，无一例外都经历了计划经济到市场经济的转变，每一次的转变，对他们个人来说，处理不好就是致命的打击。而如今在他们眼中许多还只能算“孩子”的人，几乎没有受到什么挫折，就一帆风顺地成为他们的上司——这于他们实在是一件不那么容易消化的事。

“传统上按照年龄的晋升制度正在崩溃。今天最大的挑战是面对一个年轻的上司。”这是一家励志培训机构的一则宣传语。

在面对新的职业格局时，年轻的上司也不妨低调一点，同样以尊敬有加的态度对待自己的下属。在这方面，张居正做得也比较好，在他和高拱的相处中体现得最突出。高拱被赶下台后，面对闲居在家的高拱，张居正在回家途中还不忘顺路拜访。不管是面对小上司，还是做别人的小上司，张居正都以一条不变的原则待人，对谁都尊敬有加，来化解所有的矛盾。这一条处处吃得开的法宝，对现代的职场人士无疑有着很大的借鉴意义。

“其实，做年轻上司也挺难的。”一个数百人的企业中最年轻的财务科长易仁说，“这要是在二十多年前的国企，几乎是不可能的。”因为企业发展时间很长，易仁手下带领的十来人全是比她年纪大的员工，最老的要比她大十几岁。易仁说，财务工作其实是很讲究积累的，经验相当重要。刚上任时，她就碰到很多麻烦。虽然已经努力注意自己的言行，易仁还是无法和所有的人都保持良好的关系。

通常来自老同事的压力不外乎妒忌、故意出难题的“考试”、安排工作的时候耍赖、当面顶撞、杀你的锐气…… “这些还不算是最可怕的，”易仁说：“因为毕竟是正面冲突，最让我为难的就是有些人会使用‘齐谏’这招，比如，当你出现一点小问题时，到上司那里告你的状。”

人力资源专家胡八一指出，只要处理好自己的心态，建立完善严谨并行之有效的“游戏规则”，把握好“工作上近距离，生活上远距离”的原则，即使下属比你大，你的领导工作也不会出现太大的问题。也就是要做到以下几点：

“首先，你要端正自己的态度。你要相信自己，在日常的工作中，充分展现自己的能力，甚至要比以前做得更出色，让老员工们知道：我并不是凭关系上来的。而当你的权威建立起来后，千万不要因为年轻得志，就动辄摆出领导的架势，颐指气使。否则，很容易招致众怒。失去了群众基础，再才华横溢，也无法将工作干好。”

“其次，多建立些公平有效的游戏规则。”一样米养百样人，即使你没做错什么，也不能保证所有的员工都对你服帖。所以，你应该使用人力资源管理的三大方法，以确保政令通行。“第一，明确部属的职责，这样就能避免因个人分配而带来的主观偏差。第二，建立公平透明的绩效标准，这样会淡化老员工的敌对情绪。第三，奖罚分明。如此一来，即便你在处罚一个老员工时，他也不会过多地把矛盾焦点汇集到你个人身上。”胡八一总结说。

还要学会动用“感情攻势”。“年长的员工老升不上去，并非全是他自身的原因，有时是因为历史的因素，比如技术老化，往往在小上司面前他可能会有一种潜意识的自卑和压抑。此时就要发自内心地尊重和听取他的意见，充分利用他在经验和阅历上的长处。工作之余，要多和他们沟通，特别是那些在办公室里有距离的人，你要善于在日常生活中拉近关系。但对那些在公司关系中已经很融洽的下属，你最好在生活中保持一定的距离，否则很容易于无形中形成派系，不利于在工作时保持平衡。”

面对资深下属有时还需宽厚一些，注意把握内心的平衡，不要轻易地针对自己的小上司而决定自己的职业规划。

两年前，在电脑公司做销售部经理的邵华山，在顶头上司调往总公司任职后，暗暗感到高兴，因为大家都觉得论资历、论能力，销售总监的空缺都非已经32岁、为公司奉献了六年青春的他莫属。想不到的是，总公司调来李晓华做他的新领导。李晓华年纪比邵华山小，资历也比他浅。最初，邵华山怎么也咽不下这口气，几次有辞职的想法，却屡屡被竞争激烈的就业现实给“留”了下来。

不过，尴尬别扭的状况仅仅持续了半年，邵华山就发现小上司的种种“好”：

他年纪虽轻，能力却不弱，在他的带领下，整个团队的销售额翻了两番。而李晓华对他也非常谦虚客气，给其他年轻员工下达任务时，他会直接交代，但对邵华山，他则常常只提目标，而从不过问具体的操作方法，还经常拿一些重要项目和邵华山商量。最让邵华山感动的是，李晓华与他的前任不同，有什么事不是打电话把邵华山招进办公室，而总是亲自走到邵华山桌前商量。邵华山觉得，这样的细节能让他感受到上司对他的尊重。久而久之，两人成了默契的搭档。一年后，李晓华又升职了，走之前向总公司推荐邵华山接任自己的职位。

在人力资源专家看来，邵华山的选择是明智的。因为他客观评价了小上司的优点。首先，所有的老下属都应该有这样正确的态度：做领导，年龄不是主要因素，他能做你的上司自然有其道理，要不是他的综合素质胜你一筹，就是你在某项专业技能上逊他几分。真正理智的人，此时应该列个清单，将他的长处罗列出来，分析原因，而不是一味地怨天尤人。

其次，作为老下属，自己首先要摒弃那些认为“自己老了，越来越不中用了”的消极思想，因为真正的沟通是建立在平等基础上的，抱有自卑甚至自暴自弃的心理会极大地影响工作。要善于学习小上司的长处，因为世界本来就是属于年轻人的。

最后，俗话说，有为才有位。经验丰富、业务精湛，工作能挑大梁往往都是老员工的特点。面对年轻的上司，你要充分利用这一优势，工作上勇于带头，敢挑重担。同时，关心和帮助年轻同事的工作和生活，与他们建立良好的人际关系，逐步培养自己的威信，并利用这一威信，支持年轻上司的工作。这样一来，不但员工会尊重你，上司更会高看你一眼，升职、加薪的机会自然就多了。

不管是自己做别人的小上司，还是面对自己的小上司，学会以诚待人，对谁都尊敬有加。这样形成自己稳定的待人态度，不仅会平衡自己的心理，对待一切都心平气和，而且也减少许多麻烦，使自己的职场之路更加顺畅。

第二十四章　做一个细心的明智者

好多能做大事的人并不一定会做很多，但必须会用人。只有用好人，才能决胜于千里之外。而如何管理与自己距离很远或者不属一行的下属就显得很关键也很困难。面对这种有间隔又要有关联的下属，要学会私下亲自参与了解他的工作内容和最新动向。做一个细心的明智者，既让下属没有被监督的约束感，也让他对领导产生由衷的敬畏感。适当地了解关键信息，而表面又不闻不问。在关键时候，当他把问题禀报上来时，在听取他的问题及对策之后，再将自己早已准备好的对策与他交流，这样下属肯定会被上司的明察秋毫、英明细心所感动乃至震惊。在以后的工作中，他不仅不敢私自有什么小动作，而且会积极主动地及时和你沟通。这样做，既免除了自己的疲于奔命，也使得下属有了更多自由，能够很好地完成任务。用这样的方式与下属相处，会达到事半功倍的效果。

张居正在负责边疆事务时很注重用人的策略，他会安排监察者去下边监督工作，提倡奖罚分明。但这些都是尊重体制的例行举措，是每个领导者都应该做的分内之事。与其他的领导者不同的是，张居正不把正规的渠道看得太认真，总会和下属建立私人的关系。他安慰下属，那些所谓的监察措施只是例行公事而已，并不是自己的意愿，以此拉近和下属之间的距离，使得下属对他有亲近感。监督下属的机制照行不误，但下属却不会因此感觉出丝毫的不信任感，更不会有什么抵触情绪。

张居正只将例行的监督机制当作自己亲自参与下属工作任务的一个信息通

道。通过这个通道，他首先想知道的是具体工作的最新动向，而不是负责此事的下属到底如何作为，是不是偷懒等。这些本来是监督机制要发挥的作用，他都一一弃之不用。

王崇古在抗倭斗争中表现良好，张居正提拔他做宣大总督，负责鞑靼部最前沿的边疆事务。就在王崇古在宣大总督任上时，发生了一件事情，那就是俺答的孙子把汉那吉前来投诚的事情。王崇古一时不知该如何处理，他先是根据下属意见，将把汉那吉妥善安排，予以礼待，但又控制他的自由，不使其随意走动，就待在大同。之后，又将此事告诉张居正，并提出自己的意见。令他意想不到的是，张居正居然在他汇报之前就已经知道了此事，而且已经做好了对策。

张居正是通过派往边疆的监察人员了解到边疆事务的最新动态的。在知道此事后，他就设计了好几种方案，然后等待王崇古的报告。在了解了王崇古的具体做法之后，他很赞成，并让王崇古给俺答去信，就说把那吉汉已经在这边，大明有意把他送回去，但条件是必须以指定的几个汉奸交换。而这几个汉奸是俺答的得力谋士，不管选择怎样的方式，只要让他们远离俺答，俺答的力量就会受到巨大的削减。

王崇古按张居正的建议照做，并及时和张居正沟通，又不断根据形势的变化提出新的策略，全身心地投入到这件事情当中。张居正也都全部同意他的建议，上报皇帝，最后终于促成了封贡开市、和平共处的边疆局面。在这个过程中，王崇古起了很重要的作用。虽然这与他的个人能力有很大关系，但也离不开张居正合理的领导策略。如果此时二人没有形成紧密配合的交流机制，事态状况很可能会发生转变。俺答如果及时出手在他们二人之间制造一些误解，并传达给皇帝，必然引起皇帝对他们的猜疑。那时，整个事件的主动权就会转到俺答手中，事态的发展将不可想象。但是，最终因为张居正适时出手，适时放权的管理方式，使俺答没有插手制造反间的机会。

张居正不把监督机制用来监督下属，而只是用来提供相关事务的最新动向、最新消息，使监督机制变成交流机制，这就化解了上下之间的猜疑，努力同心，顺利地完成了任务。他的这种做法很值得现代的一些领导者管理者学习。尤其是在强调人人平等的现代社会，做到让下属敬佩和赞叹要比让下属害怕恐惧更有利于具体问题的解决。其实，这也就是一个如何与下属交流的问题，但往往人们只是注意交流沟通的重要性，而忽略了交流沟通的具体策略。

张大有是一家连锁卖场的市场部经理，面对自己的下属，他总能做到有效监督和坦诚相待的统一结合。最近，公司有了一些人事变动，给他手下新调来一个负责市场调研、确定采购对象的新副手刘勇。按公司规定，每次出去考察的时候，张大有必须再派一个人和总部派来的这位副手一起出差，让他们互相监督，以免出现商业贿赂，确保采购质量。对于这种老规定和自己的新副手，张大有保持自己一贯的两条路线策略。首先，直接和这位副手接触交流，进行一段推心置腹的深谈。说说一些制度的繁冗，以及保持这种方式的无奈。这一席话使得刘勇觉得自己的这位上司对自己真是信任有加，本来想借着这个机会好好地捞一把外快的他，很快就准备收敛一下自己的想法，以报答上司难得的坦诚相待，不要给他添麻烦。

在和刘勇谈完之后，张大有又找自己的贴身副手赵爽，把将要考察的企业名单都列给他，并对需要的关于这些企业的相关细节，详细地做了安排，让赵爽准备做一个考察报告，尽快用邮件发回来，以便自己决策参考。

之后，刘勇和赵爽开始了全国范围内的出差考察之旅。所到之处二人互相监督，赵爽谨记张大有的教导，能省的就尽量省，从不多做余外的花费。刘勇也是很认真地做着考察记录，准备回去后向张大有汇报。

当刘勇以实事求是的态度，根据市场销量状况和产品质量对比，列出几大类、几百种具体商品的采购对象之后，还没来得及做系统的计划和采购报告，就拿过去和张大有商量。张大有先是很认真地听完刘勇的汇报，紧接着又询问他的计划。之后，才不紧不慢地给出了自己已经做好的一份采购报告。刘勇看了这份报告，内容详尽，数据准确，简直就是自己将要做出的那个报告。于是，他便从心眼里赞叹张大有的做事能力，对这个上司顿生敬意。从此，刘勇总是严格要求自己，从来不因为个人原因而决定某类商品的去留。他重新认识了自己的职位，他想自己必须一心一意地配合张大有做好采购工作，便有事没事就来和张大有交流沟通，工作上显得很是主动，生怕本该是自己本职内的某些事情却被自己的上司提前做了。而张大有也不必再严加监督刘勇了，他相信在自己的这种策略下，刘勇肯定会很卖力地做事的，不会出现什么大问题。但以前的规则照样不变，每次出差，每次市场调研依旧是两个人。

他们的这个完美组合为公司作出了巨大贡献。经总部决定，对他们三人同时各升一级。张大有升到总部去做副总经理，由刘勇接替他的职位，总部又派了一位副手。面对曾经的老搭档赵爽和另外那个新来的下属，刘勇一时不知道该怎么和他们相处，便前来向张大有请教……

对管理者来说，与员工进行沟通是至关重要的。因为管理者要做出决策就必须从下属那里得到相关的信息，而信息只能通过与下属之间的沟通才能获得。同时，决策要得到实施，又要与员工进行沟通。再好的想法，再有创见的建议，再完善的计划，离开了与员工的沟通，都是无法实现的空中楼阁。沟通的目的在于传递信息。如果信息没有被传递到所在单位的每一位员工，或者员工没有正确地理解管理者的意图，沟通就出现了障碍。那么，管理者如何才能与员工进行有效的沟通呢？

首先，让员工对沟通行为及时做出反馈。沟通的最大障碍在于员工误解或者对管理者的意图理解得不准确。为了减少这种问题的发生，管理者可以让员工对管理者的意图作出反馈。比如，当你向员工布置了一项任务之后，你可以接着向员工询问："你明白我的意思了吗？"同时，要求员工把任务复述一遍。如果复述的内容与管理者的意图相一致，说明沟通是有效的。如果员工对管理者的意图的领会出现了差错，可以及时进行纠正。或者，你可以观察其眼睛和其他体态举动，了解他们是否正在接收你的信息。

其次，对不同的人使用不同的语言。在同一个组织中，不同的员工往往有不同的年龄、教育和文化背景，这就可能使他们对相同的话产生不同理解。另外，由于专业化分工不断深化，不同的员工都有不同的“行话”和技术用语。而管理者往往注意不到这种差别，以为自己说的话都能被其他人恰当地理解，从而给沟通造成障碍。由于语言可能会造成沟通障碍，管理者应该选择员工易于理解的词汇，使信息更加清楚明确。在传达重要信息的时候，为了消除语言障碍带来的负面影响，可以先把信息告诉不熟悉相关内容的人。比如，在正式分配任务之前，让有可能产生误解的员工阅读书面讲话稿，对他们不明白的地方先作出解答。

另外，积极倾听员工的发言沟通是双向的行为。要使沟通有效，双方都应当积极投入交流。当员工发表自己的见解时，管理者也应当认真地倾听。当别人说话时，我们在听，但很多时候都是被动地听，而没有主动地对信息进行搜寻和理解。积极的倾听要求管理者把自己置于员工的角色上，以便于正确理解他们的意图而不是你想理解的意思。同时，倾听的时候应当客观地听取员工的发言而不作出判断。当管理者听到与自己不同的观点时，不要急于表达自己的意见，因为这样会使你漏掉余下的信息。积极的倾听应当是接受他人所言，而把自己的意见推迟到说话人说完之后。

还有，注意恰当地使用肢体语言也是比较重要的交流沟通方式。在倾听他人的发言时，还应当注意通过非语言信号来表示你对对方的关注。比如，赞许性的点头，恰当的面部表情与积极的目光相配合。不要看表，翻阅文件，拿着笔乱画乱写。如果员工认为你对他的话很关注，他就乐意向你提供更多的信息。否则，员工有可能把自己知道的信息也怠于向你汇报。研究表明，在面对面的沟通中，一半以上的信息不是通过词汇来传达的，而是通过肢体语言来传达的。要使沟通富有成效，管理者必须注意自己的肢体语言与自己所说的话的一致性。比如，你告诉下属你很想知道他们在执行任务中遇到哪些困难，并乐意提供帮助，但同时你又在浏览别的东西，这便是一个“言行不一”的信号。员工会怀疑你是否真正地想帮助他。

再次，要注意保持理性，避免情绪化行为。在接受信息的时候，接收者的情绪会影响到他们对信息的理解。情绪能使我们无法进行客观的理性的思维活动，而代之以情绪化的判断。管理者在与员工进行沟通时，应该尽量保持理性和克制。如果情绪出现失控，则应当暂停进一步沟通，直至恢复平静。

最重要的是要减少沟通的层级。不管是怎么样的方式，都是在减少人与人沟通时的不必要障碍，达到坦诚相待的状态。人与人之间最常用的沟通方法是交谈。交谈的优点是快速传递和快速反馈。在这种方式下，信息可以在最短的时间内被传递，并得到回复。但是，当信息经过多人传送时，口头沟通的缺点就显示出来了。在此过程中，卷入的人越多，信息失真的可能性就越大。每个人都以自己的方式理解信息，当信息到达终点时，其内容常常与开始的时候大相径庭。因此，管理者在与员工进行沟通的时候应当尽量减少沟通的层级。越是高层的管理者，越要注意与员工直接沟通。

张居正在与下属相处的时候，不仅注重与下属的沟通交流，而且注重调动对方的积极主动性，使得工作顺利地进行。

恰当地将本来用于上下监督的机制用于上下交流沟通的信息通道，就避免了监督人员与实际操作人员的互相挑剌引起的内耗，也使得实际操作者多了一些自由。这样在特殊时刻就能更加灵活地处理一些突发事件，在平时可以使工作平稳顺利地开展。这种通过交流策略的改变加强上下级有效交流的经验，无疑是很适合提倡人人平等的现代社会的，值得现代市场经济条件下的所有管理者学习借鉴。

第二十五章　成大事需要一颗坚强的心

自古成大事者无不是在前人的基础上有所创造的，而人们的心态往往是安于现状的，任何改变对他们来说都是难以容忍的。面对一些英明者的举措，他们往往会群起而攻之，这就给那些英雄人物无形中增加了巨大的阻力。面对强大的阻力，自古成大事者无不拥有一颗坚强的心。只有如此，才能抵抗众人的反对和非议。只有如此，才能持之以恒直至成功。

作为一个拯危救难的政治家、改革家，张居正同样具备这样的品质：勇于抗争，坚持不懈，始终站在政治斗争旋涡的中心和历史的前沿，用坚强和勇气直面敌人凶猛的攻击，毫不退缩！

张居正在经济领域里大规模实行改革的过程中，曾在全国范围内展开了一场长达三年的清丈土地的工作，可谓阻力重重，举步维艰。因为清丈土地触犯了官僚权贵的利益，在改革初期，官员们就纷纷上疏加以反对，污蔑张居正“以丈量土地为名，行苛税搜刮民财”。面对如此强大的抵抗力量，张居正并没有退却，他面奏皇帝，晓之以理、动之以情，得到了皇帝的支持，并最终完成了清丈土地的任务。

面对浩浩荡荡的反对浪潮，张居正从未因为“自命清高”而临阵脱逃。万历四年（1576年），辽东巡按刘台上疏攻击张居正“目无皇上”“胁制科臣”。在当时被安上一个“专擅”的罪名，这无疑是掉脑袋的事。就是在这种情况下，张居正也没有退缩，而是义无反顾地坚持着自己的改革。

万历五年（1577年），张居正的父亲张文明因病去世，这件事将张居正拉入一场轩然大波之中。按照当时的习俗，在遇到祖父母和父母的丧事时，必须辞职回家守制两年。可是，当时改革刚刚取得成效，整个朝廷的运转离不开他这个内阁首辅，万历皇帝更是离不开他，于是下令“夺情”。反对者便借此机会将他推到名裂誉毁的边缘，有人骂他是“不孝的孽子”，有人斥责他是“贪恋权位的禽兽”，更有人以他“位极人臣，反不修匹夫常节”为名，对他的新政进行一次全方位的抨击和批判。反对的声势犹如滔滔江水，势必要把他淹没。此时的张居正顶着舆论的压力，毫不动摇，他坚信“坚定可以赢得一切”。他知道，这些人是在借纲常之名要把他排挤出内阁，来达到终止改革的目的。面对猛烈的攻击，张居正并没有屈服，他像一个父亲保护自己的孩子一样，以超常的斗争勇气和坚忍不拔的毅力保住了新政的命运。

他宣称：“得失毁誉关头，若不打破，天下事无一可为者。”反对愈烈，他越是坚持，越是坦然。

张居正的事业就是在这样的反对声里成长起来的，“人情汹汹，终不为之动”，他始终坚持着自己的改革梦想。

他是个成功的政治家，更是个大丈夫，因为他敢作敢为！他有这样一句名言：“当大过之时，为大过之事，未免有刚过之病，然不如是，不足以定倾而安国。”意思就是：在国家处于危难的时候，就要拿出一些超出常规的办法来整治，这虽然不免有矫枉过正之嫌，但不这样就不能扶危定国。这样过人的勇气就是他能取得盖世功绩的根本原因。

有这样一则寓言：雨后，一只蜘蛛艰难地向墙上已经支离破碎的网爬去，由于墙壁潮湿，它爬到一定的高度，就会掉下来，它一次次地向上爬，一次次地又掉下来……第一个人看到了，他叹了一口气，自言自语：“我的一生不正如这只蜘蛛吗？忙忙碌碌而无所得。”于是，他日渐消沉。第二个人看到了，他立刻被蜘蛛屡败屡战的精神感动了。于是，他变得坚强起来，无论遇到什么困难，他都不曾放弃自己的目标，最终成就了一番事业。

这两个人不同的人生告诉我们一个道理：有成功心态者处处都能发掘成功的力量。一颗坚强的心可以使我们战胜一切困难，实现自己的梦想。所以，不管是在生活中还是职场中，我们都要做一个坚强的人！

那些成功的人并非都是聪明绝顶、能力超群，但他们有一个共同的特点，就是意志坚强。在别人都认为困难不可逾越的时候，他们都不会放弃，甚至有些偏执地坚持，这种执着的力量就是促使他们成功的动力。而那些永远只会埋怨困难的人，遇到很小的挑战和改变就开始逃避和退缩，这样的人是很难有所成长的，距离成功也会遥遥无期。

网上有这样一个故事，主人公小敏坚持不懈的努力为她带来了梦想中的机遇。

2001年，小敏毕业于一个二流大学的计算机专业，因为又是专科学历，在找工作中吃了不少闭门羹。一次，她看到某品牌电脑公司的招聘信息，该公司要招聘一名文案，计算机专业，但要求本科学历。小敏心想自己虽然专科毕业，但能力并不比一些本科生差，就决定去试一试。

来到公司门口，大厅里早已是人山人海。环顾四周，应聘者多来自武大、华科等名校，小敏不禁有点心虚。面试她的是个年轻小姐，她迅速地扫了一下小敏的简历，冷冷地说："对不起，我们不要大专生。"小敏不愿就这样到此为止，马上补充道："我虽是大专生，但颇有文字功底，已发表了不少文章，我相信我可以胜任这份工作。"但应聘的那位小姐很快回绝了她，理由是，专科生就是专科生。

小敏拿着简历退出了招聘的办公室，但她不甘心就这样放弃。经过总经理办公室时，她看见门是开着的，里面只坐着一个中年男子，心里一热， 不知哪里来的勇气，她走了进去。那个男子显得很惊奇，或许从来没有人这样闯进他的办公室吧。小敏只是想再努力一把，于是做了个简单的自我介绍，径直说起自己在学校里组织策划的工作，发表文章的情况等。或许是她的勇敢打动了他，终于在最后，他说了一句话："把你的资料留下，明天再来看一下吧。"

经理的话给了她一线希望，但坏消息也接踵而至。第二天，当她赶到公司的时候，昨天面试她的那位小姐告诉她，公司昨天在近百名人员中已经挑定一个某校的研究生。

当时，小敏的心顿时跌到谷底，但为了表示感谢，她还是来到总经理的办公室。在离开之前，小敏怀着一丝隐约的希望问他："请问你们新招的研究生开始上班了吗？"总经理告诉她，因为那个研究生还有一些事没处理完，过些日子才能来。小敏听后，觉得她还可以再努力一次，于是鼓起勇气对总经理说："既然她还没有来，让我先试试吧，她来了我就走。"或许是他们急需人手，或许是小敏的执着打动了他，总经理让她先做一周，等那研究生来了再做交接。

在这一周里，小敏兢兢业业做事，所有的任务都顺利完成，公司上下对她的印象颇佳。一周后，当小敏正打算向总经理辞行的时候，却"意外"接到人事部的聘用通知。原来，公司别的部门也有用人需要，经过总经理的提议，他们决定聘用小敏。至此，小敏终于找到了一份合适的工作。

其实，如果她在应聘的过程中有所动摇，没有坚持下去，结果就不会这么"意外"了，她的"幸运"来自于她的坚持和努力。所以说，任何一个人，只要坚强不屈，执着向上，就可以实现自己的梦想。

找工作需要坚持，在工作中遇到困难更需要坚持。同事的竞争排挤和上司的无理要求都压得我们快要窒息，但越是这时候，我们越要坚持下去。

名牌大学毕业的李梦很顺利地得到了一个星级酒店总经理秘书的工作机会。刚开始时，李梦为自己的幸运感到欣喜，觉得今后的事业大抵可一帆风顺了，但很快她发现，事情并没有自己想得那么简单。因为在她之前，这家酒店已经有了一个总经理秘书琳达。

对琳达来说，李梦无疑成了自己最大的竞争对手，她对李梦充满了敌意。在琳达近乎苛刻的要求下，李梦学会了职场生存的第一课，那就是坚强。她相信只要自己坚持不懈地努力，一定可以获得老板的赏识。于是，她开始练习打字、速记，要求自己适应酒店严格的等级制度和各项繁文缛节，并在办公室自觉加班，超额完成工作。

琳达的身影总是在几个总经理的办公室翩跹进出，但当需要与下级打交道的时候，她总是委婉而不容拒绝地请李梦去“跑一趟”。李梦没说什么，相反她以谦者的形象赢得很多员工的支持和喜欢。每次李梦打印的稿子琳达总要审阅一遍，遇到错别字，总是充满意外的惊喜，特意在上司的面前一一指出。于是，李梦更加严格地要求自己，因为她知道自己犯的任何一个小错误，经过琳达的放大就会不可饶恕。

日子一天天过去了，李梦渐渐地成长起来，在工作上更努力了。一天下班后，李梦被老板单独留下谈话，老板充分肯定了李梦的工作，并很快提拔她为办公室主任。

李梦的坚忍是她突破尴尬局面的利器，为她的职场生涯带来了转折。

世界著名企业GE动力系统公司的副总裁马克·利特尔就曾说过这样一段话：“我之所以可以获得今天的成就，主要原因是我用自己的业绩、态度和坚忍打动了每一个人，我从来没有放弃过。”

利特尔刚接手公司的业务时，就遭遇了难以想象的困难：公司生产的涡轮机的叶片存在严重的问题，投入使用后纷纷爆破。利特尔顶着巨大的压力拼命工作，经过一段时间努力，终于有了好转。可是，利特尔的努力并没有得到老板鲍勃·纳德利的认可和赏识。有一次，在对公司进行调整的时候，老板把利特尔调到一个有名无实的职位上，让他只负责规模较小而且也不太重要的蒸汽涡轮机的工程业务，所负责的产品也是一些被归于增长缓慢，即将被淘汰的类型。

换作其他人，对这样的工作安排，早就怨言满天飞了！自己这么努力，却成了出力不讨好的人！但利特尔并没有埋怨什么，而是将这次的困难看成一次磨炼，他相信他一定可以拿出骄傲的成绩来证明自己的能力。

此后几年，利特尔带领自己的团队重振蒸汽涡轮机的生产线，不仅引进了先进的新技术，建立了新工作流程，制定了新规章制度，而且一再降低成本。利特尔的努力终于得到了回报，当负责全部涡轮机生产业务的高层职位出现空缺的时候，老板鲍勃·纳德利毫不犹豫地选择了利特尔，要求他担当大任。

利特尔正是用坚持不懈的努力，向我们证明了一个真理——坚持就是胜利！工作中的困难和挑战是不可避免的，我们可以把困难当成一次磨炼，当成一次机遇。在磨炼中，我们要不断提高自己应对困难的能力和勇气，让自己始终处在一种战斗的状态，随时可以接受各种挑战。

利特尔的一颗坚强的心为他带来了成功。张居正的那一颗坚强的心也为他带来了举世瞩目的成就。面对着这样或那样的议论和讽刺，甚至恶毒的攻击，张居正从不像某些士大夫那样，自命清高、雍容进退，而是充满着积极进取和切实负责的精神，始终勇敢地做着自己坚持的事情。

面对春秋战国礼崩乐坏的局面，孔子可以“述而不作”，但面对朝政松弛、内忧外患的大明王朝，张居正不仅要说，而且要实实在在地去做。在明代，也只有张居正有这样的胆量了吧！

做人之不敢做，说人之不敢说，想人之不敢想，改变现状、开拓创新的激情是很多人都有的。能够迈出第一步，敢做第一个吃螃蟹的人的勇气也是很多人都有的。但是，能够坚持到底、持之以恒，一直到成功所需要的坚强的心并不一定人人都有，这也是成功者与半途而废者的差别之处。

第二十六章　锦上添花，不如雪中送炭

有句话说得好："智者雪中送炭，愚者锦上添花。"虽然二者都可落得人情，但各自的价值却有着天壤之别。雪中送炭犹如别人在我们即将饿死的时候给我们一个馒头，而锦上添花就像在我们荣华富贵后别人送我们一座金山一样，可想而知哪个对我们更有意义了。

其实，人和人之间的关系就是这样，患难见真情，患难出真交。当别人需要帮助时，如果我们尽力而为了，这就是雪中送炭，这也才是真正的"收买人心"。每个人在内心深深地记住的是那些在自己困难的时候帮过自己的人，而对于那些在得势时如同跟班，在需要帮助时却避而远之的人不仅不会感激，反而会更加厌恶。

北宋名臣司马光在元祐年间出任宰相时，推荐刘器之到秘书省任职。有一天刘器之来访，司马光问他："你知道我为什么推荐你吗？"刘器之回答："因为我们是旧交。"司马光说："不是，其实是因为我闲居在家时，你经常来问候，而在我担任宰相后，却只有你没有来过信，这才是真正的原因。"

在司马光失势落难的时候，刘器之雪中送炭，和他维持很好的友谊，而不像其他人在他当了宰相后趋炎附势、锦上添花。刘器之的这种做人处世的态度让司马光很欣赏，所以他才得到司马光的重用。

所以，"与其锦上添花，不如雪中送炭"。这不只是做人处世的道理，也是洞悉人性的智慧。

张居正之所以能成为明朝最负盛名的首辅，也与他善于“雪中送炭”息息相关。在恩师徐阶罢官后，张居正给予了尽可能多的帮助，使徐阶得到了善终。对于自己多年的好友兼政敌高拱，张居正在他辞官后也是仁至义尽，帮他解了不少燃眉之急，在关键时刻更是救了他一命。

徐阶罢官后畏惧高拱不放过自己，便当面嘱咐张居正“家国之事，一以奉托”。张居正心知肚明，也说到做到，不仅在徐阶儿子犯法时，保全了他的幼子和谋生的财产，又尽力加以抚慰，甚至不惜得罪权势正盛的高拱，曲意呵护自己的恩师。

就是在张居正临终的时候，也没忘记自己的老师。他上疏请求给予徐阶优礼耆老的待遇，历数徐阶的功绩说：“当嘉靖末年，奸臣当道，时局败坏之际，是徐阶在乱政之后，矫枉以正，矫浊而清。惩治贪官以安民生，制定规章，核算经费，扶植公论，奖励人才。一时朝政修明，官府振肃，海内得以太平无事，这都是徐阶之力。”张居正把改革的头功归于徐阶，是希望徐阶的晚年可以过得更好。

对于自己昔日的对手，张居正也是“雪中送炭”。

在高拱被罢相后匆匆离开京城，因为高拱平时不贪财，身上根本就没什么银两，连回乡的盘缠都不够，一路上只好向僧人买一点粗糙的麦饭来充饥，一家人在漫长的路途中苦不堪言。这时候，张居正将自己的驿乘和一些银两送给高拱，并积极为他请旨给驿。

高拱回乡后，有一次派仆人到京师旧居中取些日用器具。张居正得知后，召见了那个仆人，询问高拱的生活情况。当听到高拱回乡后郁郁寡欢，身染重病，又经王大臣之案的惊吓，几乎生活不下去的时候，张居正动情落泪，拿出价值千金的玉带、银两和日用品让仆人带给高拱。

在万历六年（1578年），张居正在返乡葬其老父的途中，特地绕道去新郑县探望被迫返归林下多年、身染重病的高拱。当看到年近70岁、身心憔悴的高拱时，张居正没有搭理那些等着拜见他的地方官员，而是直接扶住高拱。张居正握着高拱的手，两人促膝长谈、相视而泣。

张居正能如此对待已经失势的人，何况还是自己曾经的对手，这不仅仅因为他的宽容大度，更因为他懂得“与其锦上添花，不如雪中送炭”！

可是，现在很多人都不知道这个道理了，这也是为什么越来越多的人在抱怨“人心难买”的最大原因。职场中的人际关系虽然很复杂，但人毕竟是人，是有感情的，对于那些帮助过自己的人都会心存感激。所以，想要在职场中获得好人缘，就要做一个乐于助人、雪中送炭的人，而不是锦上添花式的“拍马屁”，那对我们的人脉并不会有太大的作用。

举个例子来说，今天公司的上级领导生病住院了，大家都会“心照不宣”地去看望他，会送花去安慰上司，这无可厚非。但是，如果是公司的一个工读生或者一个小员工生病了，去看望他的人肯定不会太多。换句话说，肯定没有去看望领导的人多。

其实，上级领导生病住院了，我们有没有去看望他，他可能根本就不放在心上，事后可能很快也就忘了，因为相比下属他更关心董事长或总经理有没有来看望他。所以，我们去看他顶多只是在人际关系中不会减分，毕竟其他的同事都去，自己不去就太不识相了，可问题是我们的鲜花和关系根本不会对我们有任何加分的效果。

然而，如果是一位新进员工或实习生住院了，我们去看望他，他一定会铭记在心、心存感激，这才能真正为我们的人际关系加分，真正能够“收买人心”。

因此，我们若是希望在职场上拥有良好的人际关系，就要注意主动去关心真正需要帮助的人，及时雪中送炭，让他人能够感受到我们的真心，而不要以锦上添花式的关怀为主，因为那往往就像“肉包子打狗——有去无回”，不会产生我们奢望中的结果。所以，以后如果同事遇到困难，即使我们帮不上忙，但一声问候、一个安慰也会对他和自己有很大的意义。

这种人际关系包含着一个人性的“边际效益”问题。“边际效益”原是经济学概念，举个简单的例子来说，当你肚子饿时，给你一个包子，你吃得津津有味，你会赋予这个包子很大的价值。吃完一个，再给你第二个，你继续吃，你还是会赋予它很高的价值，但已比第一个包子要低一些。等你吃了五个包子，肚子饱胀后，再给你第六个包子，你不仅会觉得它已经没有什么价值，甚至还会感到厌恶。这就叫作“边际效益递减”，意思是每一新增物品的边际效益要低于前一个。

当我们得势时，很多人都争先恐后来锦上添花，但他们的“边际效益”却会逐次“递减”。到后来，我们甚至会对这种人感到厌烦。反之，当我们失势时，因为门前冷落、内心空虚，此时如果有人雪中送炭，专程来问候我们，我们就会觉得特别温暖、特别高兴，也因而会特别喜欢和看重对方。

王经理是一家公司的领导，每年年底都会收到下属像雪花一样的礼物和贺卡。有一次，他因为一场大病离任休养，到过年的时候所收到的礼物就只有一两件，贺卡是一张也没有收到，往年的访客来往不绝，而今年却寥寥无几。正在他感到“人走茶凉”，心情落寞的时候，从前的一位下属带着礼物敲开了他的门。在他任职期间，他并不是很重视这位员工。可是，当看到来拜访自己的人竟是他时，王经理不禁感到心里暖融融的。过了一年多，王经理重新回到岗位上，不仅在私下和那位员工成为好朋友，在工作中对他更是关照有加。

这个雪中送炭的员工一次简单的拜访为他带来了事业上的转折，实在是羡煞旁人！可是，到底该怎样帮助别人才能帮到自己呢？这就要用点“心计”，找准时机，帮人帮到点子上，帮在最需要的时候。只有这样，我们才可以真正获得人心，让别人记得我们的好。宋江之所以能得到那么多英雄好汉的尊敬，就是因为他总是在别人需要帮助的时候出现，因而被人们称为“及时雨”。

张海军大学毕业后选择自主创业，因为缺乏资金，他想向平时关系很好的几个哥们借钱，可不是吃了闭门羹，就是被拒绝。正当他陷入困境时，他遇到高中时的同学李林，两个人虽在高中时关系不错，可上大学后就一直没有联系了。看到昔日的好友，两个人就坐到一起聊了起来。当张海军谈到自己因为资金缺乏无法开办公司的情况时，李林毫不犹豫地就说答应把钱借给他。凑够资金的张海军终于开始了自己的事业，他从内心里对李林心存感激，发誓一定要好好干，早点把钱还给李林。后来，随着公司的规模越来越大，张海军不仅还清李林的钱，更是常常帮助李林。

对张海军而言，李林就是他的“及时雨”。

古人云：“滴水之恩当涌泉相报。”这是一份很值得的人情投资。对那些身处困境的人伸出援助之手，雪中送炭，为其分忧解难，这是我们短暂的前期付出，但将来的回报却是源源不绝的。

牛根生的故事就充分证明了这个道理，他的“雪中送炭”为他赚足了人情和钞票。

1999年，牛根生离开伊利集团决定创建“蒙牛”时，当时的注册资金仅有100万元，可竟有四百多人离开伊利来投奔他，不管是部门经理，还是普通销售员。有的是他熟识的老同事，也有没和他打过交道的人。而且他们的亲戚、朋友以及业务关系也都开始把钱投给蒙牛，公司注册五个月后，就募集资金达1398万元。这些人为什么心甘情愿地帮助牛根生，为什么这么信赖他呢？

1990年，伊利年轻的员工杨文俊刚刚结婚，没有房子，生活中多有不便。思来想去，他计划凑出4 000元购买住房。可是，想着容易做着难。对于这个当时月工资只有40元的普通员工来说，4 000元相当于他不吃不喝10年的工资，这对他来说简直是一个天文数字。就在杨文俊为此犯愁的时候，牛根生给他送来2 000元钱。“要知道，牛根生自己当时也没有多少积蓄，这2 000元钱是他一大家子省吃俭用省出来的！更何况，以我当时40元的月收入，他简直看不到我在短期内还钱的可能性。”杨文俊说，牛总的这2 000元钱无异于雪中送炭！

当时，牛根生年薪百万元，但大部分都散发给有困难的员工了。员工逢病遭灾了，牛根生带头捐款，一出手就是1万元。

这就是那么多人愿意追随他的原因！这就是牛根生财散人聚的力量！

不仅对自己的员工，对自己昔日的竞争对手，牛根生也是真情相待。

2003年伊利股份制创立十周年的时候，牛根生不请自去，不仅大大出乎员工预料，就连伊利老总郑俊怀都意外得不知所措。

面对伊利员工疑惑的神情，牛根生这样说道：“我在伊利干了16年，在蒙牛才干了5年。我最好的年华，都奉献给了伊利，在那里流过的泪、淌过的汗、洒过的血，比在蒙牛多得多！所以，要说感情，我对伊利的感情，实际上不比对蒙牛的少！”与许多被免职的人大骂原老板不同，牛根生始终对郑俊怀保持着尊重。他甚至说：“没有郑俊怀，就没有现在这个模样的牛根生。”

2004年12月20日，郑俊怀被检察机关带走。牛根生辗转打听，得知郑被关在包头看守所里，他当即托人给老郑捎去1万元钱，并给老郑90岁的母亲1万元，给老郑妻子1万元。

郑俊怀被抓后，媒体的普遍评论是：牛根生没有落井下石。事实上，牛根生不仅没有“落井下石”，而且一再雪中送炭。

2005年2月的一天，郑俊怀的妻子向牛根生求助：女儿留学学费不足，想借20多万元。按理说，郑俊怀家里缺钱，最不可能的求助对象就是牛根生。在蒙牛发展的6年中，伊利制造过一个又一个难题，郑牛相争简直到了水火不容的地步。然而，当她们已经求了一圈人，那些曾经“亲切地摸过孩子头”的叔叔阿姨们个个避之犹恐不及，万般无奈下才把视线转到牛根生身上。

牛根生与同样来自伊利的几位蒙牛高管人员商量后，一共凑了30万元，其中，牛根生自己拿出10万元。

所谓患难见真情，也就是如此吧！牛根生这个善于“雪中送炭”的人之所以能成就这一番事业，也就不言而喻了。

俗语说，好心有好报，雪中送炭的人送出的是“炭”，收获的却是比金钱权力还要珍贵的人情！张居正懂得，牛根生也懂得！

得民心者得天下，得人心者成事业。在一个人的成功中，做人的成功是最大的成功。而在做人当中如何学会在别人最需要帮助的时候提供帮助，最需要关怀的时候给予关怀，最需要安慰的时候送声问候，做到雪中送炭，无疑是获得人心的最佳途径，也是成功者所共有的品质。

第二十七章　隐忍不发，韬光养晦

有句话说得好，叫作“小不忍则乱大谋”，意思是做大事情的时候，如果无法忍耐无关宏旨的小事，将难以实现其伟大的理想。

历史上以忍取胜的例子不胜其数，勾践的“卧薪尝胆”，韩信的“胯下之辱”，都为他们带来了成功。张居正也是如此，从一个出身寒门的庶吉士到成为“一人之下，万人之上”的内阁首辅并成就一番改革大业，忍耐是他成功的法宝之一。没有忍耐，他是无法走到这一步的。张居正自己也曾说过：“无别无他长，但性耐烦耳。”可以说，他的成功离不开他的隐忍之功和韬晦之术。

在张居正刚刚步入官场的时候，朝中可谓一片狼藉，世宗常年不上朝，严嵩权倾朝野、一手遮天，时局岌岌可危。年轻的张居正目睹政治的黑暗和严嵩的误国卖友等行为愤慨不已，可他一个小小的七品编修又能怎样！虽有扭转颓局的抱负和匡济时势的才干，但那时候还没有他说话的权利。

其间，他曾向皇帝写过一篇《论时政疏》，提出了一些矫治时弊的意见，但并没有引起皇帝的注意。严酷的政治现实，使张居正越来越清晰地认识到，不在其位不谋其政，名不正则言不顺。只要他一天没有登上首辅的位置，他就永远不会有施展才华的机会。所以，他必须一而再、再而三地忍耐。

张居正知道“尺蠖之屈，以求信也”的道理，现在的忍耐是为了明天能够实现自己的政治抱负。所以，在严嵩专权的那个时期，除了例行的奏章和必要的应酬外，张居正大多时候是保持沉默。有时候为了保身，他甚至要违背心意为严嵩写一些歌功颂德的文章。那段时间，张居正虽无大作为，但他对时局冷眼观察，不断为自己积蓄力量。

张居正的隐忍是在以退为进，于是在风高浪急的嘉靖三十三年（1554年），张居正选择了适时而退，不勉为其难。张居正借口请假养病，离开京师来到故乡江陵，休假三年。在回家的三年中，张居正攻读经史子集，博览群书，修身养性。虽远离朝野，但他仍不忘国事，心系朝政。经过休整、反思和对农民疾苦的考察，张居正对解除社会弊端已有比较成熟的想法，在他的心中重新燃起了一股报效朝廷的热情。

回到朝廷的张居正仍没有得到重用。当时，严嵩的擅权越来越肆无忌惮，徐阶依然默不作声，张居正则一如既往地少言寡语，虚与委蛇，默默地等待时机。

终于，严嵩在专权15年后倒台了，徐阶成了首辅，张居正也开始得到重用。然而，张居正入阁后又遇上精明强干、头脑敏锐的政治对手高拱。张居正只得再次忍耐，他深深感到，在官场上没有阴一套阳一套的本事是无法生存发展的。所以，尽管高拱对他傲慢无礼，他还是用谦恭与沉默表示无声的对抗。高拱为人盛气凌人，很多同僚都无法忍受，唯有张居正恭慎从事。就是当两个人“真刀实枪”地斗争时，张居正也是保持低调。可以说，张居正的胜利是靠他的隐忍和智谋。

纵观大明王朝的历史，在嘉靖、隆庆年间，内阁大学士们时时处在明争暗斗的状态。短短几年，徐阶攻倒严嵩，高拱推倒徐阶，李春芳被高拱击败，高拱又被政敌轰跑，而张居正能够成为最后的赢家，主要是因为他懂得忍耐，懂得“小不忍则乱大谋”，懂得想要保全其身，在官场生存，就要委曲求全。

“龙能大能小，能升能隐；大则兴云吐雾，小则隐介藏形；升则飞腾于宇宙之间，隐则潜伏于波涛之内。方今春深，龙乘时变化，犹人得志而纵横四海。龙之为物，可比世之英雄。”而张居正的成功正说明他就是人中之龙！

职场的生存也是如此，当面对强势的对手时，我们要沉得住气，避其锋芒，不与之对抗，暗中积蓄力量，等待合适的时机。所以说，隐忍不发，韬光养晦，也是我们在职场中不可或缺的智慧。

麦当劳的创始人雷·克罗克就是这样一个隐忍的人，他的低调战略为他赢得巨大的成功。

克罗克还没读完中学就出来做工，以维持生计。后来，他在一家工厂当上推销员，生活有了明显的改善，他在推销产品的过程中积累了大量有关经营管理方面的宝贵经验。后来，他决定创办自己的公司。

通过市场调查，克罗克发现当时美国的餐饮业已远远不能满足人们的需求，他要创造出一种新的餐饮服务，来适应亿万美国人的快餐需求。可是，摆在克罗克面前的最大问题就是资金问题。对于一贫如洗的克罗克而言，自己开办餐厅根本就不可能。

最后，他决定到自己认识的麦克唐纳兄弟的餐厅工作，同时学习管理餐厅的知识，等筹集到资金再去实现自己的目标。

于是，克罗克找到麦氏兄弟，讲述了自己目前的窘境，最后得到对方的同情，答应留他在餐馆做工。

克罗克深知这两位老板的心理特点，为了尽早实现自己的目标，他又主动提出在当店员期间兼做原来的推销工作，并把推销收入的5%让利给老板。

为取得老板的信任，克罗克工作异常勤奋，起早贪黑，任劳任怨。他曾多次建议麦氏兄弟改善营业环境，以吸引更多的顾客，并提出配制份饭、轻便包装、送饭上门等一系列经营方法，以扩大业务范围，增加服务种类，获取更多的营业收入。他还建议在店堂里安装音响设备，使顾客更加舒适地用餐；大力改善食品卫生，狠抓饮食质量，以维护服务信誉；认真挑选店堂服务员，尽量雇用动作敏捷、服务周到的年轻姑娘当前厅招待，那些相貌平常的人则被安排到后方工作，做到人尽其才，确保服务质量，更好地服务顾客。

克罗克为店里招徕了不少顾客，老板对他更是“言听计从”了。不久，餐馆虽然名义上仍是麦氏兄弟的，但实际上其经营管理、决策权完全掌握在克罗克的手中。不知不觉，克罗克已在店里干了六个年头。时机终于成熟了，他通过各种途径筹集到一大笔贷款，然后跟麦氏兄弟摊牌。起初，克罗克提出的条件较为苛刻，对方坚决不答应。克罗克稍做让步后，双方又经过激烈的讨价还价，最终克罗克以270万美元的现金买下麦氏餐馆，由他独自经营。

第二天，该餐馆里发生了引人注目的主仆易位事件，店员居然炒了老板的鱿鱼，这在当时可以说是当地的特大新闻，引起巨大的轰动，而餐馆的名字也借众人之口深入人心，大大提高了其在美国的知名度。克罗克入主快餐馆后，经营管理更加出色，很快就以崭新的面貌享誉全美。经过二十多年的苦心经营，总资产已达42亿美元，成为国际十大知名餐馆之一。

克罗克对麦克唐纳兄弟的主动示弱为他带来了机遇，随后通过长时间的努力工作换取兄弟俩的信赖，使兄弟俩认为他处处替自己着想，消除了对他的猜忌，愉快地接受了他的多种建议。后来，克罗克经过逐步渗透、架空老板等策略，最后一场交易，全部吃掉麦克唐纳快餐馆，成立了麦当劳帝国。

由此可见，低调隐忍，择机而动，不仅是一种人生处世的态度，更是一种大心计、大智慧！

现代职场中的很多人都是铆足干劲，勇往直前，很少有人懂得谦让，懂得忍耐，这些人总以为退一步就吃大亏了，不知有时候退一步比进一步更好，更有利于我们接近成功，所谓“退一步，海阔天空；忍一时，风平浪静”就是这个道理。在职场中遇到咄咄逼人的对手，我们不妨回避锋芒，以退为进，冷静地思考，做出更加睿智的决策。

俗话说“大丈夫能屈能伸”，真正成功的人是会低头的人。被称为“美国之父”的富兰克林，年轻时曾去拜访一位德高望重的老前辈。那时候，他年轻气盛，走路总是抬头挺胸，做事态度也比较强硬。可是，当他正要踏进老前辈的家门时，他的头狠狠地撞在门框上，疼得不住地用手揉搓。出来迎接他的老前辈看到他这副模样，笑着说：“很痛吧！不过这将是你来拜访我的最大收获。一个人想要平安无事地活在世上，就必须时刻记住：该低头时就低头，总是高昂着头的人免不了会碰壁。”富兰克林把这次教训当作一生最宝贵的收获，并把它列为一生的生活准则之一，受益终生。后来，他功勋卓越，成为一代伟人，都是因为他懂得“低头”的智慧。

张居正的低头换来仕途上的成功，换来举世的成就，换来“万历中兴”，这才是一个真真正正的大丈夫！

纵观古今中外，凡成大事业者，无不拥有隐忍的品质，只有做到厚积薄发才能笑到最后，最终做出一番改变历史的伟大事业。然而，做一个平凡的普通人依然需要懂得隐忍不发韬光养晦的重要性。只有这样，才能避免锋芒毕露，无端招来一些嫉妒和排挤，使自己的平凡道路走得更平稳顺畅一些。

第二十八章　伟大的管理是管理自己

中国有句古话叫作“桃李不言，下自成蹊”，意思是桃树、李树虽然默默不语，但它们会开出芬芳的花朵，结成甜美的果实，人们自然而然地会聚集在它们周围，踩出道儿来。从政治国也是这个道理，作为一个领导者，要想有突出的政绩和良好的人际关系，就要处处身先士卒，学会以身作则。

作为一个成熟的政治家，张居正深谙此道。他知道自己制定的法规，只有自己带头遵守，才能行之有效。否则，自立法规，自己破坏，不仅法规得不到执行，连自己的声誉也会一落千丈。对一个政治家而言，失去了感召力，也就走到了政治生涯的尽头。所以，张居正在治国改革的过程中，一直铭记“为政必贵身先”的信条，有意识地约束自己的行为。在整顿驿站、清丈土地等方面，他带头执法，颇为世人称道。

嘉靖年间，随着政治的腐败，驿站制度荡然无存，官吏公然违反有关规定，用轿多至一二十乘，民夫二三百人，使用驿站的人数越来越多，百姓的负担越来越重。很多夫役不堪压迫而纷纷逃亡。

面对驿站的种种积弊，张居正于万历三年（1575年），开始了整顿改革。他要求若非军国大事，官员不得使用驿站，而且严格限制过往官员额外索取驿站支应，并警告地方官员不许阿谀逢迎以取悦上级。

制定出整顿驿站的条文后，张居正为了使改革更有成效，首先从自己做起。他在送儿子嗣修、懋修回乡应试时，都是自雇马车，不让他们使用驿站。他的父亲过生日，他命令仆人背着寿礼，骑驴回乡祝寿，也不惊扰驿站。他的二弟居敬病重，要回乡休养调理，保定巡抚把勘合送到门上。张居正随即退回，并表示：“仆忝在执政，欲为朝廷行法，不敢不以身先之。”

由于张居正的表率作用和严格督责，整顿驿站收到了良好的效果。驿站状况大大改善，百姓负担得以减轻，致使驿站沿线的老百姓“欢呼歌颂”。

万历六年（1578年），在张居正的亲自主持下，清丈土地的工作在全国范围内轰轰烈烈地展开。为了减少官绅地主的反对阻力，张居正一方面做了细致的精心准备工作，令各级官吏严格督责，一方面率先垂范，以身先之。他让儿子认真清查自己的田产，共查出隐占田赋500余石，率先向官府如实汇报，并且连同自己应当享受的优免田粮74石，全部计算在内。

张居正的行为使各级负责清丈土地的官吏坚定了信心，加大了清丈力度。福建巡抚耿定向在张居正的影响与支持下，冲破重重阻力，完成了清丈，查出隐漏土地23万余亩。

张居正在整治官场贿赂方面，也是以身作则。当时，官员贪污受贿，中饱私囊已经是“正大光明”，向张居正行贿的人也不在少数。仅两广的官员送给张居正的礼金就不下万金，张居正全都予以拒绝。

如果张居正活在当下，一定是个优秀的管理者，他的成功为很多管理者做了很好的榜样——管理别人之前要先学会管理自己。

管理者是企业团队中的核心成员，他的一言一行都将直接影响员工的思想和工作情绪。如果企业管理者没有做好，整个团队都会遭殃，企业管理实质上是对管理者的管理。

管理是一项能力，而不是一项权力，是一份责任，而不是一份享受，是一个岗位，而不是一个地位。我们千万不要认为自己做了管理者就高高在上，就可以以势压人，以权谋私，这是大错特错的。很多企业的管理效益之所以低下，并不是员工出了问题，而是管理者出了问题，管理人员对管理工作的认识有误。其实，管理工作更多地强调的是“理”，而不是“管”。如果一个管理者理不清工作头绪，他再怎么管都不见效。管理效益的好坏不是讲出来的，而是做出来的。即使一个人的管理知识学得再好，如果他没有好的管理心态、管理经验、管理艺术，也一样做不好管理。一个优秀的管理者，他不仅仅要会做事，更要会做人。当然，这里所讲的做人，不是讲拉关系、拍马屁、送红包、走后门，这不是一个成功管理者的作风。一家企业一旦管理者出现这种腐败作风，这家企业离倒闭也就不远了。

管理是一门科学，也是一门艺术，更是一项实践工作。因为管理不在于知，而在于做。知道而做不到，那就达不到管理的效果。所以，旷工也好，请假也好，迟到也好，如果管理者自己都做不好，他就无法在员工面前树立威严。一个管理者的个人生活习惯、工作作风、品格修炼都是员工关注的细节、学习的榜样。因此，管理者的管理能力不仅仅是学习而得来的，还需要长时间的修炼。

一个成功的管理者，平均要花50%以上的精力来管理好自己。优秀的管理者有一个共同的特质：善于管理自己。他们信守承诺，坚守原则，严于律己，宽以待人。因此，一个优秀的管理者必须要先管好自己，然后再影响别人。因为作为企业的管理者，首先必须具备的就是管理自己的能力，这样才有资格去管理别人，以自己为典范，别人是不会说东道西的，这就是管理最基本的一条法则。

联想集团创始人柳传志就是一个善于管理自己的人，他始终以管理自己的方式来感召别人，而不是所谓管理上的命令。曾经有人问过柳传志身边的工作人员：“局外之人总会被柳总的个人魅力吸引、感佩，在你看来，柳总的最大优点是什么？”工作人员只说了四个字“自律、自持”。不得不说，这四个字是对柳传志其人最为精当的评说了。冯仑也曾这样评价柳传志：“他的伟大在于管理自己而不是领导别人。”

有一个关于柳传志的真实故事。2007年上半年，温州商界邀请柳传志前往“交流”。当时，暴雨侵袭温州，柳传志搭乘的飞机被迫降在上海，身边的工作人员建议他第二天早晨再乘坐飞机飞往温州。柳传志没有同意，他担心第二天飞机再延误就无法准时参会了，于是叫人找来“公务车”连夜赶路，终于在第二天早上六点左右赶到温州。当柳传志红着眼睛出现在会场时，温州的那位知名企业家激动得热泪盈眶。

这就是柳传志，以“管理自己”的方式“感召他人”。“说到的事情必须做到，除非不可抗力。”柳传志是这样约束自己，然后再去影响他人的。时至今日，“说到做到”已经成为联想企业文化的精髓要义。

在联想有一件人尽皆知的事：在联想创业初期，因为资金不足，要讲求勤奋创业，作为领导的柳传志身体力行，以高尚无私的品格感染了员工。当时，为了规范员工的形象，公司决定为每位员工做一套价格为30元的西服，但为了给公司节约30元，柳传志自己却没有做。

柳传志不仅在工作上严格要求自己，在生活中也是处处关心他人，为所有的联想人作出了最好的榜样。

一次，柳传志和一个老技术员一起去香港出差。为了省钱，他们到中科院的香港办事处住宿，可屋子里只有一个床位。老技术员自然想着要领导优先，但柳传志这个人并不像别的领导，他从不把自己放在领导的位置上，摆出一副高高在上的姿态，相反，他总是谦逊礼让地尊重每一个人。让老技术员没想到的是，柳传志坚决将床位让给他，自己却铺一张油布睡在地上。

过去，我们常以为伟大的管理是领导别人，这并不完全正确。当你不能管理自己的时候，你便失去了领导别人的资格和能力。当一个人走向伟大的时候，千万先把自己管理好，管理自己的金钱、自己周边的人脉社会关系，管理自己的行为。只有管理好自己，我们才能取得领导的资格，也才能成为在组织中最好的成员。

可是，要真正管理好自己，说起来容易做起来却很难，重要的是要把自己的心态放好，不要心猿意马，不要患得患失。而很多企业的领导者之所以失败，很多就是因为放纵自己，放纵自己的欲望，比如战略上多样化，组织系统和自己的人脉管理。所以说，伟大的管理首先是管理好自己，而不在于领导别人。

“不正自己，何以正人”，要严格要求别人就要从严格要求自己开始。

王石作为万科的老总，也是始终这样严格要求自己的。

在万科，王石没有安排一个朋友、战友。他坚持原则的程度，从一个事例中可见一斑。曾经有一个原来一起做生意的朋友，在北京拿了个批文，要王石做。但是，王石已经决定公司不做这种业务了，这个人还是来了。作为一个男子汉、“老江湖”，最后竟然给王石下跪，说就这么一次，王石还是坚决不做。后来，这个人真跟他翻脸了。

王石就是这样“死脑筋”，但他的自律为员工做了最好的标杆。所以，要想做一名好的管理者，就要先把自己管好!

其实，在许多管理名家看来，真正的管理不是以权压人，而是以德服人、以理服人、以能服人。好的管理者必须人品正直、作风正派、业绩良好、能力卓越，可以成为员工的楷模和榜样。而张居正之所以为世人所赞赏，除了他的丰功伟绩，更是因为他在改革中的以身作则，为百官做出了榜样。

榜样的力量是无穷的，在当今社会越来越细化的组织体系里，随着组织结构的扁平化，对领导者的素质和领导方式也提出了新的要求。那就是更多地做榜样，给下属以激励和引导，做到共同进步，而不是传统意义上的监工，更不能一味地自居于指挥者的地位。这时候，对于一个领导者来说，更多的是先做好自己。

第二十九章　有圆无方则不立，有方无圆则拘泥

俗话说，无规矩不成方圆。这是针对那些要大有作为的系统组织而言的组织原则。但作为一个想成就一番事业的人，同样要有一套相应的做人准则，那就是要做到外圆内方，方圆自如。只有那些学会了外圆内方的人，才能在做人原则的坚定性和具体处事的灵活性之间游刃有余。相反，一根筋的做法只能处处碰壁，弄得头破血流，最终还是一事无成，只有一些所谓的原则又有何用?

说到封建社会的改革，我们始终避不开两个人，一个是王安石，另一个就是张居正。王安石变法持续了十余年，令人瞩目，他在改革的过程中所遭遇的强烈的反对也是历史上少有的。相比之下，同样处于王朝衰微、江河日下的时代，张居正的改革却从容得多，这是为什么呢?

众所周知，改革是触动社会体制的变革，是带有矛盾的集中性、突破性和体制性的改变。因为要改变行之已久的章程和法令，不仅会使很多蹈常习故的人不适应，而且会遭遇到一些既得利益者的反抗，这都是不可避免的。当时的反对者通常利用祖制、祖训来抵制改革，以维持现状，即“法祖”。古代强烈的崇古意识培育了广泛而浓厚的法祖舆论，这在社会变革之际往往成为惰性力量。要使改革获得成功，不仅要有实际利益的推动，还要在思想上引导人们对改革认同，化惰性为动力，这是发号施令所达不到的思想深处的动员。所以，能不能建立足以动员民众的改革理论，才是改革成败的关键。张居正是抓住了这一点，在改革初期就竖起了“法祖”的旗号。

执政后，张居正向神宗提出："方今国家要务，惟在遵守祖宗旧制，不必纷纷更改……臣之区区之身，为国谋策，但要为祖宗谨守成宪，不敢以意见更纷。"他又对满朝文武大臣一再宣布："吾守祖宗法。"

虽然打起了"恪守祖制"的旗号，但张居正并不是因循故辙，无所作为。他深知对长期留下来的流弊必须大力整顿，不仅要有除旧革新的勇气，更要有谋划、有策略。

张居正运用人们熟知的历史常识，重新解释商、周、秦、汉兴亡盛衰的历史教训，提出因时顺势的变法思想。他认为从夏、商，而至周代，天下进入多事之秋，其后历经秦、汉、隋、唐、宋、元，而至本朝，前朝俱由兴盛而衰亡，倘若前朝治国无方，无力挽救衰败，其势必变为新朝。他以兴亡交替不可逆转之势，说明后代必须克服前代的弊端，发展前代之优势，才得以一代胜过一代，即"天下之事，极则必变，变则反始，此造化自然之理也"。这是造化的自然之理，不顺应这造化的机运，虽是贡禹、薛宣、韦贤、匡衡这样的先朝重臣、大儒也是"不达世变者"。强调的是以发展的观念报效祖先。"造化"指自然界的创造者，亦指自然，张居正加以创造性的发挥，用以说明同样是效法祖先，却有顺应或违反造化之别。这一论点的提出，既打起了祖先的旗号，又反击了保守者的攻讦，这正是他的犀利和机敏。表面上看，张居正仍旧按部就班，因而没有引起统治阶层的普遍不安，使得改革能够较为平稳地发展深入。

张居正这样的做法犹如中国古代的"托古"，目的是要以古代的权威对抗现实的权威，假托古人的理论说服或压制反对者。所以，这在当时保守势力占统治地位的社会条件下，是非常明智的。

张居正的经验充分说明了成功的改革家不是鲁莽的冒险家，而是老练的政治家。只有利用适当的时机和妥善的策略才能够成功，反之一味地"横冲直撞"只会让自己头破血流。

纵观历史，大凡能成就伟业者，无不是深谙做人之道。知道做人何时应该进，何时应该退，何时应该“方”，何时应该“圆”。《菜根谭》里有这样一句话：建功立业者，多虚圆之士；偾事失机者，必执拗之人。意思就是：能够建立功勋、成就大业的人，大多是处世谦虚圆通的人；而那些丧失机会导致失败的人，必定是固执任性的人。

其实，生活中很多时候过分的执着会成为我们的一种负担。聪明的人总是可以见机行事，在适当的时候放弃固执，最终达到自己的目的，而那些自以为聪明的人却是“捡了芝麻丢了西瓜”，到头来后悔莫及。

两个贫穷的樵夫靠上山捡柴养家糊口，有一天他们正在山里捡柴，忽然发现两大包棉花，两个人喜出望外。因为棉花的价格比柴薪高很多，如果将这两包棉花卖掉，足以供家人一个月的开销。于是，两人各自背了一包棉花，高高兴兴地赶路回家。

走着走着，其中一个樵夫看到山路上扔着一大捆布，走近一看，竟是上等的细麻布，足足有十多匹。他欣喜之余，和同伴商量，一同放下背负的棉花，改背麻布回家。他的同伴却有不同的看法，认为自己已经背着棉花走了一大段路了，到了这里如果丢下棉花，就浪费了自己先前的辛苦，于是不愿换麻布。先前发现麻布的那个樵夫屡劝同伴不听，只好竭尽所能地背起麻布，继续赶路。

又走了一段路后，背麻布的樵夫望见林中闪闪发光，待走近一看，地上竟然散落着不少黄金，心想这下可真的发财了，赶紧让同伴放下肩头的棉花，一起用挑柴的扁担挑黄金。可是，他的同伴仍是那套不愿丢下棉花，以免枉费辛苦的论调，而且他觉得那些黄金不是真的，劝那个背麻布的樵夫不要白费力气，免得到头来空欢喜一场。

见同伴无动于衷，那个发现黄金的樵夫只好自己挑了满满的黄金，和仍旧背着棉花的同伴赶路回家。终于走到了山脚，忽然天上下起了倾盆大雨，两个人在空旷处被淋了个湿透。更不幸的是，背棉花的樵夫背上的大包棉花吸足了雨水，分量重了几倍，他完全背不动了，不得已只好丢下了一路辛苦舍不得放弃的棉花，空着手和挑着黄金的同伴回家去了。

由此可见，学会放弃也是一种收获。

职场中的人际交往也是如此，有时候适当的“委曲求全”可以更好地办成事情。尽管坚持是一种良好的品行，但在某些事情上，过度坚持就会变成一种盲目。我们遇事一定不要钻牛角尖，而应学会变通行事，学会放弃毫无意义的固执。

小王下岗后，因为学历太低，一直没有找到合适的工作。一天，他在报纸上看到一则招聘广告，上面写着“英雄不问出处”六个大字，那是一家报社招聘编辑的广告。

既然是“英雄不问出处”，那就是不管学历高低，只要有真本事，就有机会。

看到这个广告后，小王非常高兴，因为他虽然只有初中学历，但已经发表过三十多万字各种体裁的作品。小王心想，自己应该就是他们所说的“英雄”！于是，小王第二天就满怀信心地前去报名。可是，负责接待的同志接过他的作品复印件后又向他要文凭。小王不解地问：“不是英雄不问出处吗？怎么还要文凭啊！”那位同志冷冷地看了他一眼，然后喊了一句“下一位”，就不再理睬他了。小王只好扫兴而归。

可小王却不甘心，发誓非进这家报社不可。既然通过应聘这条路进不去，那就只好绕个“远路”。从那以后，小王开始大量向那家报社投稿，丝毫不计较稿费的高低。由于那家报社新开了不少副刊，小王悉心加以研究后，抓住其特点专门为其量身订制，他的作品几乎篇篇被采用，甚至有一次副刊总共只采用七篇稿子，而其中三篇都是小王的“大作”！

于是，小王的作品被这家报社的编辑竞相争抢，常常是刚应付完文学版的差事，杂文版的编辑又把电话打过来了。

终于有一天，这家报社的一个编辑找到他，透露了报社即将扩版急需人才的消息，希望他能前去应聘。小王“婉拒”说自己没有文凭，而那位编辑表示他相信小王的能力，只要小王愿意，他就跟老板提一下。

第二天，小王就接到那位编辑的电话，要他下周一就去上班！小王转了个弯成功地走进了那家报社，达到了自己的目标。

小王的经验告诉我们，直路不通走弯路也是一种人生的智慧。王安石变法和张居正改革之间的区别也正说明了这个道理。做人要懂得应对进退，既要见机行事又不能失去君子风范。一个人不能空怀满腔热情却不顾实际情况，自顾自地施展抱负，这样只会碰一鼻子灰。待人也要因人而异，顺势应变，万不可不知变通，使自己不知不觉走入死胡同，处于进退两难的境地。

李俊毕业后，进入一家拥有十年经营历史的民营企业，这家企业一直秉承先经营后发展的逻辑运转。随着企业前进脚步的加大，员工已过百人，在业界也算得上小有规模。但是，企业的管理却始终停留在“作坊企业”的层面。

为此，企业的老板周波深感不安，下定决心对企业进行全面改革。说到改革，企业的那些“元老”中却没有让周波满意之才，这些“元老”在市场上个个能征善战，但提起管理人才就显得捉襟见肘了。改革势在必行，周波开始提拔培养一些有潜力的管理人才，并决定增设总经理办公室总管公司的人事、行政要务，希望借此来逐步铺开整个公司的改革。

经过半年多的精挑细选，李俊凭着出色的工作能力和研究生文凭脱颖而出，成为总经理办公室主任。李俊信心满满地准备大干一场，他所接手的第一项任务就是绩效考核。

绩效考核是长久以来周波十分关切同时也寄予厚望的一项工作。从下达任务的那天起，周波更是与李俊三日一小谈、五日一大谈，保持“必要沟通”。李俊一方面仔细观察了解公司现存的一些问题，另一方面与各部门经理沟通阐述自己对于绩效的看法，以便制订出更为精准的绩效考核方法，并使之在企业管理中发挥应有的功效。

霎时间，公司上下人声鼎沸，总经理办公室更成为“焦点时刻”。三个月过去了，李俊的绩效工作不断遇到阻力，尤其是那些元老，他们似乎对绩效考核充满了敌意，而这股敌意又似乎不完全来自绩效管理工作本身。李俊已经感觉到对于绩效考核问题想在这些元老中获得支持已成奢望。正所谓：天无绝人之路。与其临渊羡鱼，不如退而结网。于是，李俊又开始在公司里的“新生代”寻求力量，并很快达成了“阵线联盟”。周波也非常支持李俊的工作，随即召开的中、高层大会上痛斥那些“绩效落后分子”，以强硬的态度力排众议。

而此时“阵线联盟”也随之产生了预想中的推动作用，在李俊的带动下，“新生代”表示对绩效考核的支持与认可，使得绩效考核“行”与“否”的问题明朗化，且最终敲定先从销售部开始施行。

于是，李俊决定开始设定绩效指标的工作，但结果更是意见不一，甚至发展到了内部不和的地步。李俊为了平衡各方面的矛盾，随之制订了几套绩效方案，最终也因为无法令所有人满意而无一得以推行。与此同时，形势也发生了戏剧性的转变。由于绩效方案迟迟不定，元老们纷纷提出诸多质疑，而对绩效推行原本持强硬态度的周波在态度上也开始产生了微妙的变化。半年过去了，面对众多的指责与非议，面对即将无功而果的绩效考核，李俊一时无语。

李俊的失败是因为他不懂得应时顺势才能更好地在职场生存。虽然并非是要我们随波逐流，但要知道“水至清则无鱼，人至察则无徒”，太过于“执着”并不是什么好事！

成功并不是只靠运气和匹夫之勇，而是要讲究策略。我们应当不急不躁、不偏不倚，不左不右、不上不下，能进能退、能方能圆；内心深处坚持自己的目标，决不让步；表面上又能灵活机动，处世随和；这样才能建立和保持融洽的人际关系，成功也才能离我们更近一些。

张居正能够成功也正是因为懂得这个道理，顺势应变，不跟自己作对。而王安石变法的失败，也正是败在他自己手中。

在复杂的人际交往和职场打拼中，学会在坚持立场和机动灵活之间做出很好的衔接和转换，不卑不亢，做到内方外圆，无疑会使自己的工作生活更加顺畅，处处交好。

后　记

每一本书的出版，都凝聚了许多人辛勤付出的汗水。本书从策划开始，就受到各方人士的关照与帮助，在编写时更是得到不少老师和作者的鼎力支持。特此向参与本书编写的人员致以诚挚的谢意。

本书编写中借鉴和参阅了大量的文献作品，从中得到不少启发和感悟。正是得益于前人的劳动成果，才使本书能够有如此之多的翔实案例和如此丰富的理论基础。在此向各位专家、学者以及资料的提供者表示最崇高的敬意。

编　者